Modelos Pedagógicos
em Educação a Distância

M689	Modelos pedagógicos em educação a distância / Patricia Alejandra Behar (orgs.). – Porto Alegre : Artmed, 2009. 309 p. ; 23 cm.
	ISBN 978-85-363-1642-0
	1. Educação a distância. 2. Pedagogia. I. Behar, Patricia Alejandra.
	CDU 37.018.43

Catalogação na publicação: Renata de Souza Borges – CRB-10/Prov-021/08

Modelos Pedagógicos em Educação a Distância

Patricia Alejandra Behar
e colaboradores

2009

© Artmed Editora S.A., 2009

Design de capa
Tatiana Sperhacke – TAT studio

Imagem de capa
istockphoto.com/Andrey Prokorov

Preparação do original
Maria Edith Amorin Pacheco

Supervisão editorial
Mônica Ballejo Canto e Carla Rosa Araujo

Projeto e editoração
Armazém Digital Editoração Eletrônica – Roberto Vieira

Reservados todos os direitos de publicação, em língua portuguesa, à
ARTMED® EDITORA S.A.
Av. Jerônimo de Ornelas, 670 - Santana
90040-340 Porto Alegre RS
Fone (51) 3027-7000 Fax (51) 3027-7070

É proibida a duplicação ou reprodução deste volume, no todo ou em parte, sob quaisquer formas ou por quaisquer meios (eletrônico, mecânico, gravação, fotocópia, distribuição na Web e outros), sem permissão expressa da Editora.

SÃO PAULO
Av. Angélica, 1091 - Higienópolis
01227-100 São Paulo SP
Fone (11) 3665-1100 Fax (11) 3667-1333

SAC 0800 703-3444

IMPRESSO NO BRASIL
PRINTED IN BRAZIL
Impresso sob demanda na Meta Brasil a pedido de Grupo A Educação.

...aos meus pais, Moni e Rosita, por terem me educado e guiado pelos caminhos desta vida e, ao meu mano, Dani, por ter sido meu parceiro nestes anos todos...

...aos três pilares que sustentam e que dão razão ao meu despertar, meu Gus, Gaby e Diego.

Autores

Patricia Alejandra Behar (org.)
Doutora e Mestre em Ciência da Computação - Curso de Pós-Graduação em Ciência da Computação pela UFRGS. Professora associada da Faculdade de Educação e dos Cursos de Pós-Graduação em Educação e Informática na Educação na UFRGS – Linha de Pesquisa: Informática na Educação e Educação a Distância, orientadora de mestrado e doutorado. Coordenadora do Núcleo de Tecnologia Digital Aplicada à Educação (NUTED/UFRGS).

Ana Paula Frozi de Castro e Souza
Licenciada em Pedagogia pela UFRGS. Pesquisadora do Núcleo de Tecnologia Digital Aplicada à Educação (NUTED/UFRGS).

Alexandra Lorandi Macedo
Licenciada em Pedagogia pela Universidade de Caxias do Sul. Mestre em Educação na linha de Informática na Educação pela UFRGS. Doutoranda do Programa de Pós-Graduação em Informática na Educação pela UFRGS. Pesquisadora do Núcleo de Tecnologia Digital Aplicada à Educação (NUTED/UFRGS).

Caroline Bohrer do Amaral
Licenciada em Pedagogia pela UFRGS. Mestranda em Educação na linha de Informática na Educação na UFRGS. Cursando Especialização em Tutoria em Educação a Distância pela UFRGS. Professora e Tutora em cursos a distância na UFRGS. Pesquisadora do Núcleo de Tecnologia Digital Aplicada à Educação (NUTED/UFRGS).

Cristina Alba Wildt Torrezzan
Arquiteta e Urbanista pela UFPel. Formação Pedagógica pelo CEFET/RS. Especialista em Informática na Educação pela UFRGS. Mestranda do Programa de Pós-Graduação em Educação pela UFRGS. Professora do Ensino Técnico de Edificações

da Escola Técnica Estadual Parobé. Pesquisadora do Núcleo de Tecnologia Digital Aplicada à Educação (NUTED/UFRGS).

Daisy Schneider

Licenciada em Pedagogia - Habilitação Magistério para Educação Infantil pela UFRGS. Mestre em Educação na linha de Informática na Educação pela UFRGS. Cursando Especialização Tutoria em Educação a Distância pela UFRGS. Professora e Tutora em cursos a distância, especialmente, na Licenciatura em Pedagogia a distância da UFRGS. Pesquisadora voluntária do Núcleo de Tecnologia Digital Aplicada à Educação (NUTED/UFRGS).

Magalí Teresinha Longhi

Mestre em Ciência da Computação - Curso de Pós-Graduação em Ciência da Computação pela UFRGS. Doutoranda do Curso de Pós-Graduação em Informática na Educação pela UFRGS – Linha de Pesquisa: Ambientes Informatizados e Ensino a Distância com enfoque em Computação Afetiva.

Magda Bercht

Doutora e Mestre em Ciência da Computação – Curso de Pós-Graduação em Ciência da Computação pela UFRGS. Licenciada em Matemática. Professora associada do Instituto de Informática da UFRGS e do Curso de Pós-Graduação em Educação e Informática na Educação da UFRGS. Linha de Pesquisa: Ambientes Informatizados e Ensino a Distância com enfoque em Computação Afetiva.

Maira Bernardi

Licenciada em Pedagogia - Habilitação Magistério pela FURG. Especialista em Administração Educacional pela ULBRA. Mestre em Educação na linha de Informática na Educação pela UFRGS. Doutoranda do Programa de Pós-Graduação em Educação pela UFRGS. Professora e Tutora em cursos a distância promovidos pela UFRGS. Membro da Equipe de Assessoria Pedagógica responsável pelo suporte técnico-pedagógico das plataformas ROODA e Moodle Institucional da Secretaria de Educação a Distância da UFRGS. Pesquisadora do Núcleo de Tecnologia Digital Aplicada à Educação (NUTED/UFRGS).

Maria Luiza Rheingantz Becker

Doutora em Educação pela UFRGS. Psicóloga pela PUCRS. Professora de Estudos Básicos da Faculdade de Educação do Programa de Pós-Graduação em Educação da UFRGS. Linha de Pesquisa: Psicopedagogia, Sistemas de Ensino/Aprendizagem e Educação em Saúde.

Marcia Paul Waquil
Doutora em Educação pela UFRGS. Mestre em Educação pela PUCRS. Assistente Social pela PUCRS. Professora dos cursos de Pós-Graduação do Senac EAD/RS. Linha de Pesquisa: Educação a Distância e Informática na Educação.

Márcia Rodrigues Notare
Licenciada em Matemática pela UFRGS. Mestre em Ciência da Computação pela UFRGS. Doutoranda em Informática na Educação pela UFRGS. Trabalha no centro de ciências exatas e tecnologia da UNISINOS e atua no curso de especialização em Educação Matemática da UNISINOS.

Patrícia Brandalise Scherer Bassani
Doutora em Informática na Educação pela UFRGS. Professora do Mestrado Profissional em Inclusão Social e Acessibilidade e do curso de Licenciatura em Computação no Centro Universitário Feevale. Líder do Grupo de Pesquisa em Informática na Educação no Centro Universitário Feevale.

Silvia Ferreto da Silva Moresco
Licenciada em Física pelas Faculdades Integradas de Santa Cruz do Sul, atual Universidade de Santa Cruz do Sul, UNISC. Professora de Física e Informática Educativa do Instituto Estadual de Educação Ernesto Alves, Rio Pardo, RS. Mestre em Educação pela UFRGS. Doutoranda do Programa de Pós-Graduação em Educação pela UFRGS.

Sílvia Meirelles Leite
Doutora em Informática na Educação pela UFRGS. Mestre em Educação pela UFRGS. Bacharel em Comunicação Social pela UCPel. Pesquisadora do Núcleo de Tecnologia Digital Aplicada à Educação (NUTED/UFRGS).

Prefácio

As tecnologias da informação e comunicação ampliaram muito a produção e a distribuição de informação e conhecimento, e as mudanças causadas por esse advento são visíveis em vários campos da sociedade atual: na comunicação, na economia, na política e, principalmente, na educação.

O uso efetivo dessas tecnologias para a formação a distância requer que professores e demais profissionais envolvidos nesse campo entendam a educação a distância numa abordagem sistêmica, considerando suas características pedagógicas, econômicas e políticas. Essa compreensão é importante para que ocorram decisões no processo de design e implementação dos programas consistentes com as demandas dos alunos e estruturas físicas e humanas da instituição proponente dos cursos.

Numa abordagem que enfatiza as implicações humanas do ensino e aprendizagem através da internet, os autores desta obra escrevem os capítulos com base numa extensa prática de pesquisas realizadas no Núcleo de Tecnologia Digital aplicada à Educação, da Faculdade de Educação da Universidade Federal do Rio Grande do Sul (NUTED/UFRGS).

Os pesquisadores demonstram, através de uma fundamentação teórica e prática, os aspectos envolvidos nos modelos pedagógicos de educação a distância, vislumbrando como é possível, através deles, criar um ambiente educacional estimulante que promova uma aprendizagem de qualidade.

Os capítulos trazem conhecimentos relevantes tanto para a oferta de cursos em modalidades híbridas, quanto para cursos que são conduzidos totalmente on-line. Esta é uma leitura para todos educadores, pesquisadores e administradores de cursos a distância, em qualquer disciplina, já envolvidos ou contemplando a possibilidade de oferecer cursos via internet.

Carlos Eduardo Bielschowsky
*Secretário de Educação a Distância
do Ministério da Educação*

Sumário

Prefácio xi

1. Modelos pedagógicos em educação a distância 15
Patricia Alejandra Behar

2. Parâmetros para a construção de materiais educacionais
digitais do ponto de vista do *design* pedagógico 33
Cristina A.W. Torrezzan e Patricia Alejandra Behar

3. Objetos de aprendizagem para educação a distância 66
*Patricia Alejandra Behar, Alexandra Lorandi Macedo,
Ana Paula Frozi de Castro e Souza e Maira Bernardi*

4. Avaliação da aprendizagem em ambientes virtuais 93
Patrícia Scherer Bassani e Patricia Alejandra Behar

5. A construção de ambientes virtuais de aprendizagem
através de projetos interdisciplinares 114
Sílvia Meirelles Leite, Patricia Alejandra Behar e Maria Luiza Becker

6. Princípios da pesquisa científica para investigar
ambientes virtuais de aprendizagem sob o ponto
de vista do pensamento complexo 146
Marcia Paul Waquil e Patricia Alejandra Behar

7. A comunicação matemática *on-line* por meio
do ROODA Exata 179
Patricia Alejandra Behar e Márcia Rodrigues Notare

8. A busca pela dimensão afetiva em ambientes
virtuais de aprendizagem 204
Magalí Teresinha Longhi, Patricia Alejandra Behar e Magda Bercht

9. Experiências de aplicação de modelos pedagógicos
em cursos de educação a distância 232
Patricia Alejandra Behar, Alexandra Lorandi Macedo e Maira Bernardi

10. Trabalho com projetos: práticas pedagógicas
de professores em formação continuada 253
Patricia Alejandra Behar e Silvia Ferreto Moresco

11. PLANETA ROODA: um ambiente virtual de aprendizagem
para a educação infantil e ensino fundamental 286
Patricia Alejandra Behar, Daisy Schneider e Caroline Bohrer do Amaral

Modelos pedagógicos em educação a distância

Patricia Alejandra Behar

INTRODUÇÃO

Durante a última década, as instituições educacionais brasileiras vêm passando por um processo de mudança muito significativo, com destaque para a introdução da Educação a Distância (EAD) no processo educacional. Pode-se dizer que o atual momento é de transformação, no qual os paradigmas presentes na sociedade já não estão dando mais conta das relações, das necessidades e dos desafios sociais. Está se rompendo com a ideia de uma sociedade centrada no trabalho para a que dá valor à educação, dentro de uma nova totalidade, denominada em muitos contextos de Sociedade da Informação, ou ainda, em Rede. Com isso, está ocorrendo uma passagem da Sociedade Industrial, que privilegia a cultura do ensino, para uma Sociedade em Rede, que dá ênfase à cultura da aprendizagem, convergindo para a construção de um novo modelo educativo. Portanto, é preciso investigar quais são os elementos que se transformaram e continuam se transformando durante este período e quais entram em cena.

O modelo educativo vigente na Sociedade Industrial privilegia o ensino tecnicista, tendo como função preparar os indivíduos para o desempenho de papéis, de acordo com suas aptidões. Nesse modelo, a prática pedagógica vivenciada não apresenta relação com o cotidiano do aluno, pouco desperta a curiosidade, privilegiando o acúmulo de conhecimentos, valores e normas da sociedade. Como resultado decorrente, o aluno passa a se desinteressar por não perceber o sentido daquilo que está sendo ensinado.

Na Sociedade em Rede, aprender caracteriza-se por uma apropriação de conhecimento que se dá numa realidade concreta. Isto é, parte-se da situação real vivida pelo educando, o que é apoiado pela presença mediadora e gestora do professor compromissado com seus alunos e com a construção de conhecimentos, procurando responder ao princípio da aprendizagem significativa (Castells, 1999). Esse processo pressupõe o oferecimento ao educando de informações relevantes, que possam ser relacionadas com os conceitos já ou pré-existentes em sua estrutura cognitiva e que acabam por influenciar na aprendizagem e no significado atribuído aos novos conceitos construídos.

Nesta perspectiva, o conhecimento é concebido como resultado da ação do sujeito sobre a realidade, estando o aluno na posição de protagonista no processo da aprendizagem construída de forma cooperativa, numa relação comunicativa renovada e reflexiva com os demais sujeitos. Neste paradigma, a prática pedagógica considera o processo e as ações mais significativas que o produto deles resultantes.

Evidentemente que não é só devido à introdução das Tecnologias da Informação e Comunicação (TIC) na Educação a Distância (EAD) que está ocorrendo uma crise paradigmática na Educação, mas com ela fica mais evidente e clara a necessidade de realizar mudanças significativas nas práticas educacionais e, consequentemente, no modelo pedagógico. Portanto, pode-se dizer que um novo espaço pedagógico está em fase de gestação, cujas características são: o desenvolvimento das competências e das habilidades, o respeito ao ritmo individual, a formação de comunidades de aprendizagem e as redes de convivência, entre outras. É preciso enfocar a capacitação, a aprendizagem, a educação aberta e a distância e a gestão do conhecimento. Assim, estudos sobre construção do conhecimento, autonomia, autoria e interação contribuem para a construção de um espaço heterárquico, sendo que esse é pautado pela cooperação, pelo respeito mútuo, pela solidariedade, por atividades centradas no aprendiz e na identificação e na solução de problemas. Nesse processo, configuram-se os alicerces deste novo modelo que está emergindo.

A Educação a Distância vem ao encontro destas necessidades, proporcionando que o conhecimento seja construído independente de tempo e espaço e entra em cena para "tentar" auxiliar a resolver alguns dos problemas da educação brasileira.

Com o uso de ferramentas tecnológicas para a geração do ensino remoto, governo, entidades públicas e privadas esperam romper o gigantesco déficit educacional e encontrar o caminho da inclusão digital na Sociedade da Informação. Logo, a Educação a Distância, pode ser definida como uma forma de aprendizagem organizada que se caracteriza, basicamente, pela separação física entre professor e alunos e a existência de algum tipo de tecnologia de mediatização para estabelecer a interação entre eles. Ainda que possa ser construída com base em diferentes modelos pedagógicos, como será visto ao longo deste livro, é preciso enfatizar que a EAD é educação, ou seja, não é só um sistema tecnológico, nem mesmo um meio de comunicação.

O Decreto 5.622, de 19.12.2005 que regulamenta o artigo 80 da LDB também trás uma definição legal para a EAD:

> A Educação a Distância é a modalidade educacional na qual a mediação didático-pedagógica nos processos de ensino e aprendizagem ocorre com a utilização de meios e tecnologias de informação e comunicação, com estudantes e professores desenvolvendo atividades educativas em lugares ou tempos diversos.

Existe uma expectativa muito grande em torno da EAD, principalmente no ensino superior, como se pode constatar através dos programas criados pelo Ministério da Educação (MEC[1]). A SEED[2] que vem gerenciando ações de âmbito nacional para a inserção da inovação tecnológica nos processos de ensino e aprendizagem como uma das estratégias para democratizar e elevar o padrão de qualidade da educação brasileira. Estas ações e programas visam promover o desenvolvimento e a incorporação das TIC e das técnicas de educação à distância aos métodos didático-pedagógicos convencionais. Além disso, a SEED incentiva a pesquisa e o desenvolvimento de programas e projetos voltados para a construção de novos conceitos e práticas nas instituições públicas brasileiras.

Logo, vê-se que esta modalidade possui instrumentos capazes de transformar a educação brasileira. Acredita-se que, sem o uso intensivo de tecnologia, as instituições brasileiras não terão condições de atingir todo o seu leque de formação/capacitação na educação. Todavia, isso requer o estudo de propostas teórico-metodológicas e uma ampla divulgação de experiências em EAD, bem como uma reflexão das mesmas e de suas possibilidades.

Portanto, o objetivo deste livro é apresentar diferentes artigos que detalham estas propostas e experiências, introduzindo tanto o conceito quanto os elementos de um modelo pedagógico em educação a distância Assim, traz um levantamento da produção científica desenvolvida nos últimos anos pelo Núcleo de Tecnologia Digital aplicada à Educação (NUTED) da Faculdade de Educação (FACED), vinculado ao Centro Interdisciplinar de Novas Tecnologias (CINTED) da Universidade Federal do Rio Grande do Sul (UFRGS). Este núcleo[3] trabalha com a pesquisa e o desenvolvimento de tecnologias digitais, visando dar suporte a situações de educação presencial, semi e a distância. Também se destina a instrumentalizar professores e profissionais das mais variadas áreas e níveis em educação a distância, analisando os efeitos destes novos modelos no que concerne ao desenvolvimento de processos de ensino-aprendizagem.

Portanto, o presente capítulo se propõe a descrever conceitos elementares para a definição de um Modelo Pedagógico em Educação a Distância, baseado na construção de novos paradigmas que respondam às necessidades emergentes de um novo perfil do aluno/professor. Entende-se que, assim, será possível subsidiar a consolidação de novos modelos, com pilares bem

---

[1] http://portal.mec.gov.br/seed/
[2] Secretaria de Educação a Distância - Ministério de Educação (MEC)
[3] Mais informações sobre o NUTED podem ser encontradas em http://www.nuted.edu.ufrgs.br, e no Diretório de Grupos de Pesquisa do Brasil do Conselho Nacional de Desenvolvimento Científico e Tecnológico (CNPq), disponível em http://dgp.cnpq.br/buscaoperacional/detalhegrupo.jsp?grupo=0192708FUS5AXW.

estruturados nos âmbitos epistemológicos, pedagógicos, organizacionais, tecnológicos e metodológicos. Logo, está se falando de uma possível mudança paradigmática e, com isso, a emergência de um novo Modelo Pedagógico, focado, neste livro, na Educação a Distância.

Para isso, no Capítulo 2 relacionam-se fatores técnicos, gráficos e pedagógicos de modo a refletir sobre o papel do design pedagógico na construção de materiais educacionais digitais. O objetivo é gerar a reflexão e conscientização de professores, pedagogos e designers sobre o papel do design pedagógico na construção deste tipo de material. Desse modo pretende-se colaborar com a formação de profissionais desta área, bem como com a sociedade acadêmica em geral.

Já no Capítulo 3 são apresentados alguns materiais educacionais, na forma de objetos de aprendizagem desenvolvidos pelo NUTED e que estão sendo usados em diversos cursos de EAD. No contexto educacional brasileiro, a produção de materiais educacionais digitais na forma de objetos de aprendizagem (OA), tem sido uma boa opção para a apresentação de conceitos e conteúdos de forma mais dinâmica e interativa. A utilização de OA remete a um novo tipo de aprendizagem apoiada pela tecnologia, no qual o professor abandona o papel de transmissor de informação para desempenhar um papel de mediador da aprendizagem. Logo, cada vez mais recursos didáticos para uso no computador vêm sendo desenvolvidos e publicados para serem agregados ao processo de aprendizagem, adaptando-os às diferentes necessidades. Assim, entende-se que é um processo que busca atender diferentes demandas de público, conteúdo, tempo e prática pedagógica. Logo, neste capítulo são descritas as etapas de planificação e implementação dos mesmos.

O Capítulo 4 apresenta o tema da avaliação da aprendizagem em ambientes virtuais, contemplando algumas ferramentas que existem no mercado para automatizar o processo avaliativo do tipo quantitativo e qualitativo.

No Capítulo 5 descreve-se o processo de construção de Ambientes Virtuais de Aprendizagem (AVA) através de projetos interdisciplinares, propondo um estudo de caso com as equipes dos projetos ROODA, PLANETA ROODA e ETC do Núcleo de Tecnologia Digital aplicada à Educação.

O Capítulo 6 apresenta um estudo sobre a construção de princípios da pesquisa científica para investigar ambientes virtuais de aprendizagem sob o ponto de vista do pensamento complexo. Entende-se que é necessário realizar pesquisas que possam auxiliar a compreender as possibilidades e os limites do uso de ambientes virtuais na educação. Neste sentido, viu-se a necessidade de propor uma forma de leitura diferenciada das utilizadas em contextos presenciais, que seja capaz de ajudar a desenvolver investigações sobre Ambientes Virtuais de Aprendizagem respondendo, assim, ao desafio da compreensão científica sobre estes ambientes.

O Capítulo 7 trata da Educação Matemática a Distancia. Percebe-se que a interação em meio virtual depende fortemente da comunicação escrita.

Com isso, constatou-se que a aprendizagem on-line de áreas pertencentes às ciências exatas, como Matemática, Física e Química, necessitam de meios de interação e comunicação que possibilitem a utilização de símbolos, fórmulas e equações. As ciências exatas possuem uma linguagem formada por uma simbologia própria, indispensável à comunicação científica e de extrema importância para o processo de aprendizagem das mesmas. Acredita-se que tal suporte deve estar presente nos mais diversos meios de comunicação e interação em ambientes virtuais de aprendizagem, em funcionalidades como bate-papo, e-mail, fórum de discussão, mensagens instantâneas, entre outros. Somente com estes recursos, é possível usufruir, de forma satisfatória, das vantagens oferecidas pela Educação a Distância nas áreas exatas. Logo, neste capítulo descrevem-se algumas ferramentas disponíveis para interação e comunicação nesta área e por fim, o processo de construção do ROODA EXATA - um editor de fórmulas científicas integrado ao ambiente Virtual de Aprendizagem ROODA e sua aplicação

No Capítulo 8 aborda-se a necessidade de considerar as dimensões afetivas em sistemas computacionais voltados à Educação e o apoio da Inteligência Artificial, mais especificamente, o uso de agentes artificiais para identificação dos estados de ânimo do aluno a fim de subsidiar as tarefas dos formadores e/ou professores em suas práticas pedagógicas.

No Capítulo 9 são relatadas experiências relevantes no que tange à pesquisa e aplicação de modelos pedagógicos em Educação a Distância, com o apoio de objetos de aprendizagem (OA) em cursos de graduação, pós-graduação e extensão. Estes modelos foram aplicados considerando a demanda de cada modalidade de ensino (presencial, semi-presencial ou totalmente a distância), enfocando uma prática apoiada na tecnologia, voltada para a construção do conhecimento e privilegiando a interação entre os sujeitos.

O Capítulo 10 apresenta um modelo pedagógico desenvolvido em cima de um Curso de extensão de formação continuada para professores, de diferentes áreas de estudo que atuam no ensino fundamental e médio da rede pública estadual, sobre a temática trabalho com projetos.

Por fim, o Capítulo 11 descreve a construção do ambiente virtual de aprendizagem PLANETA ROODA, cuja temática é o espaço sideral e tem como finalidade possibilitar o trabalho coletivo na Internet com alunos e professores de Educação Infantil e Séries Iniciais do Ensino Fundamental. Foi desenvolvida uma experiência com professores destes níveis de ensino e apresentados os resultados alcançados.

Espera-se que as reflexões e experiência apresentadas neste livro contribuam para a consolidação e a expansão da EAD, possibilitando um diálogo com outras iniciativas nessa modalidade. Este é um tempo em que todos estamos convivendo com uma sociedade em permanente desenvolvimento epistemológico, pedagógico, organizacional, tecnológico e metodológico. Logo, este novo paradigma educacional poderá servir para tornar os atores deste novo processo cada mais autores de sua própria história, convergindo, divergindo e/ou se cruzando através de diferentes rumos.

RELAÇÃO ENTRE PARADIGMA E MODELO PEDAGÓGICO

Para entender o conceito de modelo, é preciso transitar pelo termo paradigma. Este é de uso comum, o que impõe uma análise prévia do seu significado no contexto educativo.

Thomas Kuhn, no seu livro *The structure of scientific revolutions* (1996), reinterpretou o conceito de paradigma, definido-o como um quadro teórico, constituído a partir de um conjunto de regras metodológicas e axiomas, aceito por uma determinada comunidade científica, durante um determinado período de tempo. Logo, pode-se dizer que funciona como um sistema de referências em que as teorias são testadas, avaliadas e, se necessário, revistas. Assim, o paradigma é um corpo teórico ou sistema explicativo dominante, durante algum tempo, em uma área científica particular. Mas por que durante um determinado tempo? Kuhn afirma que existem rupturas na evolução científica, e se refere a elas como *"mudanças de paradigma"*.

Logo, partindo da definição kuhniana, pode-se dizer que o paradigma é a representação do padrão de modelos a serem seguidos. É um pressuposto filosófico matricial, ou seja, uma teoria, um conhecimento que origina o estudo de um campo científico; uma realização científica com métodos e valores que são concebidos como modelo; uma referência inicial como base de modelo.

Quando se fala de mudança de paradigma, está se direcionando para uma nova forma de ver, sentir, viver dentro de um novo referencial. A pesquisa científica tem por objetivo promover mudanças na maneira como se entende o mundo. Ocorrem rupturas drásticas com o passado, muitas vezes abrindo um novo capítulo na compreensão da realidade, o que é acompanhado pela reconstrução de teorias e pela reinterpretação de experimentos. Outras mudanças envolvem apenas uma pequena inovação, deixando virtualmente intocada a grande estrutura do conhecimento da área em questão.

Portanto, as mudanças de paradigma são sentidas em todas as áreas do saber, sendo que muitas das mudanças ocorrem de dentro para fora dessas áreas. No caso da educação ocorreu uma mudança paradigmática de fora para dentro, resultante da introdução das tecnologias da informação e da comunicação, levando a um novo perfil de instituição e à reformulação das funções dos "atores" envolvidos, entre eles gestores da educação, professores, alunos e monitores.

O termo "mudança paradigmática" vem sendo relacionado, nos últimos tempos, às TICs e, principalmente, à EAD por ser um dos grandes dinamizadores dessas rupturas na área educacional. O mundo tem como novos pilares os conceitos de tempo e de espaço. Nesse sentido, vem emergindo um paradigma que se constitui em um novo sistema de referências, por meio da confluência de um conjunto de teorias, de ideias que explicam/orientam uma nova forma de viver, de educar e de aprender.

Ao reportar tais tendências para o campo educativo, torna-se indispensável elucidar os paradigmas que sustentam as mudanças nas práticas pedagógicas. Destaca-se que os paradigmas educacionais constituirão um sistema de referência que explica um determinado fenômeno educativo. Portanto, nos últimos tempos, há cada vez mais necessidade de construir esses pilares teóricos levando em conta as "novas" tendências, contemplando aspectos de natureza epistemológica, metodológica e ontológica.

Assim abrem-se caminhos de investigação nesta área advindos da necessidade de realizar pesquisas científicas que auxiliam no entendimento destas novas tendências,[4] onde as teorias deixam de ser adequadas e é necessário produzir um novo conhecimento científico que possa responder a estas mudanças.

A atividade científica procura compreender, explicar e predizer fenômenos do mundo (Kuhn, 1996). Por esse motivo, a ciência busca, por meio de leis, princípios e modelos, generalizar e simplificar a realidade. O conceito de modelo surge, portanto, com o viés de estabelecer uma relação por analogia com a realidade. O modelo é um sistema figurativo que reproduz a realidade de forma mais abstrata, quase esquemática, e que serve de referência (Behar, 2007).

Logo, é no cerne do paradigma que emergem os modelos. Pode-se afirmar que cada modelo tem uma expressão própria dentro de cada paradigma e que se distingue pelas finalidades que pretende atingir, pelo meio ambiente e pelos resultados esperados, o que, naturalmente, levará a diferenciar as estratégias utilizadas (Gaspar et al., 2006). Como nesta abordagem o foco é a educação, este modelo será denominado de modelo pedagógico, cuja raiz estará nas teorias de aprendizagem.

Na educação, o conceito de modelo foi erroneamente considerado sinônimo de paradigma, também de teorias de aprendizagem como as desenvolvidas por Piaget, Vygotsky, Roger, Bruner, entre outros, ou ainda como metodologia de ensino, e por essa razão foi necessária essa revisão na definição dos conceitos.

Nesta abordagem, a expressão "modelos pedagógicos" representa uma relação de ensino/aprendizagem, sustentado por teorias de aprendizagem que são fundamentadas em campos epistemológicos diferentes. Tudo isso aponta para um determinado paradigma. Logo, faz-se necessário revisar al-

---

[4] O Capítulo 6 mostra uma destas tendências, por meio da criação de novos princípios da pesquisa científica para investigar ambientes virtuais de aprendizagem sob o ponto de vista do pensamento complexo (Morin, 1990).

gumas das ideias apresentadas por Becker (2001), que traz nos seus estudos o conceito de modelos pedagógicos, mas não voltado à EAD.

Partindo de um paradigma interacionista, tem-se como pressupostos que o sujeito é construtor do seu próprio conhecimento. Assim, a base do modelo é a (inter)ação entre sujeito e meio exterior (o objeto). A aprendizagem é, por excelência, ação, construção, tomada de consciência da coordenação das ações.

Seguindo uma visão instrucionista, em que o sujeito é considerado uma tábula rasa, uma folha de papel em branco, de modo que todo o seu conhecimento vem do meio exterior. Logo, este modelo se baseia em uma relação em que o objeto define o sujeito. Assim o conhecimento nunca se constrói, ele é transmitido ou transferido ao sujeito.

No paradigma humanista – que, aliás, é bem mais difícil de perceber –, o sujeito já nasce com um saber, uma bagagem, e à medida que vai crescendo ele precisa apenas trazer à consciência, aprendendo a organizá-lo. Deve-se deixar o sujeito fazer o que ele deseja porque, a princípio, tudo é bom, instrutivo, e ele, por meio de suas ações, encontrará seu caminho.

O que se deseja com a colocação destas ideias? Mostrar que nem sempre são construídos modelos que seguem somente uma determinada teoria. Assim, de forma geral, os modelos são "reinterpretações" de teorias a partir de concepções individuais dos professores que se apropriam parcial ou totalmente de tais construtos teóricos imbuídos em um paradigma vigente. Desta forma, o modelo construído muitas vezes recebe o nome de uma teoria (piagetiana, rogeriana, vygostkyana, skinneriana, etc.) ou de um paradigma (interacionista, humanista, instrucionista, etc.). No entanto, essa nomenclatura pode não condizer com a epistemologia que a embasa, contradizendo as teorias mencionadas (Behar, 2007). Logo, nesta abordagem, entende-se que um modelo pedagógico pode ser embasado em uma ou mais teorias de aprendizagem.

Na Figura 1.1, apresenta-se o processo de construção de um modelo pedagógico. Parte-se de um paradigma dominante que, em geral, influencia as teorias de aprendizagem vigentes, assim como outras teorias científicas. A partir dele, os sujeitos constroem um modelo pessoal próprio que é compartilhado com os pares, gerando, assim, um modelo pedagógico compartilhado.

É necessário explicar o significado dos diferentes conceitos considerados fundamentais na definição das diretrizes que irão orientar o modelo pedagógico.

Como mencionado, percebe-se que o termo "modelo pedagógico" é interpretado como uma metodologia de ensino que, sem dúvida, é um dos seus elementos, como será apresentado na próxima seção. Porém, essa "redução" do modelo à sua parte visível ignora outros elementos que o constituem e que são fundamentais de serem explicitados para a compreensão do processo educativo.

Ao trazer para a discussão a EAD, a situação fica mais complexa ao se estabelecer um novo patamar para a palavra "modelo". Nessa perspectiva, o conceito de modelo está vinculado fortemente às TICs e, particularmente, aos

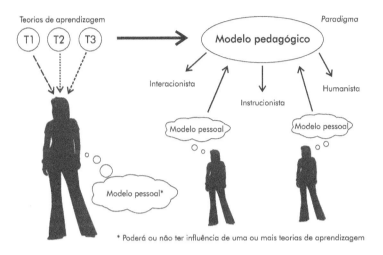

Figura 1.1
Construção de modelos pedagógicos.

ambientes virtuais de aprendizagem (AVA) utilizados como forma de mediação para promover a educação.

Assim, é comum ler em artigos científicos frases como "o modelo de EAD implantado aqui é o de videoconferência" ou "nosso modelo de EAD busca a aprendizagem colaborativa por meio da interação aluna/professor" ou "os modelos propostos são apresentados segundo a perspectiva das trocas comunicativas", dentre outras abordagens. Frente a essa situação, questiona-se até que ponto o termo "modelo pedagógico" tem uma conceituação clara na área de informática na educação e, em especial, na EAD. Vê-se com preocupação a profusão do termo "modelo pedagógico" para significar qualquer conceito. Por isso, este capítulo visa alicerçar a construção de um significado mais aprimorado do termo "modelo pedagógico" direcionado à EAD.

E por que este modelo seria diferente do modelo pedagógico usado no ensino presencial? Uma das características que definem a EAD é que ela é constituída por um conjunto de sistemas que partem do princípio de que os alunos estão separados do professor em termos espaciais e, muitas vezes ou na maioria das vezes, temporais. Essa distância não é somente geográfica, mas vai além, configurando-se em uma distância transacional, "pedagógica", a ser gerida por professores, alunos, monitores/tutores. Assim, o papel das TICs é contribuir para "diminuir" essa "distância pedagógica", assegurando formas de comunicação e interação entre os "atores" envolvidos no processo de construção de conhecimento pela EAD.

A questão dessa "distância" sempre foi um desafio para os educadores. No entanto, será que resolver esse problema é suficiente para ensinar e aprender a distância? Assim, abre-se uma lacuna de como construir um modelo pedagógico que possa não só superar a distância, mas concretizar situações de um "novo saber pedagógico".

Assiste-se, nos últimos tempos, ao desenvolvimento de uma infinidade de propostas didático-pedagógicas para a EAD. À medida que vão aparecendo no mercado novas tecnologias, elas vão sendo incorporadas ao sistema educacional, fazendo com que as questões de EAD sejam olhadas mais do ponto de vista tecnológico do que pedagógico. Isso traz resultados negativos, levando ao fracasso escolar, pois se colocam como foco as mudanças tecnológicas e não as paradigmáticas.

Assim, propõe-se definir os pressupostos de um modelo pedagógico para educação a distância que possa responder às mudanças de paradigma no sentido dado por Kuhn (1996). Fala-se de um novo domínio na educação, passando de uma relação de um-para-muitos e/ou muitos-para-muitos, com espaço-tempo definidos, e em que predomina a comunicação oral, para uma interação de um-para-muitos, um-para-um e inclusive muitos-para-muitos. Esse novo domínio é baseado em comunicação multimedial, não exigindo a copresença espacial e temporal. Por isso, trata-se de um novo patamar em que não se podem adaptar modelos pedagógicos derivados do ensino presencial para a distância.

Aqui, a ruptura paradigmática significa a construção de novas matrizes que sustentem a gestão da distância pedagógica, novos pilares que sustentem esse novo conhecer, viver, ser e esse novo fazer a distância.

OPERACIONALIZAÇÃO DO CONCEITO DE MODELO PEDAGÓGICO PARA EDUCAÇÃO A DISTÂNCIA

Antes de operacionalizar o conceito de modelo pedagógico é necessário defini-lo numa abordagem voltada à EAD. Entende-se o conceito de modelo pedagógico para EAD como um sistema de premissas teóricas que representa, explica e orienta a forma como se aborda o currículo e que se concretiza nas práticas pedagógicas e nas interações professor/aluno/objeto de estudo. Nesse triângulo (professor, aluno e objeto) são estabelecidas relações sociais em que os sujeitos irão agir de acordo com o modelo definido.

O modelo pedagógico contempla um recorte multidimensional das variáveis participantes e seus elementos, como será abordado a seguir. Partindo da concepção anteriormente citada, enfatiza-se que os elementos de um modelo pedagógico para EAD trazem uma estrutura calcada sobre um determinado paradigma e em consonância com uma ou mais teorias educacionais a serem utilizadas como eixo norteador da aprendizagem. Essa estrutura é mostrada na Figura 1.2 e traz no seu cerne um elemento denominado de **arquitetura pedagógica (AP)**.

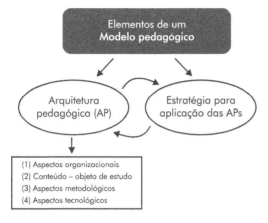

Figura 1.2
Elementos de um modelo pedagógico em EAD.

A AP é constituída da seguinte forma:

1. fundamentação do planejamento/proposta pedagógica (*aspectos organizacionais*), em que estão incluídos os propósitos do processo de ensino-aprendizagem a distância, a organização do tempo e do espaço e as expectativas na relação da atuação dos participantes ou da também chamada organização social da classe;
2. *conteúdo* – materiais instrucionais e/ou recursos informáticos utilizados, objetos de aprendizagem, *software* e outras ferramentas de aprendizagem;
3. atividades, formas de interação/comunicação, procedimentos de avaliação e a organização de todos esses elementos em uma sequência didática para a aprendizagem (*aspectos metodológicos*);
4. definição do ambiente virtual de aprendizagem (AVA) e suas funcionalidades, ferramentas de comunicação tais como vídeo e/ou teleconferência, entre outros (*aspectos tecnológicos*).

Os *aspectos organizacionais* dizem respeito à definição dos objetivos da aprendizagem em termos de "lista de intenções"; à organização social da classe em que se estabelecem agrupamentos e separações, definição de papéis, direitos e deveres de cada "ator" (seja ele aluno, professor ou tutor); à sistematização do tempo e do espaço, levando em conta as questões que a virtualidade propicia em termos de flexibilização. Segundo Zabala (1998), as variáveis tempo/espaço são, em geral, pouco explicitadas nos modelos pedagógicos, mas se tornam elementos fundamentais em qualquer espaço de intervenção pedagógica. Na educação presencial essas duas variáveis "parecem" imutáveis na organização escolar, pois o tempo é sistematizado em períodos fixos e o espaço, em salas de aula. Porém, na EAD, elas tomam dimensões que ainda precisam ser mais exploradas nas práticas educativas dos professores que trazem suas concepções de uma educação presencial muito arraigada.

Para definir uma proposta pedagógica é necessário levar em conta as competências que o aluno deve adquirir. Para isso, deve-se pensar que na EAD, em primeiro lugar, ele deve compreender o processo *on-line*, que é completamente diferente do presencial. O aluno deve ser ou se tornar comunicativo através, principalmente por meio da escrita, e deve ser auto-motivado e auto-disciplinado. Como existe muita flexibilidade de tempo e espaço na EAD, os alunos precisam se empenhar em definir horários fixos de estudo em casa e/ou no trabalho para se dedicar ao curso e ter disciplina para tal. Muitas vezes, por existir uma distância física entre professor e aluno, pode-se observar uma sensação de isolamento por parte do aluno; em vista disso, é necessário que ele se automotive e seja motivado por professores e tutores, evitando a evasão. Certamente, o aluno precisa ter equipamento e *software* necessários para acompanhar o curso de EAD, usando de forma adequada a tecnologia.

Assim, observa-se que não é qualquer proposta pedagógica que se adapta à EAD. Para definir os aspectos organizacionais de um modelo pedagógico para essa modalidade, as competências que o aluno precisa desenvolver e que são importantes para participar de um curso a distância são os seguintes: *competência tecnológica*, no que se refere ao uso de programas em geral, mas principalmente da internet, *competências ligadas a saber aprender em ambientes virtuais de aprendizagem* e *competências ligadas ao uso de comunicação escrita*. Para isso, os objetivos do planejamento pedagógico devem responder aos objetivos cognitivos, no sentido de como usar e como compreender, além dos objetivos relacionados às atitudes em relação aos valores.

Normalmente a proposta pedagógica é apresentada ao aluno quando esse inicia um determinado curso. Nela estão especificadas quais são as expectativas em relação ao seu rendimento, bem como os pré-requisitos ou as condições pedagógicas e tecnológicas em que se dará o curso (muitas vezes isto é disponibilizado também na sua inscrição). Dependendo do público-alvo esse plano pode ser reformulado para adaptá-lo às necessidades e/ou circunstâncias do grupo. Ou seja, não há como replicar um planejamento pedagógico em diferentes meios; sempre deverá existir uma reconstrução dele, a não ser que as condições sejam bastante similares.

Destaca-se que o planejamento e/ou a proposta se caracteriza pela descrição específica, em termos operacionais, do objetivo pretendido para cada aula e/ou curso (fins) e se estabelecem os meios para atingi-lo. Assim, os aspectos organizacionais devem ter uma estrutura bem integrada, de tal forma que as partes (propósitos, tempo, espaço, atuação dos participantes, organização social da classe) se relacionem e formem um todo harmônico.

Com relação ao *conteúdo*, entende-se que este se caracteriza por ser qualquer tipo de material e/ou elemento(s) utilizado(s) com a finalidade de apropriação do conhecimento. De acordo com Zabala (1998), os conteúdos com os quais se pretende trabalhar podem ser classificados de acordo com uma abordagem conceitual, factual, atitudinal e procedimental. Esse conjunto de elementos deve ser cuidadosamente planejado para que, a partir deles, seja possível construir conhecimento, desenvolver capacidades, habilidades e competências.

Resumidamente, o conteúdo é "*o que*" será trabalhado. Logo, este pode ser desde um simples material instrucional, um *software* educacional, páginas Web ou objetos de aprendizagem.[5] Para seleção do conteúdo, por parte do curso e/ou professor, é preciso também levar em conta o design deste tipo de material, se une fatores técnicos, gráficos e pedagógicos, se é motivador (ou não) para o aluno, se é interativo, entre outros aspectos.[6] Logo, deve-se definir se o conteúdo requer alguns encontros presenciais e/ou a distância, se tem atividades práticas e/ou teóricas, se pode ser desenvolvido individual e/ou coletivamente. Também é importante dar atenção à forma de disponibilização dos materiais: não basta exportar para a EAD os mesmos materiais utilizados no ensino presencial. Um material a ser utilizado a distância tem suas peculiaridades e, na maior parte das vezes, ocupa-se muito tempo para o seu desenvolvimento (Vermeersch, 2006). Não é simplesmente digitalizar um livro ou figuras e continuar trabalhando da mesma forma. Assim como não há como transferir uma proposta pedagógica do presencial para o virtual, o mesmo ocorre com os conteúdos. Porém, é preciso enfatizar que, muitas vezes, dá para usar as mesmas apresentações de uma aula presencial em uma virtual, integrando-as com o resto do material, ou seja, utilizando como complemento ou material de apoio.

Os conteúdos podem integrar diversas mídias, como som, imagem, vídeo, texto e/ou hipertextos, abarcando diferentes estilos de aprendizagem (Palloff e Pratt, 2004). Além disso, a própria metodologia de trabalho (o "*como*" deve ser trabalhado) pode estar inserida neste tipo de material. Neste caso, os aspectos metodológicos encontram-se integrados a este elemento da arquitetura.

Os *aspectos metodológicos* tratam não somente da seleção das técnicas, dos procedimentos e dos recursos informáticos a serem utilizados na aula, mas também da relação e da estruturação que a combinação desses elementos terão. Ela vai depender dos objetivos a serem alcançados e da ênfase dada aos conteúdos previamente estabelecidos. Logo, a ordem e as relações constituídas determinam, de maneira significativa, o modelo e as características

---

[5] Os objetos de aprendizagem para EAD são detalhados no Capítulo 3.
[6] O Capítulo 2 descreve parâmetros para a construção de materiais educacionais, do ponto de vista do design pedagógico.

de uma aula. Esta ordem denomina-se sequência didática ou de atividades e, a partir da análise de diferentes sequências, podem ser estabelecidas as características diferenciais presentes na prática educativa. Por exemplo, uma sucessão de atividades poderia ser a seguinte: ler o material instrucional e/ou o objeto de aprendizagem; discutir em um fórum determinado tópico; participar de um bate-papo sobre o tema; elaborar resenha conclusiva de forma individual e/ou em grupo; publicar na web um portfólio do ambiente virtual; comentar (professor e/ou tutor); publicar conceitos na página do curso, etc.

Os aspectos metodológicos têm relação direta com os objetivos do curso; logo, também aparecem as questões ligadas à avaliação. O ato de avaliar diz respeito à coleta, à análise e à síntese de dados, configurando, assim, o objeto de avaliação. Para tanto, deve-se ter em mente as seguintes questões: O que será avaliado? Como? Por quê? Por quem? O que se quer avaliar? A avaliação será contínua? Formativa? Somativa? Quais ferramentas do ambiente virtual auxiliam para tal?[7] A avaliação será presencial, semipresencial ou totalmente a distância? Os instrumentos de avaliação devem fornecer dados que mostrem se foram (ou não) atingidos os objetivos descritos no planejamento pedagógico. Na EAD, segundo a legislação brasileira, é indispensável uma avaliação final presencial, mas toda a avaliação processual se dá por meio dos registros das ferramentas disponíveis nos ambientes de aprendizagem. Assim, é possível acompanhar de forma sistemática o desempenho do aluno, abrindo possibilidades de uma avaliação mais processual e qualitativa, inclusive com a criação de ferramentas próprias. Dentre as diversas formas de acompanhamento avaliativo podem ser citados os diários, os webfólios ou portfólios, o nível e a quantidade de interação, a incidência e a qualidade de mensagens, o dia, a data e a hora do envio de atividades e trabalhos, entre outros.

É preciso, então, retomar algumas questões que devem estar definidas antes de passar para os aspectos tecnológicos.

- Qual (is) a(s) teoria(s) de aprendizagem ou o paradigma predominante que vai embasar o curso?
- Qual é o público-alvo? Qual seu nível de familiaridade com a tecnologia? É a primeira vez que participam de um curso/programa de EAD? Deve-se oferecer formação tecnológica antes de iniciar o curso?
- Quais são os objetivos principais do programa/curso?
- O que se espera dos alunos?
- O que será mais adequado desenvolver: um currículo mais estruturado ou não?
- Como os alunos trabalharão em relação ao tempo/espaço? Será sempre da mesma forma ou pode variar ao longo do curso?

---

[7] Este tema é aprofundado no Capítulo 4, onde são explicitados os tipos de avaliação em ambientes virtuais de aprendizagem.

- Que recursos serão utilizados para trabalhar os conteúdos? Material instrucional? Hipertextos? Áudio? Vídeo? Papel? Páginas *web*? Objetos de aprendizagem? *Software* educacional? Teleconferência?
- Que tipo de atividades serão utilizadas? Direcionadas? Não direcionadas? Resolução de problemas? Projetos de aprendizagem? Estudos de caso?
- Como se darão essas atividades no tempo? De forma síncrona? Assíncrona?
- Qual o tipo de interação/comunicação que se espera dos alunos?
- Qual o tipo de avaliação? Formativa? Somativa? Mediadora? Auto-avaliação?
- Como determinar a motivação dos alunos em ambientes virtuais de aprendizagem, seus possíveis estado de ânimo (desinteresse, indiferença) no processo de aprendizagem?[8]

Entende-se que o mais apropriado seria definir primeiro todas essas questões e, a partir disso, passar para os aspectos tecnológicos.

Dentre os *aspectos tecnológicos*, deve ser definido o AVA e suas funcionalidades e/ou recursos de comunicação e interação a serem utilizados e que mais se adapta ao curso/programa que se pretende ministrar.

Aqui se define um AVA como um espaço na internet formado pelos sujeitos e suas interações e formas de comunicação que se estabelecem por meio de uma plataforma, tendo como foco principal a aprendizagem. Entende-se por plataforma uma infraestrutura tecnológica composta pelas funcionalidades e interface gráfica que compõe o AVA (Behar, 2006). Dentre as funcionalidades, podem ser citadas as de comunicação síncrona e assíncrona, entre elas bate-papo (ou *chat*), MSN, fórum de discussão, diários de bordo, base de dados, funcionalidades que dão suporte ao trabalho em grupo, publicação de arquivos.

Atualmente, existem inúmeros AVAs[9] que se propõem a dar suporte a processos de ensino-aprendizagem baseados na Web, oriundos tanto do meio acadêmico quanto do comercial. Cada um deles possui, de forma implícita ou explícita concepções sobre como ocorre este processo e servem para propósitos específicos. Logo, o que tem que ser levado em conta é o modelo do am-

---

[8] O Capítulo 8 aborda a necessidade de considerar as dimensões afetivas em ambientes virtuais de aprendizagem, trazendo a inteligência artificial como uma área que pode auxiliar na identificação dos estados de ânimo do aluno.
[9] Rooda, Moodle, Teleduc, FirstClass Classrooms, TopClass, WBT Systems, Virtual-U, WebCT, AulaNet, E-proinfo, Planeta Rooda, entre outros. Os ambientes virtuais de aprendizagem ROODA, PLANETA ROODA e ETC foram desenvolvidos por meio de projetos interdisciplinares no NUTED. Detalhes no Capítulo 5.

biente virtual de aprendizagem: centrado no usuário ou no curso e, a partir dessa decisão, selecionar qual se adapta melhor às características do curso.[10]

É preciso enfatizar que, em muitos casos, além do uso de AVAs, utilizam-se tele ou videoconferências como tecnologia de EAD ou, ainda, somente este tipo de recurso.

Como pode ser observado, existem vários elementos que devem ser levados em conta para a realização de um curso a distância. Assim, esses aspectos devem estar muito claros e definidos pelo professor/coordenador para construir um modelo pedagógico que responda às necessidades do curso/estudandes.

Retomando algumas questões em relação aos aspectos tecnológicos:

- Qual o AVA que se ajusta aos elementos da arquitetura definidos anteriormente?
- Qual o tipo de modelo de ambiente?[11] Ambiente centrado no usuário, ambiente centrado no curso, ambiente com mais recursos visuais, tipo videoconferências, ou com mais recursos baseados na escrita?
- Quais são as funcionalidades que vão ser utilizadas ao longo do curso?

Dentro desse aspecto é preciso levar em conta que, se o professor está trabalhando dentro de um curso das áreas exatas, deverá selecionar ferramentas que dêem suporte a esse tipo de comunicação.[12]

Ao responder a todas as questões levantadas é possível iniciar a operacionalização do modelo pedagógico para um curso em EAD. Entretanto, é preciso ter cuidado, pois na maioria das vezes não é assim que ocorre. Muitos programas e/ou instituições selecionam em primeiro lugar a plataforma de trabalho, e depois são definidos os outros elementos.

É importante esclarecer que, na maioria das vezes, existe uma arquitetura pedagógica (AP) "oficial" com um planejamento e conteúdos predefinidos de educação e/ou formação e aspectos metodológicos e tecnológicos já delineados. Esta AP (Figura 1.1) é "imposta" pelos cursos/instituições, ou seja, todos os professores que irão trabalhar uma determinada disciplina/programa devem fazê-lo seguindo certas diretrizes previamente especificadas pela instituição.

Logo, o que difere a aplicação de uma AP para outra? Entende-se que há que levar em conta os aspectos sociais, emocionais e pessoais dos atores envolvidos na aprendizagem a distância. Assim, um outro elemento muito importante a ser destacado e refletido como "diferencial" na aprendizagem

---

[10] Centrado no usuário: este entra no ambiente com um único login/senha e visualiza todas as disciplinas em que está matriculado (tem a visão do todo). Centrado no curso: o usuário entra com seu login e somente tem acesso a uma disciplina do curso, tem que sair e entrar com outro login para ter acesso a outra disciplina. Não consegue visualizar o todo, somente disciplina por disciplina.
[11] Mais detalhes no Capítulo 4.
[12] Exemplo deste tipo de recurso encontra-se descrito no Capítulo 7.

(pois varia de professor para professor) são as estratégias de aplicação das APs. Elas constituem a dinâmica do modelo pedagógico.

Nessa abordagem, define-se a estratégia de aplicação das APs como um ato didático que aponta à articulação e ao ajuste de uma arquitetura para uma situação de aprendizagem determinada (turma, curso, aula). Mantendo-se fiel à matriz estruturante de uma arquitetura determinada, as estratégias de aplicação construídas para a aprendizagem correspondem a um plano que se constrói e reconstrói mediante processos didáticos permeados pelas variáveis educativas que dão o caráter multidimensional ao fenômeno. Assim o professor poderá evidenciar na própria estruturação estratégias das mais diversas a fim de atingir resultados mensuráveis que, por um lado, se manifestarão no processo de aprendizagem dos seus alunos e, por outro, poderão resultar na modificação/adaptação da arquitetura definida *a priori*. Logo, é possível afirmar que a estratégia de aplicação é a forma como o professor irá colocar em prática o seu modelo pessoal (mostrado na Figura 1.1).

Logo, entende-se que as estratégias para aplicação da AP dão dinamicidade a elas, ou seja, aos processos constitutivos do modelo pedagógico. Permite-se, assim, que esta possa contemplar, nas suas estratégias de ação, além dos elementos descritos, também os aspectos sociais, emocionais e pessoais que fazem parte da aprendizagem em EAD.

Ao longo deste livro são operacionalizados os modelos pedagógicos por meio de experiências em cursos de graduação e pós-graduação,[13] cursos de extensão,[14] e educação infantil e séries iniciais do ensino fundamental.[15]

CONSIDERAÇÕES FINAIS

Neste capítulo, foi exposta uma delimitação "possível" para o conceito de modelo pedagógico, concebendo-o como representações compartilhadas do sistema de relacionamentos estabelecidos na atividade pedagógica. A partir disso, foram analisados seus elementos constitutivos com ênfase na construção da arquitetura pedagógica e das variáveis que a compõem, focalizando a EAD.

Logo, pode-se dizer que o modelo institucional apresenta uma normatização calcada por parâmetros organizacionais, epistemológicos, tecnológicos e metodológicos. Suas mudanças são mais lentas e dependem de acordos administrativos, o que exige negociações por parte dos coletivos envolvidos, como setores da instituição, conselhos legislativos e gestores. Por outro lado, o modelo pedagógico sempre terá por trás os modelos pessoais, que se encontram em contínua construção.

---

[13] Capítulo 9.
[14] Capítulos 9 e 10.
[15] Capítulo 11.

Assim, o diferencial se dá na relação entre o modelo pessoal e o modelo institucional, de modo que cada professor desenvolve as suas estratégias pedagógicas para aplicação da AP, dando dinamicidade ao funcionamento do modelo. Entende-se que esse processo pode contribuir para a revisão do próprio modelo institucional, configurando os mecanismos de transformação observados na EAD nos últimos anos.

Espera-se que as reflexões e a experiência apresentadas neste livro contribuam para a consolidação e a expansão da EAD, possibilitando um diálogo com outras iniciativas nessa modalidade. Este é um tempo em que todos estamos convivendo com uma sociedade em permanente desenvolvimento epistemológico, pedagógico, organizacional, tecnológico e metodológico. Logo, este novo paradigma educacional poderá servir para tornar os atores deste novo processo cada vez mais autores de sua própria história, convergindo, divergindo e/ou se cruzando em diferentes rumos.

Pode-se dizer que estamos construindo a rede dos conhecimentos da EAD, engendrando muitos nós, mas também encontrando diversas direções que se abrem e que se configuram em novos caminhos, entre eles os modelos pedagógicos em EAD.

REFERÊNCIAS

BECKER, F. *Educação e construção do conhecimento*. Porto Alegre: Artmed, 2001.

BEHAR, P. A.; LEITE, S. M. Criando novos espaços pedagógicos na Internet: o ambiente ROODA. In: WWW/INTERNET 2005. Anais... Lisboa: IADIS, 2005. v. 1, p. 3-10.

BEHAR, P. A.; MEIRELLES, S. The virtual learning environment ROODA: an institutional project of long distance education. *Journal of Science Education and Technology*, v. 15, n. 2, p. 159-167, 2006.

BEHAR, P. A.; PASSERINO, L.; BERNARDI, M. Modelos pedagógicos para educação a distância: pressupostos teóricos para a construção de objetos de aprendizagem. *RENOTE*: Revista Novas Tecnologias na Educação, Porto Alegre, v. 5, p. 25-38, 2007.

CASTELLS, M. *A sociedade em rede*. São Paulo: Paz e Terra, 1999. v. 1.

GASPAR, I. et al. O paradigma como instância organizadora do modelo de ensino. In: JORNADAS DO CENTRO DE ESTUDOS EM EDUCAÇÃO E INOVAÇÃO: PARADIGMAS EDUCACIONAIS EM MUDANÇA. UNIVERSIDADE ABERTA DE EDUCAÇÃO A DISTÂNCIA. *Anais...* Lisboa, 2006.

KUHN, T. S. *The Structure of Scientific Revolutions*. 3rd ed. Chicago: University of Chicago, 1996.

PALLOFF, R.; PRATT, K. *O aluno virtual*. Porto Alegre: Artmed, 2004.

MORIN, E. *Introdução ao pensamento complexo*. Lisboa: Instituto Piaget, 1990.

VERMEERSCH (org.). *Iniciação ao ensino a distância*. Gruntvig: Brussel, 2006.

ZABALA, A. *A prática educativa*: como ensinar. Porto Alegre: Artmed, 1998.

Parâmetros para a construção de materiais educacionais digitais do ponto de vista do *design* pedagógico

2

Cristina A. W. Torrezzan
Patricia Alejandra Behar

INTRODUÇÃO

Os recursos digitais[1] vêm sendo aplicados em diferentes áreas do conhecimento, permitindo que novas práticas ampliem antigas possibilidades. Especificamente na área da educação, eles possibilitam que conteúdos sejam abordados na forma de imagens digitais, vídeos, hipertextos, animações, simulações, objetos de aprendizagem (OA)[2], páginas *web*, jogos educacionais, entre outros. Eles surgem como uma ferramenta capaz de potencializar a reestruturação de práticas pedagógicas, originando novas formas de pensar a respeito do uso da comunicação, da ciência da informação, da construção do conhecimento e da sua interação com a realidade. Desse modo, originam-se os materiais educacionais digitais (MEDs), conceituados neste capítulo como todo o material didático elaborado com objetivos relacionados à aprendizagem e que incorpora recursos digitais. Porém, a utilização da tecnologia pela tecnologia não é suficiente para a contemplação de uma nova concepção educacional. O diferencial está no planejamento pedagógico em que esses recursos digitais estarão inseridos. Será preciso contemplar uma pedagogia baseada na pesquisa, no acesso à informação, na complexidade, na diversidade e na imprevisibilidade, de modo a possibilitar a criação de novos ambientes cognitivos (Delcin, 2005).

No início da utilização dos recursos digitais na educação, não havia uma maior preocupação com a maneira de aplicar o conteúdo nesse novo tipo de plataforma. Normalmente, ocorria apenas a digitalização dos métodos tradicionais, pois o foco muitas vezes estava voltado à utilização dessa nova tecnologia e não na sua efetiva aplicação, do ponto de vista cognitivo. Porém, verificou-se a necessidade de o MED ultrapassar a simples cópia da sala de

---

[1] Recursos digitais são elementos informatizados, como imagens digitais, vídeos, animações, hipertextos, entre outros, que possibilitam a interatividade entre o usuário e a realização de uma determinada atividade ou ação.
[2] Conceito detalhado no Capítulo 3.

aula tradicional, permitindo a superação de limites geográficos, físicos, financeiros e temporais. Desse modo, iniciaram-se vários estudos com o intuito de elaborar práticas pedagógicas que pudessem ser aplicadas aos recursos digitais de forma a possibilitarem situações de aprendizagem além das propiciadas em sala de aula. No entanto, surgiram outras questões importantes a serem investigadas. Na maioria dos MEDs observa-se, na sua concepção e construção, um desequilíbrio entre fatores técnicos, gráficos e pedagógicos. Além disso, o *design* é normalmente considerado um elemento decorativo, como uma simples cobertura, e não como parte integrante do todo.

Portanto, neste capítulo são apresentados conceitos sobre os principais elementos do *design* pedagógico, bem como a sua justificativa e sua relação com a aprendizagem do aluno. Depois, com base nessa fundamentação teórica, são levantados os diferentes parâmetros que servirão de norteadores para a construção de materiais educacionais digitais. O objetivo é gerar a reflexão e a conscientização de professores, pedagogos e *designers* sobre o papel do *design* pedagógico na construção de MEDs. Desse modo pretende-se colaborar com a formação de profissionais destas áreas, bem como com a sociedade acadêmica em geral.

O TERMO *DESIGN* PEDAGÓGICO

A palavra *design*, em inglês, significa projetar, compor visualmente ou colocar em prática um plano intencional. Seu objetivo é utilizar o ato de gerar informação como ferramenta para projetar conceitos (Paz, 2002). Alguns tipos de *designs* são relacionados à construção de materiais educacionais; são eles:

- *Design* instrucional (Palloff e Pratt, 2004) e didático (Amaral et al., 2007): referem-se ao planejamento de materiais educacionais. Alguns educadores sentiram-se "incomodados" com o termo instrucional[3] e, então, passaram a conceituá-lo de *design* didático. Logo, em muitas bibliografias eles são considerados sinônimos.
- *Design* educacional (Paas, 2001): relaciona-se a fatores pedagógicos de materiais educacionais, potencializando situações de aprendizagem.
- *Design* de sistemas (Romiszowski e Romiszowski, 2005): refere-se ao planejamento e programação ou reprogramação do sistema que serve de suporte ao material educacional digital.

Cada um desses tipos de *design* refere-se a áreas distintas. Dependendo do campo de atuação do elaborador do MED, é normal que a aplicação de um tipo

---

[3] Por levar ao entendimento de instrução, dentro de um paradigma tradicional de ensino.

de *design* prevaleça sobre outro. Por exemplo, se o material estiver sendo construído por uma equipe da área de informática, provavelmente a parte técnica ocupará um grau de prioridade maior do que as discussões a respeito das práticas pedagógicas a serem implementadas e o design a ser integrado ao material. No caso de uma equipe formada por pedagogos, as questões pedagógicas serão mais enfocadas, e assim por diante. Em ambos os casos ocorrerá um desequilíbrio entre fatores técnicos, gráficos e pedagógicos. O indicado é que esses três elementos sejam concomitantemente construídos por uma equipe interdisciplinar, de modo a um apoiar o outro. Nesse contexto, este estudo propõe a criação de um novo tipo de *design* – o *design* pedagógico (DP) –, com o objetivo de integrar esses fatores nas fases de planejamento e elaboração de MEDs.

Esta abordagem considera o DP aquele que une diferentes áreas de estudo, integrando fatores importantes a respeito de práticas pedagógicas, ergonomia,[4] programação informática e composição gráfica. Objetiva-se, por meio dele, a construção de MEDs que possibilitem um ambiente instigante em que o aluno encontre espaço para realizar interações e interatividades (detalhados a seguir neste capítulo),[5] colocando em prática uma postura crítica, investigativa e autônoma. Essas características são contempladas no momento em que os parâmetros de construção aplicados a esses recursos estiverem centrados no aluno e na sua aprendizagem. Logo, esta poderá ser realizada de forma estésica, divertida e surpreendente, de modo a abordar tanto o saber inteligível quanto o sensível. Enquanto os tipos de *design* citados focam o produto a ser gerado, o Design Pedagógico preocupa-se com a futura ação do usuário sobre o produto

As interfaces do MED devem estar contextualizadas na cultura do usuário, tanto em relação aos aspectos gráficos e ergonômicos quanto a respeito da lógica aplicada à organização do conteúdo e da estrutura interativa. O aluno deve ter a oportunidade de percorrer livremente o MED de uma maneira não-linear, ou seja, conforme a lógica que estiver construindo em cada momento. O equilíbrio entre os fatores técnicos, gráficos e pedagógicos apoiará a interatividade entre aluno e MED, assim como também a interação aluno-aluno-professor. Deve-se ultrapassar os limites de um *design* ilustrativo, possibilitando que o aluno encontre a liberdade suficiente para vencer a pressão do pensamento meramente racional e buscar o equilíbrio entre sentir, agir e construir.

---

[4] A palavra "ergonomia" origina-se de duas palavras gregas: *ergon* que significa trabalho, e *nomos* que significa leis (http://www.ivogomes.com/blog/o-que-e-a-ergonomia/). Significa o conjunto de estudos científicos realizados pelo homem com o objetivo de propiciar a construção de máquinas e equipamentos digitais que sejam facilmente entendíveis e utilizáveis de modo a contemplar ainda aspectos técnicos, econômicos e sociais (Torrezzan, 2006).

[5] Interação: relação entre indivíduos; interatividade: relação entre o indivíduo e a máquina.

Cabe salientar que se trata aqui de um estudo pontual sobre alguns elementos do *design* pedagógico e a sua relação com a aprendizagem do aluno, considerados relevantes e que foram detalhados ao longo desta abordagem. A partir dessa fundamentação teórica são apresentados, ao final deste capítulo, parâmetros norteadores para a construção de MEDs baseados no design pedagógico.

ELEMENTOS DO *DESIGN* PEDAGÓGICO

Nesta seção são estudados alguns elementos do DP. Eles foram selecionados de modo a abranger as três áreas de estudo citadas anteriormente. Ressalta-se que, embora vários outros elementos componham os fatores gráficos, técnicos e pedagógicos (Figura 2.1), esta abordagem irá priorizar apenas alguns deles, como os abordados a seguir, por se tratar dos elementos mais comumente manipulados na elaboração de MEDs.

- *Fatores gráficos*: *imagem* – Investiga-se o papel da imagem nas interfaces de MEDs, analisando a sua interatividade com as ações do usuário e a relação com a aprendizagem do aluno.
- *Fatores técnicos*: *navegação e usabilidade* – São abordadas questões referentes ao planejamento técnico do MED de modo a apoiar a trajetória do usuário pelas interfaces do referido material.
- *Fatores pedagógicos*: Com base na teoria interacionista de Jean Piaget (1974) e na teoria da aprendizagem significativa de Ausubel (Baron et al., 2002) são estudadas questões referentes ao perfil do usuário, à

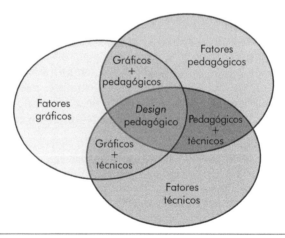

Figura 2.1
Elementos do *design* pedagógico.

elaboração do conteúdo abordado e ao planejamento das interações e interatividades possibilitadas pelo MED.

Cabe ressaltar que esses elementos não são estudados de maneira totalmente isolada, o que se oporia à proposta de integração do DP. Em vários momentos torna-se necessário reportar aspectos pedagógicos a técnicos e gráficos (e vice-versa), pois cada elemento influencia no outro, como será apresentado nas subseções a seguir.

Imagem

Normalmente um MED torna-se bem mais atraente quando possui imagens, ilustrações gráficas ou uma metáfora[6] de interface, como nas Figuras 2.2a e 2.2b. Porém, reportar a elas um caráter meramente ilustrativo e instrucional significa desperdiçar o seu potencial pedagógico. É preciso entender como o sujeito interage com a imagem. Segundo Silveira (2005), o que ocorre na realidade é que o significado para a compreensão é construído essencialmente por meio de pistas contextuais em que a imagem é processada. Entretanto, como ressalta a autora, nem sempre a interpretação do sujeito poderá condizer com a intenção do autor,

Figura 2.2a
Formatação *web*.

---

[6] Metáfora em interface é todo elemento gráfico, correspondente ao mundo real, que possui ações ou hiperlinks para outras telas ou páginas (Capra, 2007).

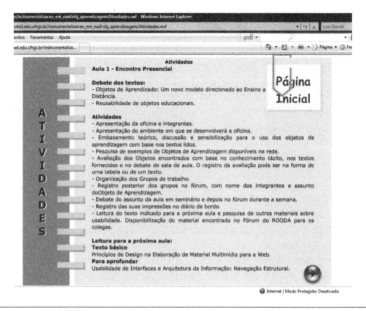

Figura 2.2b
Aplicação de uma metáfora de interface.

> Nos exemplos das figuras 2.2a e 2.2b é possível visualizar como o tratamento gráfico da interface pode fazer diferença. A segunda interface (Figura 2.2b) possui uma maior preocupação com ilustrações gráficas, de modo a aplicar a metáfora de um caderno de atividades. Já a primeira (Figura 2.2a) utiliza um modelo mais simplificado, reportando a uma página web. Ambas possuem o mesmo conteúdo e foram elaboradas para uma disciplina[7] do curso de pós-graduação da Universidade Federal do Rio Grande do Sul (UFRGS). Por questões referentes à acessibilidade, além da interface oficial (Figura 2.2b) (que para ser visualizada necessitava da instalação de um *plugin*) foi disponibilizada também uma interface mais simples (Figura 2.2a), elaborada por meio de um editor de HTML.

já que a interpretação de uma imagem é baseada nas experiências do sujeito que a interpreta, referenciadas, por sua vez, na sociedade em que vive e na sua habilidade cognitiva. É como afirma Canetti (1989): "somente se torna real aquilo que reconhecemos quando, antes disso, o experimentamos".

---

[7] Essas interfaces foram utilizadas na disciplina Oficinas Virtuais de Aprendizagem do curso de pós-graduação da Universidade Federal do Rio Grande do Sul durante o semestre 2007/01 – Capítulo 9. A interface HTML foi retirada do *site* da referida disciplina e a outra (em formato swf) compõe o objeto de aprendizagem que aborda a construção de objetos de aprendizagem.

A utilização de imagens em MEDs requer um planejamento prévio levando em conta o conteúdo que está sendo utilizado e o público que está sendo abordado, para que o aluno possa ser capaz de refletir a partir delas. Caso contrário, elas terão um mero sentido ilustrativo e/ou instrucional, como já foi dito, por vezes podendo até prejudicar a cognição. Ressalta-se a potencialidade da imagem junto à contextualização do conteúdo na sociedade em vigor, com o objetivo de unir a teoria à prática e à realidade, porém de modo a instigar o aluno a construir essa relação e não "fornecendo-a" gratuitamente.

Segundo Joly (1996) o espectador deve ter liberdade para a interpretação de uma imagem, pois o sentido sempre evolui. Isso significa utilizar a imagem como uma linguagem que instiga a reflexão e não simplesmente que comunica uma verdade. A verdade construída será fruto da interpretação de cada indivíduo com base nas suas experiências e na sua bagagem cultural. É como afirma Aumont (1995): "a imagem desempenha o papel de descoberta visual, construindo o espectador ao mesmo tempo em que é construída por ele".

A análise de uma imagem relaciona-se (em um primeiro momento) diretamente com a percepção. Segundo Affonso (2007), é importante observar os seguintes aspectos:

- *Percepção de si*: é importante voltar-se para dentro de si e poder observar que imagem se está olhando. Perceber a sua implicação, o seu envolvimento em cada situação, em cada relação, em cada texto, em cada contexto. A sua implicação naquilo que se estuda, naquilo que se ensina, naquilo que se lê, ou seja, quando eu leio algo, sou eu

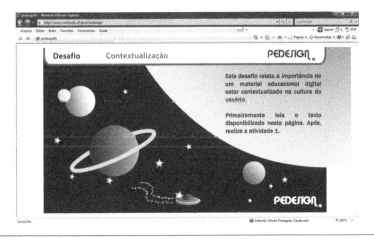

Figura 2.3a
Tela 1.

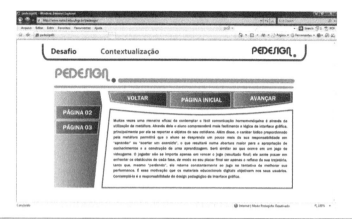

Figura 2.3b
Tela 2.

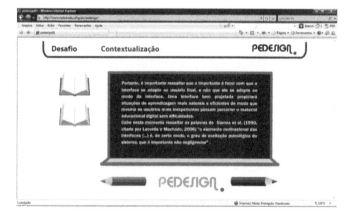

Figura 2.3c
Tela 3.

> As telas[8] (Figuras 2.3a, b, c) possuem fragmentos de um mesmo texto contextualizado em metáforas diferentes. Qual delas seria a mais indicada? Isso dependerá do público-alvo e do assunto abordado. Caso não haja essa relação de correspondência a composição gráfica da interface terá um sentido meramente ilustrativo, podendo até mesmo confundir o usuário.

---

[8] Essas interfaces fazem parte do objeto de aprendizagem PEDESIGN, abordado no Capítulo 3 e disponível em http://homer.nuted.edu.ufrgs.br/pedesign.

implicado naquela leitura, quando outro lê é ele implicado na leitura. Cada sujeito fazendo a sua leitura.
- *Percepção do outro*: também a percepção deste outro que está em relação conosco, que está em relação em uma situação, [...] então, como é a implicação desse outro?

Trata-se da relação sujeito-objeto-contexto. Nesse momento é que ocorre a interação entre esses elementos (Affonso, 2007). É a partir dessa relação que o sujeito é capaz de refletir e construir conhecimento. Porém, é preciso que as imagens sejam utilizadas no âmbito da representação, evitando o da simples apresentação. Ao considerar uma imagem como um elemento que apresenta uma informação ou conceito, estamos nos aproximando da teoria da Gestalt,[9] que acredita que a imagem comunica por si mesma (por *insight*[10]). Se isso realmente ocorresse vários sujeitos, ao interpretar uma obra de arte abstrata, teriam a mesma compreensão. Todas as pessoas ao "brincar" com a forma das nuvens visualizariam as mesmas imagens. No entanto, isso não ocorre, pois o processo de interpretação de uma imagem é bem mais complexo. Segundo a teoria de Piaget, o sujeito "retira" da imagem aquilo que lá ele coloca por meio da abstração reflexionante[11] – (seja ela pseudoempírica[12] ou refletida[13] (Becker, 2007), ou seja, a interpretação será o resultado daquilo que o sujeito transferir à imagem a partir do seu conhecimento. Por isso torna-se importante que o MED contemple um DP que propicie a construção do conhecimento do sujeito, pois somente com essa ação ele poderá interagir com a imagem (Figuras 2.4 e 2.5).

A interpretação da imagem relaciona-se diretamente com os signos do sujeito e com os seus conceitos pré-construídos, e não pela simples percepção (apenas o primeiro estágio do processo interpretativo da imagem). Segundo a semiótica peirceana[14] é o signo que se encarrega de definir toda e qualquer significação, formando o alicerce da análise da linguagem não-verbal (Silveira, 2005). Torna-se então necessário que os signos do MED sejam inseridos em

---

[9] Segundo essa teoria, o conhecimento é produzido porque existe no ser humano uma capacidade interna inata que predispõe o sujeito ao conhecimento; há uma supervalorização da percepção como função básica para o conhecimento da realidade. A percepção confunde-se com a cognição (Azevedo et al., 2007).
[10] Significa compreensão imediata (Piaget, 1974).
[11] É a abstração que retira as suas informações das coordenações de ações (ou de operações), ou seja, das atividades do sujeito (Piaget, 1974).
[12] Retira-se dos observáveis não as suas características, mas o que o sujeito colocou neles (Piaget, 1974).
[13] É a abstração reflexionante com a tomada de consciência (Piaget, 1974).
[14] Semiótica estudada por Peirce (1931-1958).

Figura 2.4
O papel da imagem em materiais educacionais.

> Através do desafio "O papel da imagem em MEDs" (Figura 2.4), do objeto de aprendizagem PEDESIGN discute-se sobre o papel da imagem em materiais educacionais. Solicita-se ao usuário a criação de uma história baseada na figura visualizada. Depois, ele a compara à história original fornecida. O objetivo é refletir sobre a relação sujeito-imagem. Se ela comunicasse conceitos por si mesma, todos a interpretariam da mesma forma e escreveriam uma história parecida com a original. Como não é o que normalmente ocorre, pode-se concluir que cada observador constrói um significado para a imagem a partir dos seus conceitos prévios. Que história você escreveria? Confira a história original.[15]

um contexto compatível com o aluno (sujeito), de modo a propiciar um equilíbrio entre o esforço mental e o efeito obtido (construído) pelo sujeito, disponibilizando um nível de representações mentais durante o processo interpretativo. Desse modo, será possibilitada uma interpretação sensório-motora ou linguística a respeito do conteúdo do MEDs e não a sua simples apresentação. Esse fato refere-se diretamente ao conceito da relevância.

---

[15] História original: "Era uma vez um sapo chamado Frolic. Certo dia, Frolic encontra o seu amigo Guigui em apuros após uma forte chuva que inundou a floresta. Com a ajuda do sapo, Guigui conseguiu encontrar novamente um local seco para habitar". Essa história se parece com a que você criou? Ocorrerá que cada usuário irá escrever uma história baseando-se nos seus conceitos prévios e vivências relacionados à imagem visualizada.

Modelos pedagógicos em educação a distância **43**

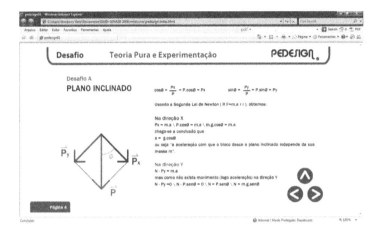

Figura 2.5
Relação entre imagem, conteúdo e usuário.

> Imagens são utilizadas para ilustrar conteúdos que estejam sendo estudados. Porém, elas não irão "explicar" algo para o observador. O aluno irá interpretá-las a partir dos seus conceitos prévios sobre o referido assunto. Essa interatividade é importante, mas deve ser possibilitada juntamente com a apropriação de conceitos. No exemplo da Figura 2.5, retirado do OA PEDESIGN, o gráfico só auxiliará o aluno que já tiver compreendido o significado dos componentes P, Px e Py.

Segundo Silveira (2005), o conceito de relevância possui uma base cognitiva, em uma perspectiva graduada e comparativa, estabelecendo uma relação de equilíbrio entre o esforço mental despendido e os efeitos contextuais alcançados ao ser processada uma informação. Segundo a autora, esse conceito é construído a partir de uma propriedade básica da cognição humana: presta-se atenção naquilo que se considera relevante. Quanto maior o efeito e menor o esforço, maior será a sua relevância, por isso muitas vezes uma imagem chama mais a atenção do que um texto. A sua interpretação é mais rápida. Porém, não se objetiva com isso sugerir a diminuição da utilização de textos, e sim a consciente exploração de imagens em materiais educacionais a partir das suas possibilidades cognitivas.

Outro fator importante é o grau de iconicidade de uma imagem. Segundo Luesch-Reis (1991), este corresponde à semelhança entre a imagem apresentada e o ícone que a evoca. Portanto, uma deficiência no grau de iconicidade poderá ocasionar lacunas na interpretação do aluno e prejudicar a respectiva construção do seu conhecimento perante determinado assunto. Porém, não significa que todas as imagens devem ter um alto grau de iconicidade (AGI), apenas que ele deve ser um dos parâmetros a serem planejados, dependendo do momento e da intenção de uma referida imagem.

Um AGI propicia uma interpretação mais relacionada com signos que facilmente relacionam-se com o usuário. É importante, por exemplo, quando se refere a ferramentas responsáveis pela navegação de um MED (figuras que representam o ato de ir, voltar, sair). Ainda, em momentos mais comunicativos e nem tanto interacionais, em que a imagem conquista um caráter mais representativo e o sujeito facilmente projeta nela o significado de um determinado conceito (Figura 2.6). Por outro lado, a imagem com baixo grau de iconicidade (BGI) coloca a ação do sujeito em uma posição de destaque, pois ele terá que utilizar um número maior de esquemas ou ainda construir novos para assimilá-la. A imagem com BGI, com certeza, gerará maiores desequilíbrios do que a com AGI, mas também possibilitará ao usuário uma ação mais consciente e construtivista (Figura 2.7).

Figura 2.6
Utilização de ícones com AGI.

Na interface do objeto de aprendizagem PEDESIGN (Figura 2.6) verifica-se um alto grau de iconicidade no ícone referente à função "avançar". Já as esferas à esquerda da página possuem um grau de iconicidade menor, embora a função que desempenham seja facilmente observada pelo usuário ao passar o cursor por cima delas. Além disso, a forma arredondada desses ícones reporta à figura de fundo do ícone avançar.

Modelos pedagógicos em educação a distância **45**

Figura 2.7
Ícones inseridos em metáfora.
Disponível em: http://homer.nuted.edu.ufrgs.br/instrumentalizacao_em_ead/obj_aprendizagem/

> Nesta interface, utilizada na disciplina Oficinas Virtuais de Aprendizagem no 1º semestre/2007, verifica-se a utilização de ícones que se diferenciam de uma simbologia padrão. São compostos por imagens que seguem a metáfora da interface. Embora possuam um grau de iconicidade menor, esses ícones fornecem um caráter investigativo e contextualizador ao MED. O usuário, ao passar o cursor do *mouse* pelos elementos da interface, pode verificar a função de cada ícone no quadro branco, onde é descrito o seu destino.

A partir dessas relações é possível verificar que o *design* de interface necessita conjugar os seus elementos visuais de modo que eles possibilitem reconhecimento, clareza, construção simbólica e compatibilidade com o sistema, para então propiciar ao usuário a construção de uma comunicação e de conceitos por meio dessa interatividade. A contemplação de uma linguagem acessível irá possibilitar a interatividade entre o usuário e o MED, de modo a incentivar a ação pelo exercício do raciocínio e da expressão pela linguagem. Para isso torna-se necessário que o MED possua o seu conteúdo organizado de forma a permitir não somente a reflexão do usuário, mas principalmente o pensamento crítico. É preciso gerar situações de aprendizagem em que o aluno seja sujeito da construção do seu conhecimento, para que ele não simplesmente acredite ou aceite determinado conceito, mas comprove (mediante suas próprias reflexões) a sua efetividade ou não. Torna-se necessário fornecer uma estrutura capaz de motivar a operação do usuário. Constata-se, então, o papel essencial da contemplação de uma boa interatividade por parte do MED que, por sua vez, estará diretamente relacionada com o *design* de interface aplicado no referido material. Desse modo, o design não pode ser aplicado como uma cobertura superficial, mas como parte integrante do objeto construído. Assim como o arquiteto pensa a fachada quando projeta a planta técnica, o desenvolvedor de um MED precisa pensar no *design* de interface ao mesmo tempo em que planeja o conteúdo e elabora os aspectos tecnológicos e pedagógicos.

Navegação

Ao elaborar um MED há a necessidade de adotar um sistema. Ele é responsável pelos aspectos técnicos de análise e programação, relacionados diretamente com o correto funcionamento das ferramentas das interfaces e com a trajetória do usuário pelo referido material.

Um fator importante é a usabilidade que se relaciona com a facilidade de uso das interfaces. Quanto mais facilmente o usuário descobrir a lógica aplicada à navegação do material, o seu funcionamento (o que ela oferece e de que forma) e a relação entre os seus *links* e hipertextos, maior liberdade e confiança ele terá nas suas ações.

Uma forma de estruturação que vem sendo cada vez mais utilizada nos *sites* e aprovada pelos usuários é a chamada *breadcrumbs* ("caminhos de migalhas de pão") (Memória, 2006). Segundo o autor, provavelmente o seu nome faça menção à história infantil de João e Maria, em que João espalhava migalhas de pão no caminho percorrido para depois saber voltar para casa.

A navegação *breadcrumbs* trata da representação textual de todo o conteúdo do site, normalmente escrito entre o sinal ">", na parte superior da interface. Por exemplo: Universidade>Pós-Graduação>**Cursos de Mestrado**>, de modo a todos os textos serem *links* (menos o último). Dessa forma a navegação *breadcrumbs* permite que o usuário esteja constantemente localizado no *site*, ao mesmo tempo em que explicita a arquitetura de navegação de todo o seu conteúdo, permitindo que se tenha acesso direto a tópicos sem necessariamente percorrer todos os anteriores a esse.

Krug (apud Memória, 2006) ressalta que o sucesso da navegação secundária *breadcrumbs* é diretamente proporcional ao modo como ela é utilizada. Segundo o autor ela *deve ser colocada no alto da página*, pois dessa forma o usuário facilmente a diferença da navegação primária, evitando uma espécie de "competição" que poderia confundi-lo; *os níveis devem ser antecedidos pelo sinal ">"*, pois assim o usuário pode perceber visualmente o movimento entre os níveis; *a tipografia deve ser em corpo pequeno*, ou seja, a letra e a fonte devem ser diferenciadas do texto referente ao conteúdo da página (preferencialmente escritas com uma fonte de número menor), para deixar bem claro o seu caráter secundário; *identificar a página em que o usuário se encontra*, com frases como "você está aqui", ajuda o entendimento da *breadcrumbs* e a localização do usuário; deve-se *colocar o último item em negrito*, dessa forma o local onde o usuário se encontra (que deve sempre ser o último da sequência) fica bem ressaltado. Este não será um *link*, já que é o local que já está sendo acessado; não se deve utilizar o último item como nome da página, pois, segundo Krug (apud Memória, 2006), o usuário possui a expectativa de encontrar a identificação ao centro ou à esquerda da página. Com isso percebe-se que o acesso ao conteúdo de um material digital precisa ser bem planejado, de modo que o usuário possa percorrê-lo de forma prática e fácil.

Em 1991, Dominique Scapin (apud Hack et al., 2006), com o objetivo de tornar mais acessível o conhecimento de ergonomia de interfaces homem/computador, realizou um estudo de modo a organizar tais conhecimentos e definir um conjunto de critérios de usabilidade baseados na interatividade. Por sua vez, esses critérios foram reavaliados por ele e Christian Bastien, resultando em uma lista de oito critérios (Hack et al., 2006):

- *Condução*: refere-se à utilização de meios disponíveis para orientar, guiar e incentivar o usuário às relações de interação com o computador.
- *Carga de trabalho*: relaciona-se a todos os elementos da interface que auxiliam o usuário durante o seu processo de percepção e aprendizagem de modo a evitar a sobrecarga de informações e concomitantemente aumentar a eficiência da comunicação sujeito-objeto.
- *Controle explícito*: proporciona que o usuário tenha controle sobre suas ações e que essas sejam facilmente efetivadas pelo sistema.
- *Adaptabilidade*: refere-se à contextualização da interface em relação ao seu público-alvo, de acordo com as suas preferências e necessidades.
- *Gestão de erros*: relaciona-se ao fato de o sistema estar projetado para prevenir e informar possíveis erros, corrigindo-os sempre que ocorrentes.
- *Consistência*: também citado por outros princípios ergonômicos, é responsável por manter a coerência entre as informações da interface, bem como a respeito da lógica do sistema e da padronização de códigos e procedimentos.
- *Expressividade*: relação entre os símbolos e o que eles significam, que por sua vez devem ter uma significação condizente para com o usuário.
- *Compatibilidade*: alerta para que os componentes da interface responsáveis pela interação homem-máquina sejam compatíveis com o estilo e a personalidade do seu respectivo usuário.

Outros fatores também são relacionados à usabilidade de um material digital: visibilidade, *feedback*, restrições, mapeamento e consistência. A *visibilidade* visa à aplicação de uma lógica entendível entre o ícone e a função mecânica e/ou subjetiva que ele desempenha. Ela sugere que ícones com funções diferentes estejam em locais opostos e possibilitem facilmente a descoberta de sua função. Esse fator relaciona-se diretamente com a eficiência e a segurança da exploração do usuário pelo MED. O *feedback* refere-se à interatividade homem-computador, ou seja, à correspondência entre a expectativa do usuário e a função de um determinado botão. Esse fator também se relaciona a questões referentes ao desenvolvimento, à confiança, ao envolvimento e à abstração do aluno no MED. As *restrições* dos elementos da interface também colaboram com a trajetória do aluno. Elas auxiliam o usuário na interpretação das funcionalidades dos elementos das interfaces e do funcionamento do sistema. Um exemplo dessas restrições são os botões que se tornam sombreados para designar o seu atual estado inativo, ou demonstrar os ícones que já foram acessados. O *mapeamento* refere-se à representação de um símbolo e a função que desempenha. Refere-se diretamente à lógica aplicada aos elementos das interfaces, sejam eles "padrões" ou inéditos. Um exemplo da aplicação desse fator é representado por Preece e colaboradores (2005, p.45-46), nas Figuras 2.8 e 2.9.

Nota-se que no exemplo (a) (Figura 2.8) os botões encontram-se organizados da maneira mais usual e lógica (voltar, reproduzir, avançar). No momento em que essa ordem é modificada – exemplo (b) – a sua manipulação torna-se confusa.

Fato semelhante pode ser observado na Figura 2.9. A melhor combinação será aquela que seguir uma ordem lógica (primeira combinação da esquerda para a direita). Na maioria das interfaces o mapeamento é aplicado pela utilização de ícones, simbologias e sistemas considerados "padrão", ou seja, já consagrados e utilizados nas interfaces da maioria dos *sites*. Porém, não significa que se deva simplesmente "copiar" esses ícones. Há também a possibilidade da criação de novas simbologias que utilizem uma lógica facilmente interpretável pelo usuário. Elas podem ser elaboradas de modo a seguir uma determinada metáfora que esteja sendo aplicada nas interfaces (como já visualizado na interface da Figura 2.7), ou ainda relacionar a ações do dia-a-dia do usuário

(a)   (b)

Figura 2.8
Organização dos botões voltar, reproduzir, avançar.

Figura 2.9
Combinações de setas de direção.

(símbolo de uma lixeira para a função de "apagar", de uma porta para a função de "entrar", por exemplo). Porém, é possível ir um pouco além.

A simples tradução de objetos analógicos para o meio digital pode fornecer um caráter monótono e demasiadamente previsível ao MED. Em alguns momentos torna-se interessante romper um pouco com essa simbologia padrão e instigar o aluno a descobrir o funcionamento de uma determinada interface diferenciada. A "ruptura" das simbologias padrão colabora para que o aluno pense sobre as suas ações e não somente sobre o seu objetivo. Além disso, auxilia na valorização da trajetória do usuário e não apenas na obtenção de uma determinada conquista. O aluno poderá sentir-se desafiado, como em um jogo de videogame, em que é importante ganhar, mas também é muito prazeroso jogar (Figuras 2.10a e 2.10b, retiradas do objeto de aprendizagem PEDESIGN).

O grau de usabilidade de uma interface dependerá principalmente da lógica aplicada aos seus elementos, tanto no que diz respeito à utilização de simbologias padrão quanto à ruptura. Esse fator pode ser observado na Figura

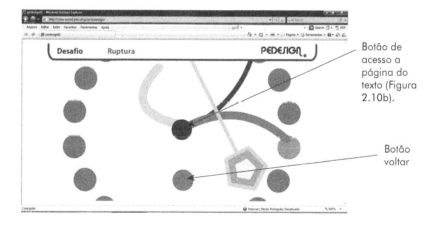

Figura 2.10a
Interface elaborada com ícones que rompem a simbologia padrão.

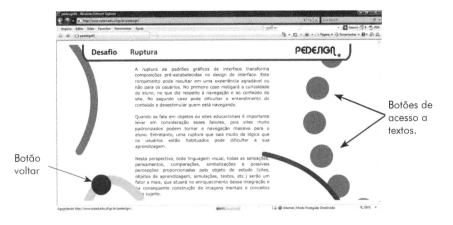

Figura 2.10b
Interface com texto.

> Nestas duas interfaces do objeto de aprendizagem PEDESIGN (Figuras 2.10a e 2.10b) há uma ruptura das simbologias padrão. O usuário necessita refletir e interagir com a interface para descobrir o seu funcionamento. A aplicação de uma lógica facilmente interpretável pelo usuário é o segredo da sua usabilidade.

2.11. Portanto, acima de tudo, é importante que o usuário entenda o que a interface tem a oferecer. É o que demonstra o fator chamado *consistência*. Ele alerta que uma simples "digitalização" do mundo real menosprezaria as possibilidades do mundo virtual, o que poderia ainda causar a frustração do usuário que acredita conquistar "o novo" ao penetrar no mundo virtual, além do empobrecimento da interface. Deve-se criar sim, mas sem desrespeitar certas relações lógicas naturais que já se consagraram convencionais.

A partir dessa preocupação, originou-se o conceito de *affordance*. Esse termo foi divulgado por Norman em 1988 no seu livro *The design of everyday things*. É um termo utilizado para se referir ao atributo de um objeto que permite às pessoas saber como utilizá-lo, ou seja, significa "dar uma pista". É possível perceber uma estreita relação entre o *design* e a usabilidade, pois enquanto a preocupação principal do *design* é *informar*, o da usabilidade é *utilizar* (os elementos do *design*).

O *design* de interface gráfica é responsável pela tradução da programação técnica em uma linguagem acessível para o usuário. Uma vez tratando-se de interfaces de MEDs torna-se ainda necessário que a construção dessas interfaces educativas também utilize conceituações pedagógicas na sua elaboração. Desse modo, elas possibilitarão ao aluno a construção do seu conhecimento e não simplesmente a comunicação uma informação. Novamente verifica-se a importância do DP em integrar fatores técnicos, gráficos e pedagógicos na construção de MEDs.

Modelos pedagógicos em educação a distância **51**

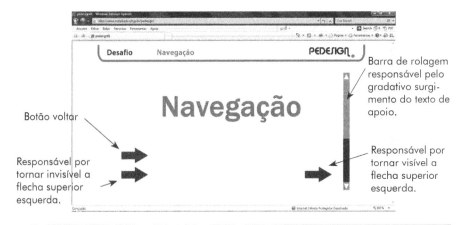

Figura 2.11
Interface elaborada com ícones padrão.

> A interface, embora utilize simbologias padrão, não possui uma boa usabilidade porque não aplica a esses ícones uma lógica facilmente interpretável. Cada flecha possui uma função diferente e inusitada, atrapalhando a navegação do usuário que tenta acessar um texto de apoio. Após muitas tentativas frustradas o usuário consegue acessar o texto por meio da barra de rolagem localizada à direita da tela. Esta interface faz parte de um dos desafios do objeto de aprendizagem PEDESIGN e foi elaborada justamente para alertar sobre a importância da lógica aplicada aos elementos de uma interface, independente da utilização de ícones padrão ou inovadores.

Interação e interatividade

Este capítulo se baseia na definição de Piaget (1974), que considera a interação como a relação entre indivíduos, e de André Lemos (2002), segundo o qual a interatividade é compreendida como a relação entre o indivíduo e a máquina. A interação, sendo um processo complexo de trocas e significações, pode ser visualizada, por exemplo, entre duas pessoas que se conhecem bem, em que um simples olhar pode estar carregado de significações. O termo pode ainda ser interpretado como "inter-ação", ou seja, uma ação (relação) "entre". Já o termo "interatividade", para Lemos, é um caso específico de interação; ele fala em interatividade digital, entendida como um tipo de relação tecno-social, ou seja, como um diálogo entre homem e máquina, por meio de interfaces gráficas, em tempo real.

Logo, o planejamento da interação e da interatividade de MEDs requer uma análise a respeito da futura ação do usuário no decorrer da sua exploração das interfaces. Uma das maneiras mais eficazes de planejar essas possibilidades de ação é pela elaboração do modelo conceitual. Ele está para o DP assim como a fundação está para uma casa.

Segundo Preece e colaboradores (2005), modelo conceitual é "uma descrição do sistema proposto – em termos de um conjunto de ideias e conceitos integrados a respeito do que ele deve fazer, de como deve se comportar e com o que deve se parecer – que seja compreendida pelos usuários da maneira pretendida". Ele deve ser baseado nas necessidades do usuário. Além disso, é aconselhado que sejam realizados testes para verificar se o referido modelo conceitual utilizado será entendido pelo usuário da maneira pretendida. Um ponto importante nesse processo de *design* é essencialmente sobre o que os usuários farão para conseguir realizar os seus desafios. Se irão primeiramente pesquisar em páginas *web*, ou irão navegar pelo material digital, experenciar simulações, comunicar-se com colegas, entre outros.

Após os tipos e estilos de interações e interatividades serem definidos, o *design* do modelo conceitual passará a ser pensado em termos de solução concreta (Preece et al., 2005). Isso significa decidir sobre a composição da interface e o seu comportamento. É recomendada a criação de várias possibilidades, para então ir construindo os prós e contras, até decidir-se por uma.

Os modelos conceituais podem ser baseados em atividades, em objetos ou ainda serem mistos.

Segundo Preece e colaboradores (2005), nos *modelos conceituais baseados em atividades*, os tipos mais comuns de atividades são os seguintes:

- *Instrução* – Neste tipo de modelo conceitual trabalha-se diretamente com programação. O modelo conceitual descreve como os usuários realizam suas tarefas instruindo o sistema sobre o que fazer. É responsável por uma interatividade rápida e eficiente por meio de ferramentas como e-mail, processadores de texto, entre outros.
- *Conversação* – Neste modelo conceitual o sistema atua como um companheiro e não apenas como uma máquina que responde a comandos. É baseado no diálogo entre pessoas, ferramentas de busca, ajuda, menus de reconhecimento de voz, agentes virtuais, entre outros. A vantagem desse tipo de modelo conceitual é possibilitar que as pessoas interajam com um tipo de ação a que já estão acostumadas.
- *Manipulação e navegação* – Este modelo conceitual possibilita que o usuário explore o material digital por meio da navegação em um ambiente virtual parecido com aquele a que ele já está habituado no mundo analógico. Evidencia-se a necessidade de o *design* de interface gráfica do material educacional estar centrado no usuário. Uma vez bem projetado, ele servirá de apoio ao seu aprendizado, já que o usuário facilmente compreenderá a lógica do sistema, perceberá a localização e a distinção das ferramentas disponibilizadas e os possíveis caminhos a percorrer, bem como as formas de comunicar-se por ela. Por outro lado, uma simples falha será responsável por seu desestímulo e pelo consequente déficit no processo de ensino-aprendizagem, podendo ainda resultar na rejeição do referido material.

- *Exploração e pesquisa* – Este modelo conceitual possibilita que os usuários realizem uma navegação exploratória por meio de pesquisas semelhantes às vivenciadas em experiências reais como pesquisa em livros e bibliotecas. Eles vasculham o local para visualizar as opções oferecidas e descobrir qual lhe servirá.

Nos *modelos conceituais baseados em objetos* as interfaces remetem a objetos comuns a um certo cotidiano. Por exemplo, podem utilizar uma forma análoga a um objeto bastante conhecido e utilizado pelo usuário no seu dia-a-dia.

Dependendo do público-alvo e do objetivo que se espera conquistar, pode-se optar por um ou outro tipo de modelo conceitual. Muitas vezes o modelo híbrido acaba tornando o material digital mais completo, ainda mais quando se tratando de um MED, pois dessa forma abordaria um número maior de perfis de alunos.

Outra opção de organizar os modelos conceituais é na forma de metáforas de interface, baseadas em modelos conceituais que combinam conhecimento familiar com novos conceitos (Preece et al., 2005). Essa metáfora pode se referir também a ações como mover um arquivo para a lixeira, clicar no ícone da borracha para apagar uma informação, entre outros. A vantagem é o usuário entender melhor o sistema, compreendendo melhor o que faz e conquistando um maior controle de suas ações.

Por outro lado, é preciso ter o cuidado de não "digitalizar" simplesmente o mundo real, de modo a ignorar experiências e ações que seriam possíveis de ocorrer no mundo virtual. A metáfora não pode limitar a criatividade do *designer*, apenas contextualizá-la.

Outra prática seria a elaboração de *modelos conceituais baseados em interatividades*. Por exemplo, em vez de se navegar por um ambiente virtual com a metáfora de uma floresta para estudar a fauna e a flora brasileira, pode-se projetar uma *cave* (caverna digital) em que o indivíduo poderia caminhar virtualmente pela floresta e até fotografar as plantas e animais por meio da sincronia de diferentes tecnologias.

A abrangência dos parâmetros abordados por esta subseção ressalta a concepção de que o planejamento pedagógico não inicia no momento da docência ou do uso de MEDs, mas na sua elaboração. Torna-se necessária a formação de uma equipe interdisciplinar, como já foi dito, integrada por pedagogos, professores, educadores, *designers*, técnicos em informática, programadores e conteudistas. A partir de então é possível refletir sobre as experiências a serem abordadas e sobre as práticas pedagógicas mais indicadas para determinado público-alvo e planejar a sua aplicação por meio de parâmetros técnicos relacionados. Dessa forma a elaboração do MED priorizará a criação de uma estrutura capaz de apoiar interações, interatividades, investigações e construções do conhecimento do sujeito.

Organização do conteúdo

Um dos maiores objetivos de um MED é a construção do conhecimento do aluno sobre determinados conteúdos e/ou objetos de estudo. Portanto, é necessário propiciar situações em que o usuário possa entrar em contato com o conteúdo de uma maneira autônoma, ou seja, não havendo o objetivo de convencê-lo de algo, mas de fazê-lo refletir a partir desse algo. Dessa maneira, a ação do usuário poderá ocorrer de maneira crítica, avaliativa e conclusiva, de modo a construir os seus próprios conceitos a partir da sua interatividade com o conteúdo exposto no MED.

Esse objetivo relaciona-se diretamente com a ideia de esclarecimento definida por Kant (apud Luesch-Reis, 1991):

> Consiste na superação da minoridade, pela qual o próprio homem é culpado. A minoridade é a incapacidade de servir-se de seu próprio entendimento, sem direção alheia. O homem é culpado por essa minoridade quando sua causa reside não numa deficiência intelectual, mas na falta de decisão e de coragem de usar a razão sem a tutela de outrem. *Sapere aude*! (usa servir-te de tua razão!) Eis a divisa do esclarecimento.

O usuário, ao entrar em contato com o MED, necessita assimilar as informações de modo a agir a partir delas, e não segundo elas. Precisa ser sujeito

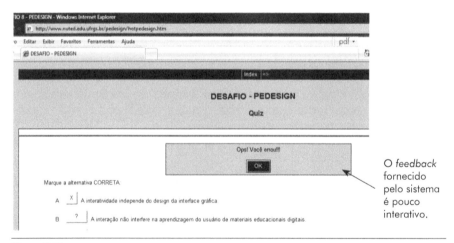

Figura 2.12
Exemplo de pouca interatividade.

No exercício da Figura 2.12 há pouca interatividade entre o aluno e o MED, pois o sistema apenas informa se ele acertou ou não o exercício. Pode-se dizer que está voltado mais a um paradigma tradicional de ensino.

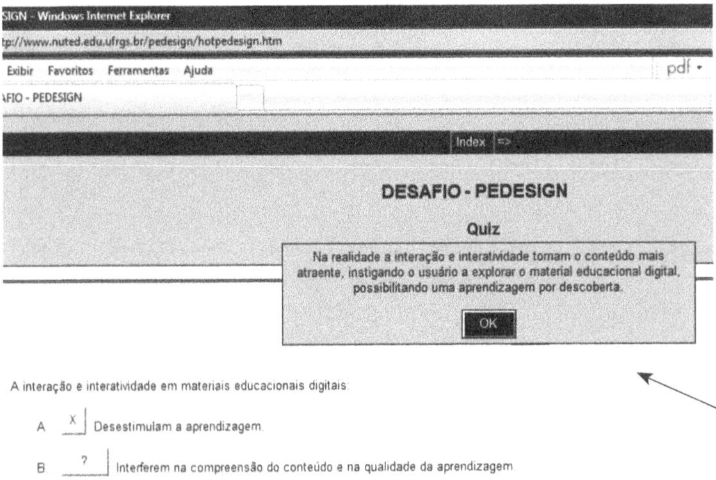

Modelos pedagógicos em educação a distância **55**

O feedback fornecido pelo sistema é mais interativo do que o da Figura 2.12.

Figura 2.13
Exemplo de uma melhor interatividade.

> No exercício da Figura 2.13, o *feedback* do sistema orienta o aluno a refletir sobre questões que o façam reconstruir o seu conhecimento, tornando-se mais interativo com o usuário. Pode-se dizer que este caso aproxima-se de uma postura mais interacionista.

do seu próprio aprendizado. Essa concepção educacional fundamentada no pensamento de Piaget muitas vezes é mal interpretada por educadores. Não significa que o aluno deva "aprender sozinho", mas sim encontrar liberdade para que, a partir da interatividade com o material disponibilizado e da interação com colegas e professor, construa as suas próprias conclusões e encontre seus próprios caminhos. Ao professor cabe propiciar aos alunos essas situações em que eles irão entrar em contato com os objetos, interagir, contra-argumentar, desequilibrar-se, assimilar, reequilibrar-se, construir.

Verifica-se, dessa forma, a importância em haver um diálogo entre o conteúdo do MED e o pensamento do aluno, que se consagrará principalmente mediante a "comunicação didática". Nessa expressão encontra-se a união de dois conceitos. Um deles é a comunicação, responsável por comunicar e gerar a troca de informações entre dois agentes, entre dois sistemas epistêmicos[16] ou ainda duas mentes. O outro conceito é a didática, pois, como se trata de um MED, há a necessidade de essa comunicação ser voltada à cons-

---

[16] Sistema epistêmico envolve a relação entre o grau de comprometimento do falante/escritor e as inferências a partir de outras informações disponíveis (fatos conhecidos e/ou evidências) – Pina, 2008.

trução e à geração de reflexões críticas e de estar organizada de modo que o usuário seja capaz de interagir com novos elementos, assimilar, interiorizar e apropriar-se de novos conceitos. Luesch-Reis (1991) cita as relações existentes na comunicação para que ela seja considerada didática, ou seja, referente à ação de ensinar e não apenas de comunicar. São elas a relação de ajuda e a relativização do discurso.

Relação de ajuda

Durante esse intercâmbio de informações, pode haver um momento em que algum elemento do discurso do agente emissor seja desconhecido pelo repertório do agente receptor, o que Lausch-Reis chama de assimetria no discurso. Portanto, o esforço realizado pelo agente emissor para que o receptor assimile esse novo elemento e se aproprie dele gera uma relação de ajuda.

Neste momento torna-se fundamental que a estrutura do MED propicie um diálogo entre o sistema e o usuário de modo que ele considere essa assimetria um desafio e sinta-se instigado por ele.

Relativização do discurso

Como o objetivo principal é a construção do conhecimento, torna-se necessário que o agente emissor exponha as informações de modo a facilitar a crítica pelo agente receptor, para informá-lo de maneira clara e lógica, evidenciando a relativização do seu discurso. Essa postura irá permitir que os novos conceitos sejam refutados pelo receptor.

É preciso que essa comunicação didática denote uma linguagem facilmente interpretável pelo usuário, compatível com os seus sistemas cognitivos.[17] O discurso deve propiciar a clara interpretação, sem ambiguidade, pois assim facilitará o fácil entendimento e a interpretação crítica por parte do aluno.

Segundo Piaget, a linguagem é um dos aspectos fundamentais no desenvolvimento humano, desde a infância até o estádio operatório formal (Becker, 2007). Portanto, contemplar uma linguagem acessível propiciará a interação entre o usuário e o MED, de modo a incentivar a ação pelo exercício do raciocínio e a expressão pela linguagem.

Novamente, refere-se ao entendimento de que o conteúdo e o *design* gráfico devem relacionar-se naturalmente de modo a, juntos, denotarem a totalidade do material digital, ao mesmo tempo em que possuam, em alguns

---

[17] A organização de um sistema cognitivo define um domínio de interações em que pode atuar com relevância à manutenção de si mesmo, sendo o processo de cognição a atuação ou conduta real (indutiva) neste domínio. Os sistemas vivos são sistemas cognitivos, e a vida é um processo de cognição (Maturana, 1970).

momentos, certa relação de independência em relação ao todo. No caso de um MED, a natureza dessa preocupação vai além. É preciso que esses dois elementos (conteúdo e *design* gráfico) sejam organizados para que proporcionem ao usuário situações de aprendizagem, contemplando o que se considera *design* pedagógico. O esperado é que o material seja organizado de modo a incentivar a reflexão e instigação do usuário.

É necessário, portanto, que a metodologia utilizada na organização e na divulgação do conteúdo propicie reflexões críticas por parte do aluno, que deve ser capaz de assimilá-lo e construir o seu próprio conhecimento. O que ocorre muitas vezes é que conceitos são apenas comunicados ao aluno que, por sua vez, terá que simplesmente acreditar neles e segui-los. O aluno estará simplesmente adquirindo um conhecimento que não o levará a uma significação, ou pelo menos não a uma aprendizagem significativa.[18] Ele não estará construindo, mas apenas "recebendo" um conhecimento. Dificilmente construirá um efeito de sentido para ele (Figuras 2.15a e 2.15b).

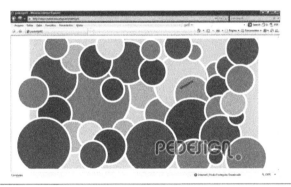

Figura 2.14
O *design* de interface é elaborado a partir do planejamento do conteúdo.

A elaboração gráfica da interface[19] da Figura 2.14 apoia o planejamento pedagógico do conteúdo deste MED. Ela foi elaborada para os conteúdos serem acessados aleatoriamente pelo usuário. Cada círculo corresponde ao ícone de um desafio (atividade). Ao passar o cursor pela tela esses círculos aumentam de tamanho e surge o nome do *link*. A adoção de uma metáfora praticamente abstrata é justificada na intenção de não induzir uma determinada ação ao aluno, mas instigá-lo a descobri-las.

---

[18] Baseando-se na teoria de Ausubel e Piaget, a aprendizagem será considerada significativa no momento em que o processo de modificação do conhecimento prevalecer sobre o comportamento externo e apenas observável (Torrezzan, 2008).
[19] Página inicial do objeto de aprendizagem PEDESIGN.

Figura 2.15a
Conteúdo contextualizado com imagem.

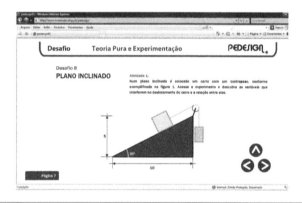

Figura 2.15b
Conteúdo contextualizado com uma animação a ser manipulada pelo usuário.

Nas interfaces das Figuras 2.15a e 2.15b, verifica-se que, embora o conteúdo abordado seja o mesmo, o da Figura 2.15a apenas possibilitará que o usuário interprete a imagem fornecida a partir dos seus conhecimentos construídos sobre o referido estudo. Já o da Figura 2.15b permitirá que o aluno manipule uma animação, ou seja, ele poderá realizar experiências, investigando relações entre os elementos estudados e construindo conhecimento. Estas interfaces foram retiradas do OA PEDESIGN e constituem o desafio que aborda o planejamento do conteúdo de materiais educacionais digitais.

ELABORAÇÃO DE PARÂMETROS PARA A CONSTRUÇÃO DE MATERIAIS EDUCACIONAIS DIGITAIS

Com base no referencial teórico sobre os elementos descritos neste capítulo a respeito do *design* pedagógico (Imagem, Navegação, Interação e Interatividade, Organização do Conteúdo) é possível construir alguns parâmetros norteadores gerais para a elaboração de MEDs baseados no DP.

Quadro 2.1 Parâmetros para a construção de materiais educacionais digitais baseados no *design* pedagógico

Parâmetros	Aplicações	
Imagem	Com relação ao conteúdo: • Aplicá-las de modo a apoiar práticas pedagógicas e não simplesmente como forma de apresentar uma informação, possibilitando que o usuário seja capaz de interpretá-las segundo os seus conceitos previamente construídos sobre determinado assunto. • Utilizar imagens estáticas (imagens gráficas e vídeos) e interativas (animações e simulações) de modo que o usuário possa criar e testar hipóteses ao longo dos seus estudos.	Com relação ao *design* de interfaces: • Contextualizar as interfaces na cultura do usuário e/ou no assunto a ser abordado pelo material. • Utilizar ícones que se relacionem com os signos do usuário e com a composição gráfica da interface, de modo a contemplar o conceito de relevância. • Alternar a utilização de ícones de alta e baixa iconicidade, de modo a apoiar as práticas pedagógicas aplicadas ao conteúdo.
Navegação	• Escolher um tipo de navegação (linear, não-linear, mista, *breadcrumbs*) ou planejar a alternância	• Priorizar a contemplação dos seguintes critérios de usabilidade: *Condução* – orientar o usuário (ajuda) no decor-

(Continua)

Quadro 2.1 Parâmetros para a construção de materiais educacionais digitais baseados no *design* pedagógico (*continuação*)

Parâmetros	Aplicações
Navegação	entre diferentes tipos de navegação de modo a possibilitar ao aluno uma postura autônoma e investigativa na maior parte do tempo. • Aplicar uma estrutura navegacional compatível com o nível de conhecimento do usuário a respeito da utilização de ferramentas informáticas. • Complementar os critérios de usabilidade com os seguintes fatores (também de usabilidade): *Visibilidade* – relação ícone/função que desempenha. *Feedback* – conciliar a expectativa do usuário com a função dos botões de navegação. *Mapeamento* – optar pela utilização de uma simbologia padrão, pela ruptura das representações padrão, ou ainda pela mistura entre esses elementos. *Consistência* – evitar a simples digitalização do mundo real. • Elaborar estratégias de affordance (fornecer pistas a respeito do significado de um determinado elemento de interface). rer de sua exploração pelo material educacional digital. Portanto, torna-se interessante a implementação dos chamados "materiais de apoio": biblioteca, guia do professor, glossário, entre outros, que auxiliam o usuário no decorrer da sua navegação pelo material. *Carga de trabalho* – planejar uma confortável carga de informação em cada interface. *Controle explícito* – possibilitar ao usuário o controle sobre suas ações e uma eficaz comunicação usuário-sistema. *Adaptabilidade* – contextualizar as interfaces na cultura do usuário. *Gestão de erros* – projetar o sistema de modo que ele seja capaz de identificar, informar e consertar possíveis erros. *Consistência* – contemplar uma coerência entre as informações, as padronizações e a lógica das interfaces. *Expressividade* – estabelecer uma relação entre os símbolos utilizados e o seu significado. *Compatibilidade* – criar componentes nas interfaces responsáveis pela interação homem-máquina e que sejam compatíveis com o estilo e a personalidade do usuário.

(Continua)

Quadro 2.1 Parâmetros para a construção de materiais educacionais digitais baseados no *design* pedagógico (*continuação*)

Parâmetros	Aplicações		
	Escolher um tipo de modelo conceitual		
	Baseados em atividades	Baseado em objetos	Mistos
Interação e interatividade	**Instrução**: a base está na programação do sistema, que premedita uma interatividade rápida e eficiente com o usuário. Uma forma de aplicação é por meio de atividades objetivas seguidas de *feedbacks* do sistema, de modo que o usuário vai tomando consciência do conhecimento que está construindo. **Conversação**: possibilita a interação entre colegas e professor, assim como a interatividade homem-máquina mediante de agentes virtuais. Pode-se aplicar esse tipo de navegação a atividades em grupo, por meio de ferramentas síncronas e assíncronas. Os agentes virtuais, por sua vez, podem auxiliar a trajetória do usuário por meio de *feedbacks* do sistema. **Manipulação e navegação**: a navegação é baseada em metáforas de objetos analógicos. Essa característica pode ser utilizada para a conquista de uma boa interatividade homem-máquina. **Exploração e pesquisa**: a navegação ocorre de forma aleatória, em que o aluno investiga o conteúdo a partir de desafios propostos. Essa modalidade pode ser aplicada a atividades investigativas e dissertativas.	As interfaces remetem a objetos comuns de um certo cotidiano. Por exemplo: adoção de uma metáfora de interface ou ícones de alto grau de iconicidade.	Integrar os modelos conceituais baseados em atividades aos baseados em objetos.

(*Continua*)

Quadro 2.1 Parâmetros para a construção de materiais educacionais digitais baseados no *design* pedagógico (*continuação*)

Parâmetros	Aplicações
Organização do conteúdo	• Planejar o conteúdo de modo a possibilitar um diálogo entre o usuário e a teoria abordada e não a simples comunicação de conceitos – comunicação didática.
	Aplicar as seguintes relações (sujeito-conteúdo):
	Relação de ajuda: Propiciar um diálogo entre o sistema e o usuário de modo que o aluno sinta-se instigado pelos desafios, e não desestimulado. **Relativização do discurso**: Possibilitar que o usuário atue criticamente sobre o conteúdo como uma das formas de construção do seu conhecimento. Desse modo torna-se interessante a disponibilização de animações e simulações interativas em que o usuário possa elaborar/testar/reconstruir hipóteses referentes ao conteúdo estudado.

O objetivo desses parâmetros é salientar pontos importantes a serem levados em conta durante o planejamento e desenvolvimento do MED. Entende-se que cada equipe vai utilizar o embasamento teórico aqui desenvolvido para, a partir de cada parâmetro, construir critérios mais detalhados conforme a sua necessidade.

Após a definição desses parâmetros é possível construir um *storyboard*[20] do material educacional digital para sua posterior implementação e avaliação.

CONSIDERAÇÕES FINAIS

Para concluir, é importante trazer as ideias de Delcin (2005), que relata o seguinte:

> Novas experiências pedagógicas podem surgir na conexão com as novas tecnologias digitais, impactar o ambiente escolar e transformá-lo em múltiplos ambientes cognitivos cooperativos, abertos e exploradores de outros mundos contextuais com suas linguagens inovadoras. Ambientes ricos em discursos, imagens, sentimentos e imensa reserva de desejos e

---

[20] Capítulo 3.

signos que constituem a construção do ser humano, que está sempre a refazer, inacabada.

Apoiando-se nesta perspectiva o DP propõe a integração de parâmetros técnicos, gráficos e pedagógicos objetivando a contemplação de práticas pedagógicas que possibilitem ao aluno a construção de uma aprendizagem significativa por meio de MEDs. Assim o aluno encontrará um ambiente motivador para realizar interações e interatividades, atuando com uma postura crítica, investigativa e autônoma.

A partir dos parâmetros elaborados neste capítulo, foi construído[21] um MED na forma de OA chamado PEDESIGN, abordando os aspectos levantados aqui. Esse OA foi validado por meio de um minicurso[22] e da aplicação na disciplina "Oficinas Virtuais de Aprendizagem"[23] com alunos do curso de mestrado e doutorado. Objetiva-se, a partir desta pesquisa e dos dados coletados, promover a reflexão a respeito da importância do DP em MEDs, de modo a colaborar com a formação de profissionais das áreas de educação, *design* e informática, e com a construção de materiais educacionais digitais de boa qualidade a serem inseridos no contexto escolar.

REFERÊNCIAS

AFFONSO, G. T. V. *A complexidade da imagem no processo educacional*. Disponível em: <http://helamor.multiply.com/journal/item/89>. Acesso em: 12 jul. 2007.

AMARAL, S. B. et al. *Dialética da educação a distância*. Rio de Janeiro: Ed. PUC-Rio, 2007.

Associação Brasileira de Educação a Distância. Disponível em: <http://www2.vel.br/seed/nte/as_teorias_de_aprendizagem_e_a_internet.htm> Acesso em 10 dezembro 2007.

AUMONT, J. *A imagem*. São Paulo: Papirus, 1995.

AZEVEDO, A. M. P. et al. As teorias de aprendizagem e os recursos da internet auxiliando o professor na cosntrução do conhecimento.

---

[21] A construção foi realizada juntamente com a equipe interdisciplinar do Núcleo de Tecnologias Digitais aplicadas à educação (http://www.nuted.edu.ufrgs.br) (NUTED) vinculado à Faculdade de Educação (FACED) e ao Centro Interdisciplinar de Novas Tecnologias na Educação (CINTED) da Universidade Federal do Rio Grande do Sul (UFRGS).
[22] "Design Pedagógico em EAD" realizado no V ESUD (Congresso Brasileiro de Ensino Superior a Distância) + 6º SENAED (Seminário Nacional de Educação a Distância), maio/2008, Gramado/RS.
[23] Curso de Pós-Graduação em Educação e em Informática na Educação da Universidade Federal do Rio Grande do Sul, em 2008/1.

BARON, M. P. et al. *Teoria da aprendizagem significativa segundo Ausubel*. Disponível em: <http://vicenterisi.googlepages.com/teoria_da_aprendizagem_Ausubel.pdf>. Acesso em: 20 jan. 2008.

BECKER, F. *Seminário Limites e possibilidades lógicas da criança e do adolescente*. Programa de Pós-Graduação da Faculdade de Educação da Universidade Federal do Rio Grande do Sul. Porto Alegre, 2° semestre 2007.

CANETTI, E. *Uma luz em meu ouvido:* história de uma vida, 1921-1931. São Paulo: Cia. das Letras, 1989.

CAPRA, E. *O uso de metáforas em interfaces gráficas:* um facilitador para o entendimento e navegação. Disponível em: <http://www.htmlstaff.org/ver.php?id=7372>. Acesso em: 16 maio 2008.

DELCIN, R. C. A. A metamorfose da sala de aula para o ciberespaço. In: ASSMANN, H. (Org.). *Redes digitais e metamorfose do aprender*. Petrópolis: Vozes, 2005. p. 56-83.

HACK, C. A. et al. *Ergonomia em software educacional:* a possível integração entre usabilidade e aprendizagem. Disponível em: <http://www.unicamp.br/~ihc99/Ihc99/AtasIHC99/art24.pdf> Acesso em: out. 2006.

JOLY, M. *Introdução à análise da imagem*. Campinas: Papirus, 1996.

LEMOS, A. *Cibercultura. tecnologia e vida social na cultura contemporânea*. Porto Alegre: Sulina, 2002.

LUESCH-REIS, A. M. Comunicação didática e design. *Boletim técnico To SENAC,* Rio de Janeiro, p. 85-106, 1991.

MATURANA (1970). Apud CASAS, L. A. A. *Contribuições para a modelagem de um ambiente inteligente de educação baseado em realidade virtual*. 1999. Tese (Doutorado em Engenharia da produção) – Programa de Pós-graduação em Engenharia de Produção, Universidade Federal de Santa Catarina, Florianópolis, 1999. Cap. Fundamentação teórica. Primeira parte: tecnologia e plasticidade. Disponível em: <http://www.eps.ufsc.br/teses99/casas/cap2.html> Acesso em: 12dez. 2007.

MEMÓRIA, F. F. P. *Usabilidade de interfaces e arquitetura da informação:* navegação estrutural. Disponível em: <http://www.fmemoria.com.br/artigos/nav_estr.pdf> Acesso em 15 jul. 2006.

MOURA, A. M. M. de.; AZEVEDO, A. M. P.; MEHLECKE, Q. *As teorias de aprendizagem e os recursos da internet auxiliando o professor na construção do conhecimento*. Associação Brasileira de Educação a Distância. Disponível em: <http://www2.uel.br/seed/nte/as_teorias_de_aprendizagem_e_a_internet.htm>. Acesso em: 10 dez. 2007.

NORMAN, 1988. *The design of everyday things*. Cambridge: MIT, 1988.

PAAS (2001). Disponível em: http://www.led.br. Acesso em: 10dez. 2001.

PALLOFF, R. M.; PRATT, K. *O aluno virtual:* um guia para trabalhar com estudantes on-line. Porto Alegre: Artmed, 2004.

PAZ, H. S. *Afinal de contas, o que é design?* 2002. Disponível em: <http://www.filologia.org.br/ixfelin/trabalhos/pdf/62.pdf>. Acesso em: 12 jul. 2007.

PIAGET, J. *Aprendizagem e conhecimento*. Rio de Janeiro: Freitas Bastos, 1974.

PINA, A. A. *Ser de (se) V$_{inf}$*: uma construção gramatical do português. Disponível em: <http://www.filologia.org.br/ixfelin/trabalhos/pdf/62.pdf> Acesso em 28 janeiro 2008.

PREECE, J.; ROGERS, Y.; SHARP, H. *Design de interação:* além da interação homem-computador. Porto Alegre: Bookman, 2005.

ROMISZOWSKI, A.; ROMISZOWSKI, L. Retrospectiva e perspectivas do design instrucional e educação a distância: análise da literatura. *Revista Brasileira de Aprendizagem Aberta e a Distância*, v. 3, n. 1, 2005. Disponível em <http://www.abed.org.br> Acesso em 15 janeiro 2008.

SILVEIRA, J. R. C. da. A imagem: interpretação e comunicação. *Revista Linguagem em (Dis)curso*, v. 5, 2005. Disponível em: <http://www3.unisul.br/paginas/ensino/pos/linguagem/0503/05.htm> Acesso em 20 jullho 2007. Número especial.

TORREZZAN, C. A. W. *Design pedagógico de materiais educacionais digitais: um olhar na aprendizagem*. Projeto de Dissertação – Programa de Pós-Graduação em Educação, Faculdade de Educação, Universidade Federal do Rio Grande do Sul, Porto Alegre, 2008.

_____ . *Um estudo sobre interfaces gráficas no desenvolvimento de objetos de aprendizagem*. Monografia (Conclusão do Curso de Especialização em Informática na Educação) – CINTED, Universidade Federal do Rio Grande do Sul, Porto Alegre, 2006.

3 Objetos de aprendizagem para educação a distância

Patricia Alejandra Behar
Alexandra Lorandi Macedo
Ana Paula Frozi de Castro e Souza
Maira Bernardi

INTRODUÇÃO

No contexto educacional brasileiro, a produção de materiais educacionais digitais na forma de objetos de aprendizagem (OA) tem sido uma boa opção para a apresentação de conceitos e conteúdos de forma mais dinâmica e interativa. A utilização de OAs remete a um novo tipo de aprendizagem apoiada pela tecnologia, na qual o professor abandona o papel de transmissor de informação para desempenhar um papel de mediador da aprendizagem. Logo, cada vez mais recursos didáticos para uso no computador vêm sendo desenvolvidos e publicados para serem agregados ao processo de aprendizagem, adaptando-os às diferentes necessidades, tais como de público, conteúdo, tempo e prática pedagógica.

Nesta perspectiva, os OAs convertem-se em um recurso viável para enriquecer o espaço pedagógico. O conjunto de características que são explicitadas no decorrer deste capítulo enfatizam as vantagens que os OAs agregam à educação como um todo. Nesse sentido, é possível identificar a valorização do conteúdo trabalhado, bem como os cuidados que se deve ter com a qualidade neste processo.

Tais características dependem, dentre outros fatores, dos objetivos educacionais, da metodologia e das estratégias pedagógicas, do conteúdo que será abordado e das possibilidades tecnológicas para sua implementação. Existe uma necessidade cada vez maior na demanda de materiais educacionais que deem conta deste novo contexto que exige a participação de profissionais com uma formação bastante aberta, de preferência interdisciplinar, e que possam transitar livremente pelas áreas de conhecimento implicadas no desenvolvimento de OAs.

Esta escrita versa sobre a conceituação e o desenvolvimento de OAs para serem utilizados em cursos de educação a distância. Assim, são apresentadas experiências realizadas pelo grupo de pesquisa do Núcleo de Tecnologia Digital Aplicada à Educação (NUTED). Tais objetos foram desenvolvidos pela equipe, a partir dos pressupostos de Amante e Morgado (2001).

OBJETOS DE APRENDIZAGEM E SUAS POSSÍVEIS CONCEITUAÇÕES

Atualmente é comum encontrar diferentes conceitos de objeto de aprendizagem. Não existe consenso entre os autores que escrevem sobre o tema. Entretanto, aqui, entende-se por objeto de aprendizagem qualquer material digital, como, por exemplo, textos, animação, vídeos, imagens, aplicações, páginas *web* de forma isolada ou em combinação, com fins educacionais. Tratam-se de recursos autônomos, que podem ser utilizados como módulos de um determinado conteúdo ou como um conteúdo completo. São destinados a situações de aprendizagem tanto na modalidade a distância quanto semipresencial ou presencial. Uma das principais características deste recurso é a reusabilidade, ou seja, a possibilidade de serem incorporados a múltiplos aplicativos. Um mesmo objeto pode ter diferentes usos, seu conteúdo pode ser reestruturado ou reagregado, e ainda ter sua interface modificada para ser adaptada a outros módulos. Todas essas ações podem ocorrer de forma independente ou conciliada com outros objetos, considerando sempre os objetos a serem alcançados com o público-alvo da (re)utilização do OA.

Numa perspectiva complementar a essa, Tarouco, Fabre e Tamusiunas (2003) definem os objetos educacionais como qualquer recurso, suplementar ao processo de aprendizagem, que pode ser reusado para apoiar a aprendizagem. Desta forma, a expressão "objeto educacional" (*learning object*) refere-se a materiais educacionais projetados e construídos em pequenos conjuntos com o objetivo de maximizar as situações de aprendizagem em que o OA pode ser utilizado.

A principal ideia da RIVED[1] (Rede Interativa Virtual de Educação) é "quebrar" o conteúdo educacional disciplinar em pequenos blocos que podem ser reutilizados em diversos ambientes de aprendizagem. Logo, qualquer material eletrônico que provê informações para a construção de conhecimento pode ser considerado um OA, seja essa informação uma imagem, uma página HTML, uma animação ou uma simulação.

Essa descrição aponta para o desenvolvimento de materiais educacionais que busquem fornecer apoio ao processo de aprendizagem, tendo em vista

---

[1] RIVED é um programa da Secretaria de Educação a Distância – SEED que tem por objetivo a produção de conteúdos pedagógicos digitais, na forma de objetos de aprendizagem. Disponível em http://rived.proinfo.mec.gov.br/

sua utilização adaptável a diferentes situações. Tavares (2006) complementa as definições descritas, ressaltando a importância de o objeto ser autoconsistente para que não dependa de outros objetos. Esta característica mostra-se relevante no sentido de auxiliar o professor no momento de selecionar um material de apoio, tornando a aplicabilidade objetiva, de forma que a utilização desses profissionais da educação que não dominem a tecnologia tanto quanto o conteúdo seja facilitada.

Ressalta-se que reusabilidade não é a única característica de um objeto. Destacam-se também acessibilidade, interoperabilidade, durabilidade e customização (Tarouco, Fabre e Tamusiunas, 2003); (Bettio, Martins, 2004). A acessibilidade corresponde à possibilidade de acesso remoto aos recursos educacionais. Já a interoperabilidade potencializa a reutilização dos objetos, na medida em que visa à articulação/comunicação de materiais em diferentes plataformas e ferramentas. O critério de durabilidade aponta para a garantia do uso do recurso educacional, mesmo quando a base tecnológica em que ele foi desenvolvido sofreu mudanças. Tais considerações evitam a reconstrução ou a reprogramação do objeto em questão. E, por fim, a customização refere-se à flexibilidade e à adaptação do material a diferentes níveis de ensino, incluindo nessa perspectiva a construção de novos conteúdos a partir da base que compõe o projeto inicial.

Para garantir reusabilidade do objeto e o acesso de forma independente do espaço e tempo, destaca-se a importância da utilização do padrão de metadados para seu posterior armazenamento em repositórios de objetos. Esse padrão é utilizado para recuperar, reutilizar e combinar diferentes objetos, promovendo também a interoperabilidade. Para isso, o conteúdo é estruturado de forma que cada módulo/conteúdo possa configurar-se como uma unidade independente. Essa possibilidade permite misturar diferentes unidades de aprendizagem e colocá-las juntas para novas finalidades e em novos caminhos de aprendizagem. Alguns dos padrões mais importantes desenvolvidos no mundo são o LTSC[2], o ARIADNE[3] e o IMS[4]. Os metadados descrevem e estruturam a informação registrada sob diferentes suportes documentais, facilitando a localização e descrição deste objeto.

Os repositórios são espaços remotos onde os objetos são armazenados, obedecendo a uma lógica de identificação para que ele possa ser localizado a partir de buscas por tema, nível de dificuldade, autor ou pela relação com

---

[2] Learning Technology Standards Committee – http://ltsc.ieee.org/wg12
[3] ARIADNE Foundation for the European Knowledge Pool – http://www.ariadne-eu.org/
[4] IMS Global Learning Consortium, Inc. – http://www.imsproject.org/metadata/

demais objetos. Os repositórios de objetos de aprendizagem, como o CESTA[5] são sistemas de catalogação que permitem a publicação e a reutilização desses OAs por parte de qualquer usuário em qualquer curso. Dessa forma, um OA poderá ser usado de forma autônoma ou ainda constituir uma unidade maior por meio da integração de mais módulos (Figura 3.1).[6] Os repositórios também possibilitam a utilização dos objetos como fonte de pesquisa e de referência para que outros educadores organizem suas aulas, disponibilizem aos alunos ou os avaliem.

Os OAs podem ser aplicados dentro de um contexto educacional desde o mais instrucionista até o mais interacionista, dependendo sempre do modelo pedagógico utilizado.[7] Ou seja, além da abordagem conceitual computacional sobre o objeto, ele deve apresentar características interativas; a diferença é que, do ponto de vista instrucionista, será dada ênfase à memorização, ao treinamento, ao reforço. Já dentro de um paradigma interacionista, será permitida a construção do conhecimento e a formação integral e crítica do aluno. Neste capítulo será dada ênfase à segunda perspectiva.

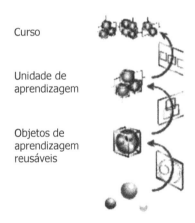

Figura 3.1
Possibilidade de utilização de um OA.

---

[5] Projeto CESTA – Coletânea de Entidades de Suporte ao uso de Tecnologia na Aprendizagem. Disponível em: http://www.cinted.ufrgs.br/CESTA/
[6] Imagem disponível em: http://www.cinted.ufrgs.br/CESTA/cestadescr.html. Capturada em maio/2008.
[7] O conceito de modelo pedagógico encontra-se detalhado no Capítulo 1.

O USO DE OBJETOS DE APRENDIZAGEM EM UMA PERSPECTIVA INTERACIONISTA

Um OA pode ser utilizado no processo de ensino-aprendizagem por qualquer ator envolvido, seja gestor da educação, professor, aluno ou monitor. Ao disponibilizar diversas mídias, os OAs têm a possibilidade de subsidiar diferentes práticas pedagógicas, de forma que seus usuários possam constituí-lo como um espaço rico em descobertas por meio da sua interatividade e na interação com seus pares. Portanto, faz-se necessário que gestores e professores se atualizem e tomem conhecimento dessas tecnologias digitais disponíveis para melhor avaliar suas potencialidades e incorporá-las ao espaço escolar.

Para Silva e Fernandez (2007), construir, desenvolver e utilizar este tipo de material em uma perspectiva interacionista é valorizar a ação, a reflexão crítica, a curiosidade, o questionamento exigente, a inquietação e a incerteza. Desta forma, é possível potencializar os processos de ensino e aprendizagem, o pensamento divergente, o confronto, a análise, a capacidade de compor e recompor dados e argumentação, o que requer um professor que incentive a dúvida. Logo, a ação torna-se o instrumento de troca, construindo conhecimento por meio dos esquemas e da coordenação de ações (Piaget, 1973).

De acordo com o pressuposto teórico apresentado, entende-se que os OAs podem proporcionar, mediante recursos hipermidiais,[8] situações de aprendizagem em que o aluno assuma a postura de um sujeito ativo, comprometido, com capacidade argumentativa e reflexiva, tendo condições para construir e reconstruir novas habilidades e conhecimentos com base nos recursos proporcionados pelo OA. Em uma prática pedagógica voltada para a concepção interacionista de aprendizagem, o educador precisa compreender/significar o computador como um instrumento pedagógico que pode promover mudanças estruturais no sujeito, à medida que reconstrói conceitos e apresenta inovações, influenciando no desenvolvimento dos seus processos de aprendizagem.

De acordo com Behar e colaboradores (2007a), também é ressaltada a importância de integrar um OA com um ambiente virtual de aprendizagem (AVA). Desta forma possibilita-se a interação e a comunicação, de forma síncrona e assíncrona, entre os alunos por meio de diferentes funcionalidades. As ferramentas comunicacionais, como *chats*, fóruns de discussões, *e-mails*, *wikis*, *blogs*, entre outros, podem ser úteis para potencializar o processo de interação entre sujeitos, aumentando o grau de envolvimento das pessoas. Como consequência, elevam o grau de conscientização sobre o próprio pro-

---

[8] Integração de várias mídias/linguagens, ou seja, texto, animações, vídeos, sons, gráficos, entre outras.

cesso de aprendizagem e a relação deste com o contexto social. Assim, é possível discutir os diversos temas/desafios/atividades disponibilizados pelo OA, constituindo espaços de coletividade e troca de pontos de vista. Este processo interativo permite que os próprios alunos sejam mediadores de sua aprendizagem, através da cooperação (Duran e Vidal, 2007).

O professor pode realizar, por meio dos registros do ambiente, uma avaliação formativa[9] do processo de construção de conhecimentos do aluno acerca do tema do objeto que está sendo trabalhado. Logo, é interessante que os OAs possam ser utilizados e integrados em qualquer AVA.

Aspectos relevantes para o desenvolvimento de objetos de aprendizagem

Considerando as características pertinentes a OAs, nota-se que o planejamento e a construção deles podem requerer do autor a apropriação de temas de diferentes áreas do conhecimento. Nesse sentido, considera-se relevante a formação de um grupo interdisciplinar para a construção de um material educacional digital que alcance as características pertinentes ao objeto. A troca de ideias e de informações e o confronto de diferentes perspectivas acerca da construção do material são as principais vantagens de um trabalho cooperativo coeso e consistente. Para o desenvolvimento de um material de boa qualidade, é necessário ter conhecimentos de usabilidade,[10] interface, linguagens de programação/*softwares* que permitam a implementação do material e a publicação em repositórios (quando for o caso). Também é preciso ter noções precisas do conteúdo em si para poder elaborar o material de apoio e as atividades propostas. Sabe-se que o ideal é contar com uma equipe interdisciplinar, porém, muitas vezes, o desenvolvimento de um OA conta apenas com pequenos grupos de profissionais e/ou alunos do ensino médio, técnico ou superior orientados por seus coordenadores.

Tem-se consciência das dificuldades e precariedades que permeiam a área educacional no que se refere a esses aspectos. Arrisca-se a considerar que raras são as instituições que dispõem de um grupo com tal perfil e que tenha conhecimentos para o planejamento, o desenvolvimento e a implementação de OAs. Partindo dessa premissa, ressalta-se a importância de o educador conhecer, mesmo que de forma bastante superficial, algumas das potenciali-

---

[9] Detalhes referentes à avaliação podem ser encontrados no Capítulo 4 deste livro.
[10] Usabilidade é uma metodologia científica aplicada à criação e à remodelação de interfaces de *sites*, intranets, aplicativos, jogos e produtos de modo a torná-los fáceis de aprender e de usar.

dades das ferramentas tecnológicas para a construção de objetos para poder, da melhor forma possível, orientar uma equipe.

Com base nessas considerações, o educador precisa estar atento a alguns aspectos relevantes a serem considerados ao desenvolver um OA (Bettio e Martins, 2006; Prata e Nascimento, 2007; Silva e Fernandez, 2007; Tarouco, Fabre e Tamusiunas, 2003):

- Inicialmente, os professores devem conhecer muito bem os conteúdos a serem apresentados na forma de objeto digital, pois, caso contrário, podem permitir que conceitos errôneos estejam presentes no material, ou possam dar margem a interpretações que não estejam de acordo com o mundo real. Esses desvios podem ser derivados de uma programação não-estruturada ou de definições empíricas do próprio programador, quando o professor não estiver executando essa função.
- O professor deve conhecer as possibilidades ou recursos de programação, pois o objeto deve atender ao modelo pedagógico teorizado pelo educador; pois de nada vale desenvolver um objeto que não contemple os ideais propostos.
- O professor deve também ter conhecimentos sobre o potencial do aplicativo escolhido para desenvolver o objeto, pois este pode permitir a implantação de recursos que modelem a teoria pedagógica, mas não atendam as necessidades totais dos educandos. Os estudos sobre a modelagem de um OA devem envolver um grupo inter e multidisciplinar que possa realmente colaborar na construção de um objeto robusto em termos de operacionalidade, flexível em ambientes, consistente em conteúdos, aplicável às teorias educacionais subjacentes, adaptável às interações dos alunos.
- O professor pode, mas não é de sua incumbência, ser um autodidata na aprendizagem dos aplicativos desenvolvedores de objetos. Portanto, não é recomendável que use tempo demasiado para aprender a programar. Ele deve utilizá-lo para projetar seu objeto a partir dos conhecimentos adquiridos sobre as "possíveis" capacidades dos *softwares* para desenvolvimento de objetos.
- É fundamental salientar que deve estar muito claro para o professor o contexto de seu ambiente de trabalho, ou seja, ele deve ser conhecedor das condições de aprendizagem de seus alunos, dos níveis de conhecimentos já adquiridos sobre o tema a ser desenvolvido e do uso de recursos computacionais, além das condições socioeconômicas e culturais. É necessário ainda saber quais políticas institucionais tratam de questões educacionais sobre o uso de recursos de computação.

Destaca-se ainda que, para o desenvolvimento de OAs, é importante considerar tanto os aspectos educacionais quanto estéticos e tecnológicos. Dessa forma, partindo da análise dos aspectos aqui mencionados, busca-se oferecer ao usuário OAs de fácil navegação e agradável experiência estética, de forma que os objetivos educacionais possam ser atendidos.

COMO CONSTRUIR OBJETOS DE APRENDIZAGEM

O Núcleo de Tecnologia Digital Aplicada à Educação (NUTED) utiliza a metodologia proposta por Amante e Morgado (2001) para a construção dos OAs que serão apresentados mais adiante neste capítulo. De acordo com as autoras, há quatro grandes etapas de desenvolvimento destas aplicações:

1. concepção – que se refere à fase inicial do desenvolvimento;
2. planificação – que diz respeito à pesquisa de conteúdo e à estruturação inicial da aplicação;
3. implementação – referente ao desenvolvimento propriamente dito;
4. avaliação – necessária para a validação da aplicação educativa.

A seguir, é descrito o percurso de elaboração e construção de objetos e as principais ações realizadas pela equipe de trabalho. É importante destacar que o NUTED trabalha dentro de uma perspectiva interdisciplinar.[11] Desta forma, existiu uma integração do trabalho de três áreas do conhecimento envolvidas: *webdesign*, educação e programação. As etapas detalhadas a seguir foram realizadas de forma cíclica, o que permitiu a avaliação do objeto desde sua concepção até sua validação.

Concepção do projeto

Na fase de concepção do projeto, são definidas as linhas mestras e a aplicação que se pretende desenvolver a partir da ideia inicial do grupo. Nesta primeira etapa também são estabelecidos os pressupostos teóricos do objeto, bem

---

[11] Uma descrição mais detalhada do trabalho interdisciplinar da equipe do NUTED pode ser encontrada no Capítulo 5.

como seus principais objetivos. A equipe deve ser definida de acordo com as necessidades expostas pelos objetivos. Neste primeiro momento também são realizadas a caracterização do público-alvo do objeto e a delimitação de conteúdos.

Os tipos de interações propostas serão previstos no *design* pedagógico[12] dos objetos, que contemplará os aspectos lúdicos. Dessa forma, é preciso prever a interface (o ambiente) em que será desenvolvido o conteúdo, para que tais critérios possam ser estipulados. Logo, ao se realizar esta etapa do projeto os seguintes passos são importantes:

- Definir o tema de aplicação e a ideia inicial do OA. Qual a importância deste OA? Que mídias ele agregará? Quais suas possibilidades de concretização? Qual metáfora visual utilizará? Estes devem ser os primeiros questionamentos da equipe, na tentativa de contextualizar o próprio trabalho e o tema do objeto.
- Estabelecer a equipe de trabalho, que deverá ser interdisciplinar. Quem estará envolvido? Educadores? Especialistas? *Designers*? Programadores? Esta definição será o ponto de partida para o desenvolvimento do objeto. Destaca-se que a equipe precisa ter disponibilidade para participar de reuniões durante o planejamento e a implementação dos OAs.
- Delimitar os conteúdos mais relevantes a serem abordados sobre o tema do OA. Definir como o conteúdo será dividido: módulos, desafios ou atividades.
- Especificar os objetivos pedagógicos e o público-alvo do OA. Tal ação permitirá o planejamento do *design* pedagógico, que deverá responder aos objetivos e à demanda.
- Definir o tipo de objeto a ser construído, como, por exemplo, informativo, simulação, demonstração, roteiro, hipertexto, etc.
- Por fim, é preciso estipular os tipos de mídias que serão utilizadas no objeto, como textos, som, imagens, fotografias, desenhos, vídeos, ferramentas, entre outras, bem como o formato das atividades. Estas podem ser por meio de tarefas, exercícios, testes, atividades coletivas, desafios ou atividades hipotéticas.

---

[12] O conceito de *design* pedagógico é explicado no Capítulo 2.

Planificação

O período de planificação diz respeito à pesquisa realizada para o seu desenvolvimento e a planificação prévia que conduz ao *storyboard* (Cordeiro et al. 2007). Também nesta fase é realizado o levantamento teórico sobre o assunto do objeto, por meio da pesquisa de material impresso e de textos disponibilizados na *web* sobre a temática. A especificação dos objetivos pedagógicos que o OA se propõe a atingir é delimitado a partir do levantamento do público-alvo. Dessa forma, a própria equipe poderá delinear os principais aspectos teóricos que precisam ser explanados e escrevê-los em forma de textos objetivos, que serão complementados por outros *links*.

O projeto do desenho da interface é outro elemento da planificação. Para tanto, é preciso realizar um estudo a partir das definições do papel do aluno frente ao OA. Logo, o *design* da interface deverá estar diretamente relacionado à intencionalidade e à funcionalidade que se pretende alcançar, identificando possíveis estratégias de aprendizagem e implementando-as de forma dinâmica. Portanto, para a planificação são necessárias as seguintes ações:

- Selecionar e organizar os conteúdos do OA, ou seja, recolher toda informação considerada pertinente (textos, sons, imagens, etc.) e relacioná-las no objeto.
- Organizar as informações que serão disponibilizadas, de modo que se adaptem aos objetivos que se pretende atingir e ao público-alvo. É preciso certo cuidado para que estes se entendam por si, e suas ligações proporcionem uma compreensão mais profunda do assunto proposto.
- Definir o essencial da informação: textos e número de linhas, para a leitura não se tornar cansativa; imagens que serão utilizadas e com que objetivo; esquemas e áudio/vídeo a serem utilizados. É importante prestar atenção no tamanho de arquivo que pode resultar este conjunto de informação, para não inviabilizar o uso do objeto.
- Construir o primeiro esquema da estrutura do OA, com um mapa geral da forma como será organizada a informação do objeto. Este mapa será a base para o desenho do *storyboard*.
- Reunir um conjunto de elementos para a elaboração da interface, de forma que ela proporcione a comunicação entre o usuário e a máquina. Logo, a interface deve ir ao encontro do perfil dos usuários e da finalidade pedagógica. Assim, o sistema poderá permitir a interatividade com o computador, por meio de uma navegação intuitiva.

- Estruturar mecanismos básicos de navegação: se ela será linear, hierárquica, não-linear ou composta, agregando mais de um tipo de navegação. Nesta perspectiva, também é preciso estipular os mecanismos orientadores de navegação, ou seja, a rota da navegação.
- Determinar os espaços em termos visuais, as funções de navegação e a estrutura da informação, a partir dos mecanismos básicos. Logo, a forma de apresentação dos conteúdos precisará atender às regras predefinidas sobre a quantidade de informação.
- Elaborar o *storyboard*, que se constitui como um guia detalhado da estrutura e da navegação do OA, como se pode observar nas Figuras 3.2, 3.3 e 3.4 (referentes a objetos desenvolvidos pelo NUTED). Os *storyboards* integram as etapas de trabalho dos educadores com os *web-designers* e fornecem subsídios para a discussão e para o reajustamento do OA, caso sejam necessárias alterações no sistema e reformulações antes de passar para a fase de programação.

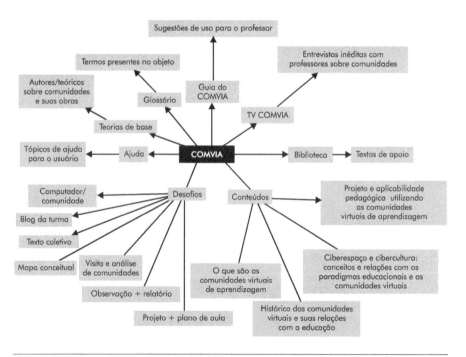

Figura 3.2
Storyboard do OA COMVIA.

Modelos pedagógicos em educação a distância

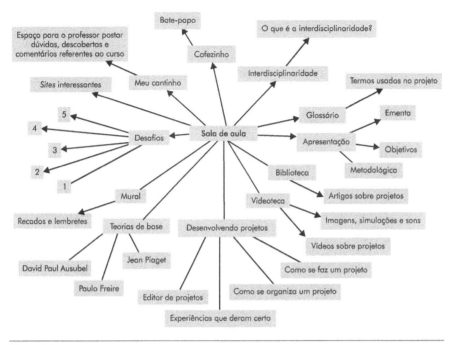

Figura 3.3
Storyboard do OA Trabalho com Projetos.

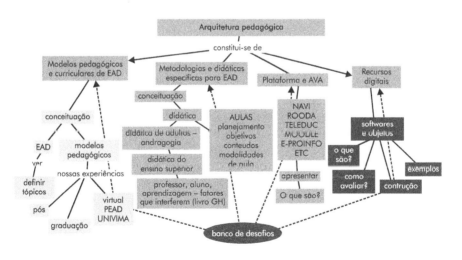

Figura 3.4
Storyboard do OA ARQUEAD

Implementação

A fase de implementação refere-se ao desenvolvimento propriamente dito, em que é definida a ferramenta de programação que será utilizada e também são elaborados os primeiros protótipos do objeto até alcançar a sua versão final. Esta fase pode ser dividida em duas etapas menores: a elaboração do primeiro protótipo e o desenvolvimento, no que se refere à estrutura tecnológica do OA. Tais etapas contemplam as seguintes necessidades:

- Elaborar o primeiro protótipo, que auxiliará na definição da ferramenta de programação a ser utilizada, realizando a experiência de midiatização do OA.
- Testar a arquitetura de objeto e o seu funcionamento, realizando ensaios das opções de *design* gráfico das telas e dos elementos que o integram.
- Desenvolver o OA por meio da programação e da concretização dos componentes especificados no *storyboard* para chegar ao produto final.

Avaliação

A fase de avaliação consiste em testar o funcionamento do objeto, seu grau de adequação ao público-alvo e o nível de cumprimento dos objetivos. São realizados testes para verificar o funcionamento e analisar se o objeto está de acordo com as características técnicas (tamanho do arquivo e programação), funcionais (animações e leiaute das telas) e didáticas (referenciais teóricos e desafios) que constam no projeto. Ao final, deve-se realizar a experiência de validação do objeto para avaliação qualitativa do produto final.[13]

Considera-se de suma importância que, independentemente do nível de conhecimento tecnológico do educador/coordenador, ele construa seu material como apoio ao processo de aprendizagem. Como visto, os repositórios de objetos vão favorecer, em um segundo momento, a troca, a melhoria e a readequação de todo material disponível. Assim, o repositório servirá para aprimorar, readequar e disponibilizar material digital. Destaca-se que a cultura do *software* livre é que manterá vivo o propósito do repositório. Tal filosofia encontra suas raízes na livre troca de conhecimentos e de pensamentos que pode tradicionalmente ser encontrada no campo científico. Tal como as ideias, os programas de computador não são tangíveis e podem ser copiados

---

[13] Os objetos desenvolvidos pelo NUTED foram validados por meio de cursos de graduação, pós-graduação e extensão. Mais informações podem ser encontradas nos Capítulos 9 e 10.

sem perda. A sua distribuição é a base de um processo de evolução que alimenta o desenvolvimento do pensamento. Criar objetos deve ser tão importante quanto buscar os recursos digitais para complementar/apoiar o processo de aprendizagem. O tipo de licença mais apropriada para esses objetos em *software* livre é a Creative Commons[14] (CC). Ela foi idealizada para permitir a padronização de declarações para gestão aberta, livre e compartilhada de conteúdos e informação. No Brasil, as licenças já se encontram traduzidas e totalmente adaptadas à legislação brasileira.

OBJETOS DE APRENDIZAGEM DESENVOLVIDOS PELO NÚCLEO DE TECNOLOGIA DIGITAL APLICADA À EDUCAÇÃO

Desde 2005, o NUTED vem desenvolvendo OAs, alguns dos quais são apresentados nesta seção. Eles podem ser adaptados a qualquer curso e/ou atividade de ensino devido às suas características de flexibilidade de conteúdos. Logo, podem ser usados em cursos de graduação, pós-graduação, extensão, formação continuada de professores e/ou docentes universitários (nas modalidades presencial, semipresencial ou totalmente a distância) que comportem discussões em torno da educação a distância e de conceitos ligados às tecnologias da informação e comunicação aplicados à educação.

Todos os objetos possuem um guia de utilização próprio, que apresenta desde os princípios pedagógicos que fundamentam sua concepção, até um guia passo a passo das formas de uso. Esses guias são de fácil navegação e exploração, intuitivos e amigáveis, seguindo critérios de usabilidade. Para tanto, não é necessário o conhecimento aprofundado em nenhum tipo de recurso/ *software* ou ferramenta computacional. Assim, podem ser utilizados de forma autônoma por todos os envolvidos (gestores da educação, professores, tutores e alunos). Cabe elucidar que todos os objetos citados estão cadastrados no repositório CESTA (Coletânea de Entidades de Suporte ao Uso de Tecnologia na Aprendizagem), e publicados na internet por meio de metadados, possibilitando o acesso a partir de qualquer *site* de busca.

O NUTED possui um subgrupo de pesquisa que desenvolve objetos de aprendizagem voltados para o ensino médio e para a educação superior, no que se refere a questões relacionadas à educação a distância. A seguir, são mostrados alguns deles e seus endereços eletrônicos para divulgação e uso dos interessados.

---

[14] O projeto Creative Commons é representado no Brasil pelo Centro de Tecnologia e Sociedade da Faculdade de Direito da Fundação Getúlio Vargas, no Rio de Janeiro. Disponível em: http://www.creativecommons.org.br/

COMVIA

O COMVIA[15] é um OA sobre comunidades virtuais de aprendizagem baseado em pressupostos interacionistas. Ele propicia uma participação ativa do aluno na construção e no seu desenvolvimento cognitivo. Sua utilização é destinada a situações de aprendizagem tanto na modalidade a distância como na presencial.

O principal objetivo do COMVIA é orientar o usuário na compreensão e na utilização das CVAs (Comunidades Virtuais de Aprendizagem) em sua prática pedagógica. O COMVIA propõe atividades que exploram diferentes recursos tecnológicos e que podem ser empregados em diferentes campos de atuação, visando à instrumentalização teórica e prática sobre a temática abordada.

O COMVIA, ilustrado na Figura 3.5, conta com oito recursos: teorias de base (referenciais teóricos), conteúdos (textos elaborados pela equipe, com base nos referenciais teóricos), desafios (podem ser usados de acordo com o professor), TV COMVIA (entrevistas com professores e pesquisadores da área), biblioteca (outras referências e *links* interessantes acerca do tema), guia do COMVIA (possibilidades pedagógicas para o professor), glossário (termos específicos) e ajuda (suporte técnico).

Figura 3.5
Tela inicial do COMVIA.

---

[15] Disponível em http://homer.nuted.edu.ufrgs.br/instrumentalizacao_em_ead/comvia

Tecnologias de Suporte ao Trabalho Coletivo

O OA Tecnologias de Suporte ao Trabalho Coletivo[16] contempla diferentes perspectivas e discussões sobre a aplicabilidade educacional de ferramentas que suportam a interação e a interatividade na *web* em prol de uma produção coletiva. Tem por objetivo proporcionar a reflexão e novas construções acerca da constituição da coletividade. Para tanto, as temáticas que compõem este objeto são as seguintes: CSCL (*computer supported cooperative learning*), CSCW (*computer supported cooperative work*), interação, interatividade, cooperação, colaboração, *groupware*, cibercultura, tecnologias de informação e comunicação aplicadas à educação, *blogs* e escrita coletiva (Behar et al., 2007b).

As atividades previstas neste OA primaram pelo incentivo às constantes trocas interindividuais, às negociações e ao confronto de diferentes pontos de vista.

Este objeto foi planejado de forma que pudesse ser desenvolvido de maneira não-linear, sem estrutura de leitura rígida, favorecendo assim as intervenções e a adaptação das discussões às necessidades demonstradas pelos sujeitos ao longo do estudo. Em paralelo às discussões teóricas, algumas ferramentas foram utilizadas para apoio às atividades coletivas; dentre elas estão o ETC[17] (Editor de Texto Coletivo), *blogs*, *cmap tools*[18], dentre outras disponíveis na *web*.

A seguir, na Figura 3.6, pode-se vislumbrar a tela inicial do OA com seus personagens entrando no livro selecionado para leitura do material de apoio.

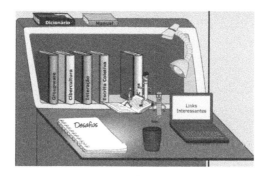

Figura 3.6
Tela de acesso ao conteúdo sobre *blog* previsto no OA Tecnologias de Suporte ao Trabalho Coletivo.

---

[16] Disponível em http://homer.nuted.edu.ufrgs.br/instrumentalizacao_em_ead/escrita_coletiva/
[17] Disponível em http://www.nuted.edu.ufrgs.br/etc.
[18] Disponível em http://cmap.ihmc.us/.
[19] http://www.nuted.edu.ufrgs.br/arquead/

ARQUEAD – Arquiteturas Pedagógicas para a Educação a Distância

O objeto ARQUEAD[19] aborda os elementos que constituem uma arquitetura pedagógica, entre eles:

1. fundamentação do planejamento/proposta pedagógica (aspectos organizacionais), em que estão incluídos os propósitos da aprendizagem, organização do tempo e do espaço e as expectativas na relação da atuação dos participantes ou da organização social da classe;
2. conteúdo – materiais instrucionais e/ou recursos informáticos utilizados –, objetos de aprendizagem, *software* e outras ferramentas;
3. atividades, interações, procedimentos de avaliação e a organização de todos esses elementos em uma sequência didática para a aprendizagem (aspectos metodológicos);
4. definição da plataforma de educação a distância e suas funcionalidades (aspectos tecnológicos).

O ARQUEAD simula situações cotidianas de um professor que está começando a lecionar nesse contexto. Essas simulações são em forma de animações, com cenas como em um filme. Tal formato possibilita maior interação entre o usuário e o OA, devido à identificação proporcionada pelo personagem "Professor". As Figuras 3.7 e 3.8 ilustram a página inicial do referido objeto, bem como algumas cenas do OA.

Figura 3.7
Tela inicial do ARQUEAD.

Modelos pedagógicos em educação a distância **83**

Figura 3.8
Frames dos vídeos do personagem "Professor".

PEDESIGN – Design pedagógico

O PEDESIGN[20] tem por finalidade proporcionar situações de aprendizagem no que se refere ao *design* pedagógico em educação a distância. Entende-se por *design* pedagógico a união dos fatores pedagógicos com os tecnológicos (ergonomia e usabilidade).

Sua ênfase é na interação homem-máquina, demonstrando que a integração do pedagógico e do tecnológico é imprescindível (no que se refere ao *design*) para incentivar/motivar a apropriação de conceitos e a construção do conhecimento dos usuários.

O objeto PEDESIGN adota um caráter lúdico sob a forma de uma metáfora, contextualizada nas características do seu público-alvo, isto é, professores e alunos em formação. Isso irá colaborar na identificação do usuário

---
[20] Disponível em: http://homer.nuted.edu.ufrgs.br/pedesign

com o objeto, além de favorecer o entendimento do sistema navegacional. Assim, os usuários podem iniciar, com este trabalho, a prática e a aplicação do *design* pedagógico. Para a construção deste objeto foram utilizadas diferentes mídias, como vídeos, animações, jogos digitais, textos, hipertextos e a promoção de desafios que incentivam a reflexão e a apropriação do conteúdo estudado. Além disso, devido ao fato de o material estar organizado de maneira não-linear, o objeto permite que cada usuário possa explorá-lo como sujeito da sua própria aprendizagem. O grande diferencial deste objeto são seus desafios, baseados em experiências práticas, desconstruindo conceitos prévios do usuário, para que ele mesmo construa seus parâmetros de *design* pedagógico. Na Figura 3.9, pode-se observar a tela inicial do PEDESIGN com os ícones ocultos; ao passar o *mouse* pelas bolinhas, o usuário terá acesso aos ícones. Essa estrutura foi pensada para que não fosse oferecida uma ordem linear de navegação no OA. Em seguida, na Figura 3.10, também são ilustrados alguns desafios.

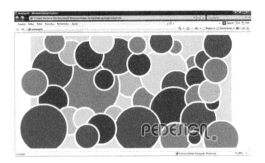

Figura 3.9
Tela inicial do PEDESIGN.

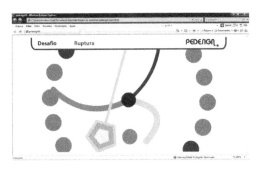

(Continua)

Figura 3.10
Alguns desafios do PEDESIGN.

(Continuação)

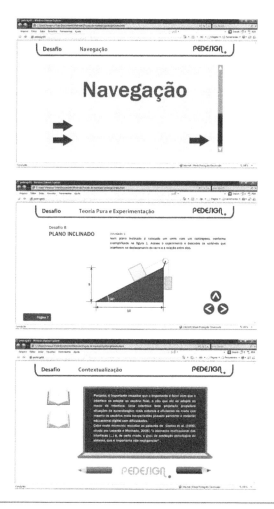

Figura 3.10
Alguns desafios do PEDESIGN.

O NUTED também possui um subgrupo de pesquisa[21] que trabalha, especificamente, com o desenvolvimento de objetos de aprendizagem voltados para professores e profissionais da Educação Infantil e Séries Iniciais. A seguir alguns dos objetos desenvolvidos e que se encontram disponibilizados na Web.

---

[21] Trabalha de forma integrada com alguns membros do GEIN – Grupo de Estudos em Educação Infantil. Disponível em http://www.ufrgs.br/faced/gein/

Arquiteturas pedagógicas para educação infantil

O OA Arquiteturas Pedagógicas para Educação Infantil[22] tem como objetivo abordar o planejamento pedagógico na educação infantil, AVAs e arquiteturas pedagógicas, bem como possibilitar a compreensão sobre as arquiteturas pedagógicas e sua aplicação no fazer pedagógico na educação infantil. Para discutir esse tema, estruturou-se este OA em módulos: Educação Infantil, Ambientes Virtuais de Aprendizagem e, finalmente, Arquiteturas Pedagógicas. Cada módulo apresenta um desafio sobre o que significa o respectivo assunto e outro acerca de como trabalhá-lo. Sugeriu-se que um AVA pudesse ser uma alternativa para interação e publicação das produções, quando o objeto estiver inserido/integrado na proposta de uma disciplina.

A metáfora da interface gráfica foi representada por uma escola. Ao "entrar", encontra-se um corredor com três portas destinadas a cada módulo, que pode ser explorado livremente, como é possível constatar na Figura 3.11. Entretanto, no guia, indica-se que o usuário realize primeiro os módulos referentes à educação infantil e aos AVAs, a fim de que haja melhor compreensão sobre o tema das arquiteturas pedagógicas. O material de apoio e o glossário aparecem de forma permanente no menu do objeto. Nos módulos encontra-se o *link* "Depósito de ferramentas", que possui indicações de *softwares*, AVA e lista de "*links* interessantes". Já o "Vídeo" apresenta todos os vídeos inseridos no OA para serem acessados a qualquer momento.

Figura 3.11
Tela principal do OA Arquiteturas Pedagógicas para Educação Infantil.

---

[22] Disponível em: http://homer.nuted.edu.ufrgs.br/ei/ap

Produzindo infâncias

No OA Produzindo Infâncias[23] busca-se debater questões históricas, sociais, culturais e políticas que, de alguma forma, produzem as infâncias. Com isso, pode-se colaborar para a reflexão sobre aspectos que surgem nas rotinas com crianças e que apontam a constituição de diferentes infâncias.

Na metáfora visual o cenário remete a essa produção na contemporaneidade por meio da interface gráfica composta de um baú iluminado, mostrado na Figura 3.12. Desse baú saem fotos de crianças com objetos/situações (antigos e novos), que podem produzir as infâncias. As telas dos elementos que compõem o objeto seguem o mesmo padrão de interface, utilizando cor de destaque às palavras importantes.

Figura 3.12
Tela inicial do OA Produzindo Infâncias.

Ciberinfância

A Ciberinfância[24] é tema de inúmeras reportagens e parte da preocupação de professores e de pais. Portanto, o objetivo pedagógico da exploração desse tema para um OA é discuti-lo sob aspectos tais como a história das infâncias, os aspectos socioculturais e da área da saúde e suas relações com a sociedade

---

[23] Disponível em: http://homer.nuted.edu.ufrgs.br/ei/pi
[24] Disponível em: http://homer.nuted.edu.ufrgs.br/ei/ciberinfancia

informatizada. Dessa maneira, a finalidade foi dar subsídios para reflexão sobre as práticas pedagógicas na educação infantil.

A interface gráfica do OA, apresentada na Figura 3.13, é uma sala com objetos que compõem *lan houses*, quartos infantis e salas de escolas de educação infantil, como mostra a tela inicial. Nessa metáfora procurou-se contemplar os lugares por onde as crianças ou os "ciberinfantes" transitam.

Os desafios, em um total de sete, abordam os seguintes temas: Tecnologias da informação e da comunicação; saúde e computador; computador, infância e escola; prós e contras do uso do computador pelas crianças; história da infância; ciberinfância; e projeto (trabalho final). Esses desafios são compostos, basicamente, de materiais escritos em forma de texto, hipertexto ou em apresentação de *slides*. Os modos de avaliação abrangem atividades (pesquisas, crônicas, comentários, artigos, memoriais, projetos) em diferentes ferramentas, tais como *blog*, *webnote*, fórum, editor de *slides*, entre outros, além da sugestão de uso do AVA.

Figura 3.13
Tela inicial do OA Ciberinfância.

Outras infâncias

O OA Outras Infâncias,[25] ilustrado na Figura 3.14, traz as discussões acerca de outros tipos de infâncias que se encontram no contexto das grandes cidades brasileiras:

1. a infância das crianças em situação de rua;
2. em situação de risco;

---

[25] Disponível em: http://homer.nuted.edu.ufrgs.br/ei2007/infancias

3. a infância "executiva" das crianças, que têm muitas atividades no seu cotidiano;
4. a infância trabalhadora.

Logo, a discussão fundamental pressupõe uma compreensão de que não existe apenas uma infância, ou seja, não há uma infância universal e ideal, mas infâncias reais e diversas em contextos também diversos.

O objeto é todo desenvolvido em HTML, e sua metáfora remete aos *sites* de jornais e revistas. Cada desafio é independente, e eles podem ser utilizados separadamente ou em conjunto. O professor poderá indicar outros textos, animações e vídeos de acordo com sua prática pedagógica.

Figura 3.14
Tela inicial do OA Outras Infâncias.

FORMSIM

O OA FORMSIM[26] trata do tema "a formação do símbolo na criança", que é inspirado no nome de uma das obras de Jean Piaget (1978). Esse pesquisador procurou descrever por meio das suas observações e entrevistas, utilizando-se do método clínico, como os sujeitos constroem conhecimento. No caso desse objeto, busca-se compreender como se dá a formação do símbolo, propondo aos usuários que experimentem situações de aprendizagem acerca desse tema.

O objeto FORMSIM, visualizado na Figura 3.15, está organizado da seguinte forma: apresentação (menu permanente); guia (menu permanente); desafios (4 cenas; tela inicial); glossário; material de apoio e midiateca.

---

[26] Disponível em: http://homer.nuted.edu.ufrgs.br/ei2007/FORMSIM

Figura 3.15
Tela inicial do FORMSIM.

CONSIDERAÇÕES FINAIS

Neste capítulo, o entendimento dado ao conceito de objeto de aprendizagem procura enfatizar a possibilidade de construir um material educacional digital que possa ser utilizado e adaptado a diferentes contextos educacionais. Também, que potencialize uma aprendizagem de forma interativa, motivando a curiosidade do aluno sobre o conteúdo apresentado.

É evidente que quanto maior a dinamicidade, a autonomia e a interatividade que esse objeto oferecer aos usuários, mais complexa será sua construção; portanto, serão necessários mais especialistas envolvidos em sua implementação. O educador deve estar consciente de tais necessidades ao oferecer esses recursos computacionais como técnicas de apoio à construção do conhecimento de seus alunos e incorporados ao seu modelo pedagógico. Logo, é importante que ele, juntamente com sua equipe, interaja previamente com os objetos disponíveis e faça um levantamento sobre as potencialidades desses objetos, a fim de averiguar se estes atendem (ou não) à demanda esperada. Também é importante que o grupo tenha conhecimentos específicos de diferentes áreas e materiais, tais como *softwares* de edição, servidores, capacidades em máquinas, entre outros necessários para desenvolvimento do OA. É preciso, ainda, levar em conta aspectos como os objetivos e os valores educativos propostos, a idade e a situação sociocultural dos alunos.

Entende-se que os OAs têm se tornado um excelente recurso para a educação, devido à possibilidade de adaptá-los tanto em nível de conteúdo quanto de ferramentas, ampliando as possibilidades pedagógicas para uso deste material em múltiplas plataformas (celular, televisão digital, *web*, etc.). Tais possibilidades vêm sendo estudadas com o apoio do Ministério da Educação (MEC), assim como os requisitos pedagógicos para a construção destes objetos em multiplataformas com o intuito de torná-los cada vez mais acessíveis.

REFERÊNCIAS

AMANTE, L.; MORGADO, L. Metodologia de concepção e desenvolvimento de aplicações educativas: o caso dos materiais hipermídia. *Discursos*, Lisboa, 3. série, p. 27-44, jun. 2001. Número especial.

BEHAR, P. A.; MACEDO, A. L.; MAZZOCATO, S. B. Tecnologias de suporte ao trabalho coletivo: planejamento e aplicação de um objeto de aprendizagem. In: SIMPÓSIO BRASILEIRO DE INFORMÁTICA NA EDUCAÇÃO, 18., 2007, São Paulo. *Anais...* São Paulo: Sociedade Brasileira de Computação, 2007b.

BEHAR, P. et al. Objeto de aprendizagem integrado a uma plataforma de educação a distância: a aplicação do COMVIA na UFRGS. *RENOTE*: Revista Novas Tecnologias na Educação, Porto Alegre, v. 5, n. 2, dez. 2007a.

BETTIO, R. W. de; MARTINS, A. *Objetos de aprendizado:* um novo modelo direcionado ao ensino a distância. Disponível em: <http://www.universiabrasil.com.br/materia/materia.jsp?id=5938>. 2004. Acesso em: 31 ago. 2006.

BRASIL. Ministério da Educação. RIVED. *Homepage*. Disponível em: http://rived.proinfo.mec.gov.br. Acesso em: 25/04/2008.

CORDEIRO, R. A. et al. Utilizando mapas conceitual, de cenário e navegacional no apoio ao processo de desenvolvimento de objetos de aprendizagem. *RENOTE*: Revista Novas Tecnologias na Educação, Porto Alegre, v. 5, n. 1, jul. 2007. Disponível em: <http://www.cinted.edu.ufrgs.br/renote/ jul2007/artigos/2bRogerio.pdf>.

DURAN, D.; VIDAL, V. *Tutoria:* aprendizagem entre iguais: da teoria à prática. Porto Alegre: Artmed. 2007.

PIAGET, J. *A formação do símbolo na criança*: imitação, jogo e sonho, imagem e representação. 3. ed. Rio de Janeiro: Zahar, 1978.

_____ . *Estudos sociológicos*. Rio de Janeiro: Forense, 1973.

PRATA, C. L.; NASCIMENTO, A. C. A. A. *Objetos de aprendizagem:* uma proposta de recurso pedagógico. Brasília: MEC, SEED, 2007.

SILVA, R. M. G. da; FERNANDEZ, M. A. Recursos informáticos projetados para o ensino de ciências: bases epistomológicas implicadas na construção e desenvolvimento de objetos de aprendizagem. In: PRATA, C. L.; NASCIMENTO, A. C. A. A. *Objetos de aprendizagem:* uma proposta de recurso pedagógico. Brasília: MEC, SEED, 2007.

TAROUCO, L. M. R.; FABRE, M.-C. J. M.; TAMUSIUNAS, F. R. *Reusabilidade de objetos educacionais*. Disponível em: <http://www.cinted.ufrgs.br/renote/fev2003/artigos/marie_reusabilidade.pdf>. 2003. Acesso em: 19 abr. 2008.

TAVARES, R. *Aprendizagem significativa, codificação dual e objetos de aprendizagem.* Disponível em: <http://rived.proinfo.mec.gov.br/artigos/2006-IVESUD-Romero.pdf>. 1996. Acesso em: 19 abr. 2008.

Avaliação da aprendizagem em ambientes virtuais

4

Patrícia Scherer Bassani
Patricia Alejandra Behar

INTRODUÇÃO

Este capítulo apresenta uma reflexão sobre a avaliação em ambientes virtuais de aprendizagem (AVAs). Muitas nomenclaturas são utilizadas para referenciar tais ambientes, como VLE (*virtual learning environment*), ambiente digital de aprendizagem, sala de aula virtual, ambiente de ensino a distância, entre outras. Apesar da diversidade de ambientes disponíveis atualmente, percebe-se que existem características em comum entre eles: permitem acesso restrito a usuários previamente cadastrados; disponibilizam espaço para a publicação de material do professor (material das aulas) e espaço destinado ao envio/armazenamento de tarefas realizadas pelos alunos; possuem um conjunto de ferramentas de comunicação síncrona e assíncrona, como *chat* (bate-papo *on-line*) e fórum de discussões. Além disso, cada um deles apresenta ferramentas de comunicação específicas, como correio eletrônico (*e-mail*), mural de recados e sistema de mensagens instantâneas entre participantes conectados simultaneamente. Dessa forma, se por um lado os ambientes permitem a centralização de todas as informações referentes a um curso, por outro lado o gerenciamento desse grande fluxo de informações fica sob a responsabilidade de cada participante. O professor, neste contexto, percebe-se diante de um emaranhado de informações, diluídas entre as várias ferramentas.

Nesta perspectiva, diferentes estudos vêm sendo realizados (Romani, 2000; Lachi, 2003; Bassani, 2006) sobre o desenvolvimento de ferramentas específicas para o mapeamento das interações que se constituem nesses ambientes, possibilitando o acompanhamento da frequência e da produção de cada aluno, de forma a contemplar o processo de avaliação da aprendizagem.

Neste capítulo, optou-se por adotar uma visão interacionista do conceito de interação, a partir das ideias de Piaget (1973; 1975; 1983; 1994; 1995; 2003), segundo a qual o sujeito não pode ser compreendido sem os elementos de seu meio, e a interação modifica os sujeitos uns em relação aos outros. Dessa forma, cada usuário de um AVA faz seu percurso de aprendizagem permeado pelo caminho percorrido pelo outro/coletivo, em que cada um (re)constrói seu conhecimento a partir da perspectiva do outro.

REFLEXÕES SOBRE O PROCESSO DE AVALIAÇÃO DA APRENDIZAGEM

Conforme Demo (2002), o conhecimento e a aprendizagem são atividades que expressam processos não-lineares. Entretanto, "o debate em torno da avaliação está repleto de pressupostos lineares" (Demo, 2002, p.139), baseados em instrumentos formais mensuráveis que, muitas vezes, não dão conta da dinâmica e da complexidade dos fenômenos que estão sendo avaliados. O autor aponta, ainda, que tanto a avaliação numa perspectiva quantitativa quanto qualitativa pode ser considerada apenas uma aproximação possível, e que ela precisa ser realizada de modo a colaborar com a aprendizagem do aluno. No entanto, destaca que a avaliação tem sido em grande parte reduzida à frequência e à prova, "tópicos essencialmente lineares". Considerando que a avaliação tem por objetivo o compromisso com a aprendizagem do aluno, os resultados devem oferecer "diagnósticos mais concretos que permitam intervenções alternativas e pertinentes" (Demo, 2002, p.140). Dessa forma, independentemente do método utilizado, quantitativo ou qualitativo, a avaliação deve enfocar o caráter dinâmico e não-linear da aprendizagem.

Hoffmann (2001, p.89) questiona a relação entre avaliação e controle. Entretanto, apresenta duas dimensões para o controle: cerceamento ou acompanhamento. "Quando se controla para julgar, basta andar ao lado de alguém, observando, registrando, coletando provas do caminho que trilhou [...]. Quando se acompanha para ajudar no trajeto é necessário percorrê-lo junto, sentindo-lhe as dificuldades, apoiando, conversando, sugerindo rumos adequados a cada aluno" (p.89). Afirma, ainda, que a dinâmica da avaliação é complexa, pois é preciso acompanhar os percursos individuais de aprendizagem que se dão no coletivo. Dessa forma, o professor deve avaliar continuamente, mas a natureza de sua intervenção será diferente em cada momento do processo.

Também Jorba e Sanmartí (2003) ressaltam que a avaliação da aprendizagem apresenta basicamente duas funções:

a) caráter social envolvendo seleção e classificação, predominantemente realizada no final do período de formação, de forma a atestar (ou não) a aquisição de conhecimentos que vão permitir (ou não), a um determinado aluno, cursar o nível seguinte;
b) caráter pedagógico ou formativo contendo informações importantes/ relevantes para que o professor possa adequar as atividades às

necessidades dos alunos; nesta perspectiva, a avaliação não pode concentrar-se apenas no final do processo de ensino-aprendizagem, mas permeia todo o seu desenvolvimento.

Há diversas modalidades de avaliação, caracterizadas conforme o período/momento em que ocorrem e conforme os objetivos (Bloom; Hastings e Madaus, 1983, Jorba e Sanmartí, 2003). A avaliação diagnóstica inicial é realizada no início do processo e visa proporcionar informações sobre o conhecimento prévio do aluno. Essa modalidade de avaliação proporciona ao professor informações confiáveis sobre a "bagagem" que seus alunos possuem. Quando a informação obtida por meio da avaliação refere-se ao grupo (classe) chama-se prognose; quando é individual, diagnose. A avaliação formativa é realizada ao longo do processo de ensino-aprendizagem e corresponde "a uma concepção do ensino que considera que aprender é um longo processo por meio do qual o aluno vai reestruturando seu conhecimento a partir das atividades que executa" (Jorba e Sanmartí, 2003, p.30). Dessa forma, possibilita que o professor acompanhe o desenvolvimento do aluno por meio de aproximações sucessivas. A avaliação somativa ressalta os resultados obtidos com o processo; normalmente acontece no final do processo de ensino-aprendizagem, de forma a verificar se os objetivos propostos foram (ou não) alcançados pelos alunos. Esta modalidade de avaliação predomina na grande maioria das escolas e universidades; a prova e/ou teste é o instrumento utilizado. O maior problema da avaliação somativa é que, na maioria das vezes, ela é utilizada como única fonte de avaliação educativa.

A Figura 4.1 representa as modalidades de avaliação (Jorba e Sanmartí, 2003, p.27).

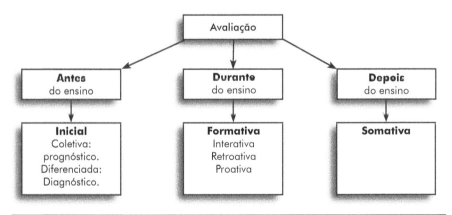

Figura 4.1
Modalidades de avaliação.

Ampliando as discussões sobre o conceito de avaliação, Quinquer (2003) ressalta que a forma de abordar a avaliação da aprendizagem escolar está intimamente relacionada com as concepções acerca de ensino e aprendizagem. O autor ressalta que enfoques mais recentes "concebem a avaliação como um instrumento de comunicação que facilita a construção dos conhecimentos na aula" (Quinquer, 2003, p.15). O autor apresenta três modelos de avaliação descritos a seguir.

a) Modelo psicométrico – enfatiza os resultados da aprendizagem.
b) Modelo sistêmico – característico da avaliação formativa. A avaliação é "inserida no processo de aprendizagem, atua como instrumento adequado para regular e adaptar a programação às necessidades e dificuldades dos estudantes" (Quinquer, 2003, p.17).
c) Modelo comunicativo ou psicossocial – surgiu a partir do início da década de 1980 e "adquire relevância especial no contexto social em que se produz a aprendizagem" (Quinquer, 2003, p.19). Os seguintes aspectos são relevantes deste modelo:
 - a aprendizagem é entendida como construção pessoal do sujeito/aprendente, influenciada tanto pelas características pessoais[1] do aluno como pelo contexto social que se cria na sala de aula;
 - as mediações produzidas entre agentes implicados (os outros alunos e os professores) são consideradas especialmente relevantes, pois "também intervêm na reelaboração dos conhecimentos" (Quinquer, 2003, p.19);
 - a avaliação é entendida como instrumento que possibilita a melhoria da comunicação e facilita a aprendizagem, uma vez que permite, aos estudantes, a apropriação dos instrumentos e critérios de avaliação; "nesse contexto, não se estabelecem limites precisos entre as atividades de avaliação e as de aprendizagem" (Quinquer, 2003, p.20);
 - busca-se a promoção da autonomia dos estudantes, propondo-se a "transferir para os alunos o controle e a responsabilidade de sua aprendizagem mediante o uso de estratégias e instrumentos de autoavaliação" (Quinquer, 2003, p.20).

A partir destes estudos, Quinquer (2003, p.20), entende que:

> o enfoque comunicativo da avaliação abre novas perspectivas à aprendizagem que superam os limites da avaliação formativa, já que o recurso

---

[1] Esquemas de conhecimento, ideias prévias, hábitos já adquiridos, motivação, experiências anteriores, etc. (Quinquer, 2003).

que propõe da interação, da gestão social da aula e da transferência da responsabilidade da aprendizagem aos próprios alunos aumenta consideravelmente as possibilidades de a avaliação ser posta em prática com muito menos dificuldade para o professor e mais benefício para os estudantes, em termos de aprendizagem.

Romão (2001) afirma que a avaliação da aprendizagem nas escolas brasileiras encontra-se "prensada" entre duas concepções, resultantes de propostas pedagógicas antagônicas (construtivistas e positivistas), conforme apresenta o Quadro 4.1 a seguir.

Quadro 4.1 A escola e as concepções de avaliação

Concepção I	Concepção II
auto	hetero
interna	externa
qualitativa	quantitativa
diagnóstica	classificatória
permanente	periódica
códigos locais e sociais	padrões de qualidade e desempenhos universais aceitos
ritmos pessoais	

Fonte: Adaptado de Romão, 2001, p.61.

Para Romão, na concepção I, baseada em uma proposta construtivista, há um excesso de preocupação com o processo, desqualificando o produto; já a segunda concepção, característica das teorias positivistas, enfatiza o produto, o resultado final.

> A educação e a avaliação positivistas enfatizam a permanência, a estrutura, o estático, o existente e o produto; as construtivistas reforçam a mudança, a mutação, a dinâmica, o desejado e o processo. A educação e a avaliação cidadãs devem levar em consideração os dois polos, pois não há mudança sem a consciência da permanência, não há processo de estruturação-desestruturação-reestruturação sem domínio teórico das estruturas; não há percepção da dinâmica sem a consciência da estática. (Romão, 2001, p.89)

Sendo assim, Romão (2001, p.64) apresenta três funções da avaliação, além de afirmar que "as três funções são pertinentes, dependendo das finalidades e do momento em que estamos desenvolvendo o processo de ensino-aprendizagem":

a) Função prognóstica: verificação de prerrequisitos no início do processo e cada vez que uma unidade/tema novo tem início.
b) Função diagnóstica: durante o processo, acompanhamento e verificação das dificuldades para disponibilizar instrumentos e estratégias de superação.
c) Função classificatória: no final do processo, para verificar se o aluno atingiu os objetivos e "incorporou" conhecimentos.

> As práticas avaliativas classificatórias fundam-se na competição e no individualismo, no poder e na arbitrariedade presentes nas relações entre professores e alunos, entre os alunos e entre os próprios professores. À medida que os estudos apontam para o caráter interativo e intersubjetivo da avaliação, alertam também para a essencialidade do diálogo entre todos os que fazem parte desse processo, para a importância das relações interpessoais e dos projetos coletivos. (Hoffmann, 2001, p.20)

O Quadro 4.2 apresenta uma relação entre os tipos de avaliação e a suas funções, a partir dos conceitos apresentados por Romão (2001), Bloom, Hastings e Madaus (1983), Jorba e Sanmartí (2003) e Quinquer (2003).

Quadro 4.2 Relação entre tipos, funções e modelos da avaliação

Avaliação	Função	Modelo
Diagnóstica	Prognóstica	–
Formativa	Diagnóstica	Sistêmico
Somativa	Classificatória	Psicométrico
–	–	Comunicativo ou psicossocial

Vasconcellos (1998, p.51) também critica a dicotomia que se apresenta em relação a processo e produto, afirmando que "o que vislumbramos é avaliar o produto no processo". Para ele, a avaliação processual resgata o sentido da avaliação no processo educativo, entendendo que a avaliação pode ser realizada com base na produção cotidiana dos alunos e não em momentos especiais, como o dia de prova. Ressalta, também, que a avaliação processual não significa ausência de instrumentos de verificação, e sugere um conjunto de práticas para que a avaliação seja efetivada como processo: não-existência de "semana de prova"; elaboração da avaliação pelo próprio professor; questões a mais para escolha; atividade de avaliação sem "valer nota", com fins de diagnóstico; análise da produção de alunos por amostragem, uma vez que se torna complexo verificar todas as tarefas de todos os alunos semanalmente;

elaboração de questões pelos alunos; cochicho inicial de alguns minutos antes de atividade; eliminação de uma das notas do conjunto; avaliação em grupo; coavaliação, em que os alunos avaliam atividades dos colegas; não-alteração do comportamento habitual de sala de aula durante atividade de avaliação; diversificação dos tipos de questões; combate à competição; avaliação com fórmula; não-vinculação da reunião de pais à entrega de notas; leitura de livros sem valer nota; avaliação com consulta.

Hoffmann (2001) aponta a necessidade da existência de registros sobre a produção dos alunos, de forma a possibilitar a verificação de progressos e possíveis intervenções. Dessa forma, a observação em sala de aula é parte natural no processo; quanto mais frequentes e significativos forem os registros, maiores as possibilidades de uma ação educativa direcionada às necessidades individuais. "As anotações do professor precisam contemplar referências significativas sobre a singularidade de cada estudante: suas estratégias de raciocínio, modos de ser e de agir em sala de aula, comentários e perguntas em diferentes momentos de aprendizagem e a sua evolução na compreensão das noções" (p.180-181). A autora também sugere a utilização de dossiês/portfólios,[2] para que fique registrado todo o caminho percorrido pelo aluno, permitindo que ele se aproprie do seu processo de conhecimento e possibilitando ao professor uma visão das possíveis intervenções necessárias. Além disso, Hoffmann entende que todas as anotações e comentários feitos pelo professor ampliam as possibilidades de comunicação entre docentes e discentes.

Quintana (2003) também entende o uso do portfólio como estratégia para avaliação, uma vez que sua elaboração envolve criatividade e autorreflexão. A autora ressalta que o professor pode decidir qual a melhor forma de avaliar, pois se pode fazer uma revisão geral do portfólio, escolher alguns trabalhos ou deixar ao aluno a opção de escolher quais trabalhos gostaria que fossem avaliados, de modo que "o realmente importante é que tanto os trabalhos solicitados pelo professor como a seleção realizada pelo estudante demonstrem o progresso do aluno ao longo do processo de ensino-aprendizagem" (Quintana, 2003, p.168).

DELINEAMENTO DE PERSPECTIVAS PARA AVALIAÇÃO DA APRENDIZAGEM EM AMBIENTES VIRTUAIS

Os ambientes virtuais de aprendizagem (AVAs) possibilitam o acompanhamento da frequência e da produção de cada aluno, uma vez que consistem em uma grande base de dados que armazena/pode armazenar (Bassani, 2006):

---

[2] Um portfólio "é uma coleção dos trabalhos que um estudante realizou em um período de sua vida acadêmica, seja em um semestre, um ano ou quatro anos" (Quintana, 2003, p.166).

a) frequência e assiduidade (data e hora de acessos ao ambiente, data e hora de acessos a cada uma das ferramentas disponíveis no ambiente);
b) resultados de testes *on-line*;
c) trabalhos publicados e tarefas realizadas, incluindo verificação de prazos de entrega;
d) mensagens trocadas entre os participantes de uma aula/curso.

Sendo assim, a avaliação em AVAs pode ser entendida a partir de três perspectivas:

a) avaliação por meio de testes *on-line*;
b) avaliação da produção individual dos estudantes;
c) análise das interações entre alunos, a partir de mensagens postadas/trocadas por meio das diversas ferramentas de comunicação.

Neste capítulo, entende-se que

> A avaliação é um processo de múltiplas facetas, incluindo os aspectos afetivos e sociais envolvidos na aprendizagem. Logo, acreditamos que a avaliação não pode ser conduzida somente de forma eletrônica. Independentemente do ambiente de aprendizagem adotado, ou seja, sala de aula ou ambiente computacional, a avaliação do estudante é uma tarefa do professor. (Campos et al., 2003, p.124)

A partir dessa perspectiva, a avaliação realizada somente por meio de testes *on-line* apresenta-se como uma limitação, uma vez que cabe ao aluno a tarefa de responder a um conjunto de questões predefinidas, e ao sistema computacional cabe realizar a correção. Dessa forma, o professor recebe uma nota/conceito como resultado final, enfatizando o produto de conhecimento. Por outro lado, uma avaliação baseada na produção individual dos alunos também pode ser realizada de forma a supervalorizar o produto final, ou seja, o texto elaborado, a pesquisa realizada dentro de certos padrões ou a resolução de questionários.

Além da avaliação no âmbito individual, Becker (2001) ressalta que esta deve processar-se cada vez mais no âmbito do coletivo. Assim, entende-se que uma avaliação baseada nas interações entre os participantes de um curso a distância vem ao encontro dessa nova perspectiva avaliativa, em que se busca avaliar o produto no processo (Vasconcellos, 1998). Sendo assim, além de possibilitar ao professor o acompanhamento do processo de construção de conceitos/conhecimentos do aluno, também permite a este tornar-se consciente de seu processo de aprendizagem. Entretanto, como avaliar com base nas interações?

Maraschin (2005), em um dos seus estudos investigativos sobre a produção escrita de um coletivo que interage por meio de uma lista de discussão, teve como objetivo "investigar posições de autoria possíveis de se constituir no linguajar em um domínio de relação configurado pela tecnologia". A análise do conteúdo de mensagens trocadas em uma lista de discussão "evidenciou a frequência de apreciações avaliativas por parte dos sujeitos (...) concernentes ao próprio processo de aprendizagem, ao uso da tecnologia e participação do/no grupo" (Maraschin, 2005, p.104). Este estudo permitiu a especificação de quatro categorias:

a) avaliação do processo de aprendizagem quanto aos aspectos teóricos, envolvendo os conceitos em estudo;
b) avaliação do processo de aprendizagem quanto a contextos mais amplos, envolvendo reflexões dos sujeitos sobre suas experiências pessoais, profissionais, etc.;
c) avaliação quanto ao uso do acoplamento tecnológico, abordando possibilidades e limitações em relação à tecnologia;
d) avaliação quanto à interação entre participantes no grupo e quanto aos aspectos teóricos.

Campos e colaboradores (2003) apresentam indicadores de como o aluno poderia ser avaliado em situações de realização de tarefas cooperativas. Conforme os autores (Brna, 1998 citado por Campos et al., 2003), a aprendizagem cooperativa pode adquirir significados diversos, como:

a) suporte à divisão de tarefas (cada integrante é responsável por uma parte) ou apoio para realização de uma tarefa sem divisão do trabalho;
b) processo para a realização de tarefas;
c) meio para auxiliar a aprendizagem de conhecimento específico;
d) fim em si mesmo, de forma a exercitar a cooperação.

Dessa forma, "cada um destes significados irá refletir sobre formas diferentes de estruturar e conduzir as atividades cooperativas, bem como direcionar a política de avaliação a ser adotada" (Campos et al., 2003, p.129).

O Quadro 4.3 apresenta os indicadores, propostos por Campos e colaboradores (2003), para a avaliação on-line.

Bassani (2006) apresenta uma proposta que busca contemplar as tendências atuais na área da avaliação da aprendizagem, considerando a complementaridade entre produto e processo. Entende-se, aqui, o processo como o percurso de construção individual, que se constitui a partir das interações. Por outro lado, o produto caracteriza-se pelo resultado das interações, evidenciado pelo conteúdo das mensagens/contribuições postadas por determinado sujeito. Neste sentido, produto (conteúdo) e processo (interações) são entendidos como duas faces da mesma realidade cognitiva. Assim, o modelo

Quadro 4.3 Indicadores de como o aluno poderia ser avaliado em situações de realização de tarefas cooperativas

Indicadores para avaliação	Como avaliar?
Como o aluno chegou aos resultados apresentados?	Análise das interações individuais
Quais caminhos ele percorreu no material didático fornecido pelo professor?	Histórico de navegação
Que fontes ele consultou?	Análise das interações individuais
Com que frequência?	Análise das interações individuais
O aluno pesquisa e utiliza fontes suplementares fornecidas pelo professor?	Análise das interações individuais
Ele pesquisa e utiliza fontes suplementares localizadas por ele mesmo?	Análise das contribuições
Qual é a sua contribuição e em que medida é aplicada nas atividades que envolvem a cooperação entre pares? Em: – Chats – Videoconferências – Listas de discussão – Grupos de discussão	Número de perguntas e de pontos de vista apresentados Número de sessões assistidas Número e quantidade das mensagens postadas Número e quantidade de mensagens por tema
Qual é seu estilo de trabalho: – Acessa fontes suplementares de informação? – Restringe-se a acessar as fontes dadas pelo professor? – Participa das reuniões síncronas do grupo? – Entra em contato com o professor e com os instrutores somente em datas próximas à entrega dos trabalhos? – Mantém contato regular com o professor e com instrutores do curso?	Histórico da navegação Número de reuniões/intervenções Análise do número de mensagens e datas
Qual é a sua assiduidade em atividades apoiadas em chats, videoconferências, grupos de discussão?	Análise se a assiduidade é 100%, 75%, 50% ou < 50%
Qual é o grau de participação nesses encontros?	Análise se a participação é intensa, mediana ou baixa
Os trabalhos e as provas demonstram boa utilização dos recursos disponíveis no curso?	Média binária: sim ou não
Os trabalhos e as provas, mesmo corretos, demonstram baixa exploração destes recursos?	Média binária: sim ou não

Fonte: Campos et al, 2003, p.138.

aqui proposto contempla as interações que se constituem a partir de diferentes contextos de análise, envolvendo sujeito-usuário ↔ ambiente virtual de aprendizagem, sujeito-usuário ↔ ferramenta e sujeito-usuário ↔ disciplina, considerando a presença de outros sujeitos e das regras que regem as relações nestes ambientes. Sendo assim, aborda uma reflexão acerca da avaliação da aprendizagem em AVA nos planos individual e interindividual.

A avaliação da aprendizagem no plano individual centra-se nas ações e resultados do sujeito que está sendo avaliado. Considera-se o conhecimento como uma construção individual que emana da interação do sujeito com o seu meio (Piaget, 1975).

Dessa forma, a avaliação da aprendizagem no plano individual pode levar em conta aspectos quantitativos, evidenciados a partir do número de acessos (no AVA, na disciplina ou ferramenta) e/ou qualitativos, diretamente relacionados ao conteúdo das mensagens postadas. A Figura 4.2 apresenta os indicadores para avaliação da aprendizagem no plano individual.

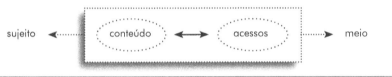

Figura 4.2
Indicadores para avaliação da aprendizagem: plano individual.

A análise do conteúdo do texto das mensagens constitui importante referência no âmbito avaliativo, pois permite a verificação da profundidade e a pertinência do texto em relação ao objeto de conhecimento que vem sendo estudado/discutido.

Uma proposta para o mapeamento de conteúdos em um AVA teve origem a partir dos estudos envolvendo as dimensões constituintes do sujeito-AVA, sendo dimensões cognitiva, tecnológica, social e afetiva (Dolle, 1993; Behar et al., 2005a; Behar et al., 2005b). Considerando que essas dimensões são complementares e que cada interação sujeito-AVA ↔ meio produz diferentes pontos de contato, em determinados momentos uma dimensão pode estar mais em evidência do que as outras. Assim, podem ser definidos quatro eixos conceituais para a análise das interações em um AVA, baseando-se no conteúdo das mensagens:

a) epistemológico – envolve tudo que faz referência e/ou caracteriza o processo de construção do pensamento sobre o objeto/pesquisa de estudo, neste caso, o conteúdo/matéria do curso, objeto de aprendizagem, material instrucional, entre outros;

b) tecnológico – envolve tudo que faz referência ao gerenciamento dos aspectos tecnológicos, em relação a questões essencialmente relacionadas à tecnologia, como funcionamento/regras/lógica do sistema computacional (neste caso, o AVA) e demais *softwares* de apoio, e o conhecimento necessário para a comunicação/interação e pertinência nestes ambientes (aspectos operacionais e funcionais);
c) social – tudo que envolve o processo de construção em uma coletividade, seja por meio de relações individuais ou interindividuais;
d) afetivo – caracteriza-se pela expressão de emoções, como desejos, emoções e sentimentos.

Esses eixos conceituais estão representados na Figura 4.3 (Behar et al., 2005b).

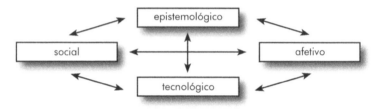

Figura 4.3
Eixos conceituais para análise das interações em um AVA.

Por outro lado, a avaliação da aprendizagem no plano interindividual centra-se nas trocas entre os sujeitos participantes de um curso em um AVA. Dessa forma, o mapeamento das trocas interindividuais busca refletir a dinâmica das interações que se constituem entre os sujeitos-AVA.

De acordo com Piaget (1973), uma troca de pensamento entre dois sujeitos (s_1 e s_2) pode ser assim representada: s_1 enuncia uma proposição (falsa ou verdadeira); s_2 encontra-se de acordo (ou não, em diversos graus); o acordo (ou desacordo) une s_2 pela continuação das trocas; o engajamento de s_2 confere à proposição de s_1 um valor de validade (positivo ou negativo), tornando válidas (ou não) as trocas futuras entre os sujeitos.

Nesta perspectiva, o valor de uma proposição está diretamente relacionado ao reconhecimento e à valorização que a ela é conferido pelo outro (colega/parceiro), de modo que "o indivíduo α é valorizado por α' proporcionalmente ao serviço que lhe foi prestado" (Piaget, 1973, p.121). Destaca-se que, para Piaget, "cada um pode perceber, com efeito, se seus atos são avaliados mais alto do que lhe custaram, menos alto ou com equivalência entre o resultado e o esforço despendido" (1973, p.124).

Dessa forma, entende-se que a compreensão da dinâmica de trocas interindividuais, proposta por Piaget (1973), permite um novo olhar sobre a questão da avaliação em AVAs, uma vez que a visualização deste processo possibilita o acompanhamento do percurso de aprendizagem engendrado pelos participantes de um curso. Além disso, pensar a avaliação a partir da dinâmica das trocas piagetianas possibilita constituir uma proposta de avaliação para contemplar o produto no processo.

Dessa forma, percebe-se que as interações interindividuais evidenciam três aspectos/critérios complementares: conteúdo da mensagem, valor de troca e tipo.

O conteúdo de determinada mensagem determina o eixo conceitual, que pode ser epistemológico, tecnológico, afetivo, social, ou ainda uma combinação deles. Entende-se que o conteúdo, além de permitir parâmetros avaliativos, vai estimular ou não uma troca entre pares.

O valor de troca se constitui a partir do efeito que uma mensagem/contribuição produz no grupo, quanto maior o número de mensagens vinculadas à mensagem original, maior o valor desta mensagem.

O terceiro aspecto refere-se ao tipo de mensagem postada. O tipo refere-se às características do texto postado, que pode ser comentário, resposta, reflexão, pergunta e outros. Assim como o conteúdo, o tipo da mensagem também pode estar relacionado à continuidade ou não de uma troca.

Sendo assim, considera-se, neste capítulo, que a avaliação da aprendizagem no plano interindividual envolve a interconexão entre conteúdo, tipo e valor de troca, conforme Figura 4.4:

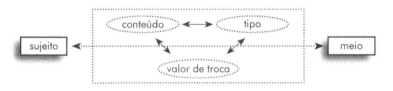

Figura 4.4
Indicadores para análise das interações: plano interindividual.

Entende-se que os indicadores para análise das interações, nos planos individual e interindividual, constituem critérios capazes de subsidiar a avaliação da aprendizagem em um AVA. Entretanto, a elaboração de uma proposta para avaliação da aprendizagem em AVAs deve contemplar a análise destes indicadores de forma contextualizada.

FERRAMENTAS PARA ACOMPANHAMENTO DO PROCESSO DE AVALIAÇÃO EM AMBIENTES VIRTUAIS DE APRENDIZAGEM

Nesta seção são apresentadas ferramentas e/ou módulos de visualização de interações entre os participantes de um curso/aula a distância, já desenvolvidos e em uso em diferentes AVAs, como, por exemplo, ROODA (UFRGS), Teleduc (UNICAMP) e Moodle.

ROODA

O AVA ROODA (Rede cOOperativa de Aprendizagem)[3] foi desenvolvido pela equipe interdisciplinar do NUTED/UFRGS.[4]

Os conceitos de rede, cooperação e aprendizagem deram origem ao nome do ambiente ROODA e fundamentam sua concepção (Behar et al., 2001). O conceito de *rede* envolve tanto a interconexão de computadores quanto a interação entre os sujeitos (alunos, professores), envolvidos em cursos/aulas utilizando o ambiente. As concepções de *aprendizagem* e de *cooperação* estão embasadas nos pressupostos piagetianos. Nesta perspectiva, o ambiente ROODA contempla ferramentas que possibilitam encontros vituais e espaços de convivência, de forma a permitir o encontro casual, o debate e a coordenação de pontos de vista. O ambiente foi desenvolvido de forma a potencializar espaços de liberdade e autonomia aos estudantes durante o processo de construção do conhecimento, entendendo a interação como princípio fundamental da aprendizagem.

A ferramenta interROODA[5], foi desenvolvida de forma a possibilitar a visualização das interações que se dão no AVA ROODA. É composta por dois módulos complementares (Bassani, 2006):

a) acompanhamento de acesso e frequência;
b) trocas interindividuais.

O módulo *acompanhamento de acesso e frequência* apresenta dados quantitativos referentes à presença no ambiente ROODA, envolvendo acessos ao ambiente, aos cursos/disciplinas e às funcionalidades disponíveis, além de acesso aos textos/mensagens postadas em cada ferramenta. Este módulo centra-se nas ações e nos resultados de um sujeito específico, neste caso, o sujeito que está sendo avaliado. Dessa forma, direciona a avaliação em uma perspectiva individual.

---

[3] http://ead.ufrgs.br/rooda
[4] http://www.nuted.edu.ufrgs.br
[5] Este trabalho foi selecionado como um dos cinco melhores do Brasil e contemplado no Programa de Apoio à Pesquisa em Educação a Distância (PAPED 2005). O PAPED é um Programa desenvolvido pela Secretaria de Educação a Distância (SEED), em parceria com a Fundação Coordenação de Aperfeiçoamento de Pessoal de Nível Superior (CAPES), para apoiar projetos que visem ao desenvolvimento da educação presencial e/ou a distância

O controle do número de acessos e contribuições permite que o professor avalie os alunos pela quantidade de mensagens postadas. Entretanto, em uma proposta avaliativa apoiada no paradigma construtivista-interacionista, esse critério apresenta subsídios superficiais para a avaliação da aprendizagem, contemplando apenas aspectos relacionados à participação nas atividades propostas. Além disso, uma avaliação pautada no número de mensagens postadas apresenta limitações, uma vez que nem sempre a quantidade de mensagens está relacionada ao conteúdo específico da disciplina. Dessa forma, entende-se que um critério de avaliação pautado nos acessos e no número de mensagens postadas apresenta limitações. Entretanto, o professor pode fazer uso dessas informações para acompanhar/verificar se os alunos estão participando e delinear propostas de ação/intervenção. Nesse caso, os dados quantitativos fornecem subsídios para uma análise qualitativa.

O módulo de *trocas interindividuais* busca direcionar a avaliação em uma perspectiva interindividual. O mapeamento das trocas interindividuais pretende refletir a dinâmica das interações que se constituem entre os sujeitos participantes de um AVA. Dessa forma, possibilita avaliar o percurso de aprendizagem do aluno de forma contextualizada, em que cada contribuição pode ser analisada não apenas pelo conteúdo, mas também pela integração com as demais mensagens.

Este módulo busca mapear as trocas qualitativas em uma perspectiva piagetiana (1973), em que se entende que o valor de uma proposição (ou mensagem postada) está diretamente relacionado ao reconhecimento e à valorização que a ela é conferida pelo outro (colega). Neste estudo, considera-se que o valor de uma proposição/mensagem está diretamente relacionado ao efeito produzido no grupo e expresso pelo número de interações desencadeadas entre os sujeitos participantes. Assim, a ferramenta interROODA apresenta o número de interações vinculadas a uma mensagem como forma de indicar o seu valor.

Neste módulo o professor tem acesso a todas as mensagens de um aluno participante em determinado tópico de um fórum de discussão. Cada mensagem é classificada em enunciado ou citação, conforme representado na Figura 4.5. Considera-se, aqui, o enunciado como sendo as mensagens que abrem uma nova discussão (mensagem-pai), e a citação, como toda resposta a um enunciado ou a outra citação (mensagem-filho).

A ferramenta interROODA facilita o acesso às mensagens postadas no ambiente, possibilitando diversos tipos de consultas *on-line*. Dessa forma, permite, tanto ao professor quanto ao aluno, diferentes tipos de navegação e visualização de dados quantitativos e qualitativos. A modelagem dessa ferramenta teve como eixo norteador a concepção construtivista-interacionista de aprendizagem. Entretanto, a leitura e a interpretação dos dados apresentados pela interROODA, tendo como foco a avaliação da aprendizagem, pode ser feita à luz de diferentes paradigmas.

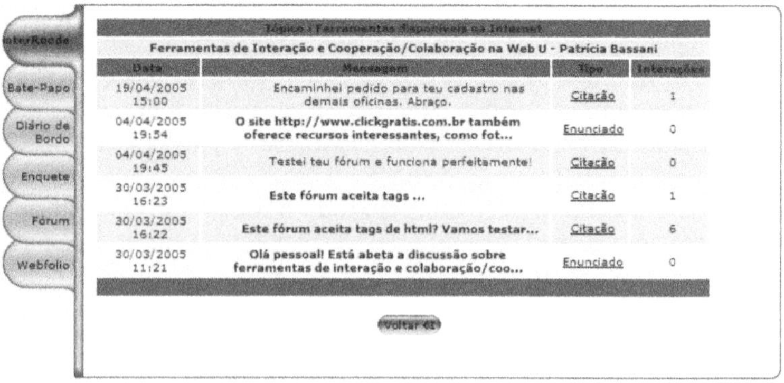

108 Behar & cols.

Figura 4.5
Trocas interindividuais.

Teleduc

O TelEduc[6] é um ambiente de ensino a distância que está sendo desenvolvido[7] conjuntamente pelo Núcleo de Informática Aplicada à Educação (Nied) e pelo Instituto de Computação (IC) da Universidade Estadual de Campinas (Unicamp).

Ele possui uma ferramenta chamada Acessos, em que é possível verificar o relatório de acessos e o relatório de frequência. O relatório de acessos apresenta o número de acessos de cada aluno/professor/formador, informando a data do último acesso; porém, não permite buscar por período (data inicial e final), pois os dados são relativos a todo o curso, desde seu início até a data da consulta.

O relatório de frequência permite a visualização dos acessos em cada uma das ferramentas do TelEduc, como correio, bate-papo, mural, além de possibilitar a verificação detalhada dos acessos ao ambiente. Ao contrário do relatório descrito anteriormente, este apresenta as datas e os horários dos acessos.

Além da ferramenta Acessos, o ambiente TelEduc possui uma ferramenta para visualização da interação chamada Intermap (Romani, 2000). O Intermap foi desenvolvido para mapear graficamente a interação e a participação dos atores (professor e aluno) envolvidos em um curso no TelEduc.

A Intermap busca os dados armazenados no ambiente por meio das várias ferramentas de comunicação[8] apresentando de forma gráfica os resulta-

---

[6] http://teleduc.nied.unicamp.br/teleduc/
[7] O ambiente TelEduc caracteriza-se por estar em contínuo processo de desenvolvimento (conforme informações do *site*).
[8] Correio, grupo de discussão e bate-papo (*chat*).

dos, sem modificar a base de dados, permitindo a análise de um curso específico ou de toda a base de dados.

A ferramenta Intermap possui três funcionalidades (mapa da interação, gráfico e fluxo da conversação), relacionadas a cada uma das ferramentas de comunicação, conforme o Quadro 4.4.

Quadro 4.4 Funcionalidades da ferramenta Intermap

Funcionalidade	Ferramentas de comunicação
Mapa da interação	• Correio • Fórum de discussão • Bate-papo
Gráfico: • Gráfico de barras • Tabelas textuais	• Correio • Fórum de discussão • Bate-papo
Fluxo da conversação	• Fórum de discussão • Bate-papo

O *mapa de interação* (Figura 4.6) é representado por meio de um grafo cujos nós representam os participantes do curso e cujas ligações representam

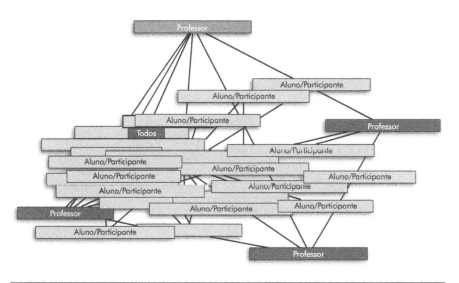

Figura 4.6
Mapa da interação.

as mensagens. Essa funcionalidade também está presente em todas as ferramentas de comunicação.

Os *gráficos* foram implementados para apresentar as informações quantitativas (número de mensagens enviadas por período – dia/mês/ano/semana – e/ou por categoria (todos os participantes/somente alunos/somente formadores).

O *fluxo da conversação* ilustra a troca de mensagens realizada nas ferramentas de grupo de discussão e bate-papo, ilustrando as mensagens enviadas pelos alunos e também a intervenção do professor. É possível acessar o conteúdo das mensagens e o perfil do aluno (clicando sobre seu nome).

A técnica de visualização de informações utilizada na implementação da ferramenta Intermap teve como objetivo "diminuir o esforço cognitivo dos usuários na obtenção de informação sobre a participação e a interação dos indivíduos nos cursos" (Romani, 2000, p.110).

MOODLE

O Moodle[9] é um AVA desenvolvido em código aberto (*open source*) a partir de princípios pedagógicos. Este ambiente possibilita o acompanhamento das atividades realizadas por meio de relatórios de acesso. A avaliação das atividades é registrada por meio de notas, permitindo a definição de categorias e a configuração pesos. O ambiente permite, também, a conversão automática dos pesos para conceitos finais.

O acompanhamento do percurso do aluno, neste ambiente, é realizado a partir do relatório de acessos. Este relatório apresenta os espaços e as atividades visitados pelo aluno. Também permite a visualização das atividades realizadas e registro de parecer descritivo da avaliação.

O ambiente possibilita a visualização das mensagens postadas por determinado aluno de forma isolada, ou no seu contexto de origem, apresentando a lista de enunciados/citações de forma agrupada.

CONSIDERAÇÕES FINAIS

Considerando-se as reflexões realizadas ao longo deste capítulo, verifica-se que uma avaliação da aprendizagem pautada tanto nos acessos e no número de mensagens postadas quanto no conteúdo enfatiza o produto em relação ao

---

[9] http://moodle.org

processo. Entretanto, o intercruzamento desses critérios pode potencializar a avaliação da aprendizagem em ambientes virtuais, já que permite uma ressignificação dos dados quantitativos. Dessa forma, os dados quantitativos não são considerados apenas como critério de avaliação, mas como possibilidade de intervenção pedagógica.

Sendo assim, entende-se que um critério de avaliação pautado apenas nos acessos e no número de mensagens postadas apresenta limitações, mas o professor pode fazer uso dessas informações para acompanhar/verificar se os alunos estão participando e delinear propostas de ação/intervenção, com ênfase em uma avaliação formativa. A avaliação, em uma perspectiva formativa, é pautada no constante acompanhamento do processo de aprendizagem do aluno e na intervenção do professor, quando necessária. A partir do número de acessos e de mensagens postadas por um aluno, o professor pode acompanhar a frequência e a participação dele nas atividades propostas.

Sendo assim, considera-se que o mapeamento das interações pode facilitar o processo de avaliação da aprendizagem, sob vários aspectos:

a) possibilitar ao aluno a regulação de seus processos de pensamento e aprendizagem;
b) permitir ao professor a análise do processo de construção de conhecimento dos alunos, a partir do acompanhamento de sua produção individual, e também fornecer subsídios para possíveis/necessários ajustes no processo de ensino-aprendizagem;
c) evidenciar processos coletivos de construção de conhecimento, considerando as interações que se dão em âmbito de sala de aula (neste caso AVA) como facilitadoras da aprendizagem.

Percebe-se que na concepção das diferentes ferramentas apresentadas há um movimento em busca de um mapeamento das interações entre os participantes do processo, possibilitando a avaliação do percurso de aprendizagem do aluno de forma contextualizada, em que cada contribuição pode ser analisada não apenas pelo conteúdo, mas também pela integração com as demais mensagens. Entretanto, percebe-se ainda um grande campo de investigação no que se refere à avaliação em educação a distância, especialmente de forma a contemplar novas propostas de navegação ou coleta de dados, algoritmos para categorização de mensagens postadas ou ainda mapeamento dos conceitos desenvolvidos, de forma a permitir ao professor a visualização do caminho percorrido pela turma ao longo do curso ou em determinado período.

Entende-se que um estudo sobre a interação em AVA poderá desencadear uma nova postura frente à tarefa da avaliação da aprendizagem na modalidade de educação a distância.

REFERÊNCIAS

BASSANI, P. B. S. *Mapeamento das interações em ambiente virtual de aprendizagem*: uma possibilidade para avaliação em educação a distância. Tese (Doutorado) –PPGIE, Universidade Federal do Rio Grande do Sul, Porto Alegre, 2006..

BECKER, F. *Educação e construção do conhecimento*. Porto Alegre: Artmed, 2001.

BEHAR, P. A. et al. A elaboração de uma metodologia didático-pedadógica para investigação em ambientes virtuais de aprendizagem. In: SEMINÁRIO NACIONAL DE TECNOLOGIA NA EDUCAÇÃO, 2., 2005, Caxias do Sul. [Anais]... Caxias do Sul: UCS, 2005a.

BEHAR, P. A. et al. A definição de eixos conceituais e indicadores para uma metodologia didático-pedagógica voltada para ambientes virtuais de aprendizagem. In: SEMINÁRIO DE EDUCAÇÃO, TECNOLOGIA E SOCIEDADE, 1O., 2005, [Anais]... Taquara: FACCAT, 2005b.

BEHAR, P. A. et al. ROODA: Rede cooperativa de aprendizagem: uma plataforma de suporte para aprendizagem a distância. *Informática na Educação*: Teoria & Prática, Porto Alegre, v. 4, n. 2, p. 87-96, dez. 2001.

BLOOM, B. S.; HASTINGS, J. T.; MADAUS, G. F. *Manual de avaliação formativa e somativa do aprendizado escolar*. São Paulo: Pioneira, 1983.

CAMPOS, F. C. A. et al. *Cooperação e aprendizagem on-line*. Rio de Janeiro: DP&A, 2003.

DEMO, P. *Complexidade e aprendizagem*: a dinâmica não linear do conhecimento. São Paulo: Atlas, 2002.

DOLLE, J.-M. *Para além de Freud e Piaget:* referenciais para novas perspectivas em psicologia. Petrópolis: Vozes, 1993.

HOFFMANN, J. *Avaliar para promover*. Porto Alegre: Mediação, 2001.

JORBA, J.; SANMARTÍ, N, A função pedagógica da avaliação. In: BALLESTER, M. et al. *Avaliação como apoio à aprendizagem*. Porto Alegre: Artmed, 2003. p. 23-46.

LACHI, R. L. *Chapa*: um agente de interface para ferramentas de batepapo em ambientes de ensino à distância na web. 2003. Dissertação (Mestrado em Ciência da Computação) – Instituto de Computação, Universidade Estadual de Campinas, Campinas, 2003.

MARASCHIN, C. A autoria como um modo de viver no conversar. In: VALENTINI, C. B.; SOARES, E. M. S. (Org.). *Aprendizagem em ambientes virtuais: compartilhando ideias e construindo cenários*. Caxias do Sul: Educs, 2005. p. 103-117.

PIAGET, J. *A epistemologia genética/sabedoria e ilusões da filosofia/problemas de psicologia genética*. 2. ed. São Paulo: Abril Cultural, 1983. (Os pensadores).

_____ . *Abstração reflexionante*. Porto Alegre: Artmed, 1995.

_____ . *Estudos sociológicos*. Rio de Janeiro: Forense, 1973.

_____ . *O juízo moral na criança*. São Paulo: Summus, 1994.

_____ . *O nascimento da inteligência na criança*. 2. ed. Rio de Janeiro: Zahar, 1975.

PIAGET, J.; INHELDER, B. *A psicologia da criança*. Rio de Janeiro: Difel, 2003.

QUINQUER, D. Modelos e enfoques sobre avaliação: o modelo comunicativo. In: BALLESTER, M. et al. *Avaliação como apoio à aprendizagem*. Porto Alegre: Artmed, 2003. p. 15-22.

QUINTANA, H. E. O portfólio como estratégia para a avaliação. In: BALLESTER, M. et al. *Avaliação como apoio à aprendizagem*. Porto Alegre: Artmed, 2003. p. 163-173.

ROMANI, L. A. S. *Intermap:* ferramenta para visualização da interação em ambientes de educação a distância na web. 2000. 120 f. Dissertação (Mestrado) –UNICAMP, São Paulo, 2000.

ROMÃO, J. *Avaliação dialógica:* desafios e perspectivas. 3. ed. São Paulo: Cortez, 2001.

VASCONCELLOS, C. *Avaliação da aprendizagem:* práticas de mudança: por uma práxis transformadora. 3. ed. São Paulo: Libertad, 1998.

5
A construção de ambientes virtuais de aprendizagem através de projetos interdisciplinares

Sílvia Meirelles Leite
Patricia Alejandra Behar
Maria Luiza Becker

INTRODUÇÃO

Este capítulo reflete sobre a construção de ambientes virtuais de aprendizagem (AVAs) em projetos interdisciplinares, enfocando a constituição do objeto de estudo desses projetos e as relações interdisciplinares entre os projetistas e destes com o referido objeto. Para tanto, propõe-se um estudo de caso com a equipe dos projetos do Núcleo de Tecnologia Digital Aplicada à Educação (NUTED) que trabalha com a construção de AVAs, o que envolve a sua concepção, o seu desenvolvimento e a sua avaliação. Entende-se que os projetos interdisciplinares voltados à pesquisa e ao desenvolvimento tecnológico para educação a distância (EAD) são um fenômeno presente em contextos nacionais e internacionais.

Assim, define-se como contexto deste estudo o NUTED, grupo que trabalha com a pesquisa e o desenvolvimento de tecnologias digitais, visando dar suporte a situações de educação presencial e a distância. Dentre suas linhas de pesquisa, destaca-se a denominada Ambientes Virtuais de Aprendizagem, na qual estão inseridos os projetos dos AVAs ROODA[1], PLANETA ROODA[2] e ETC[3]. Tais projetos são realizados por equipes interdisciplinares, compostas por projetistas da educação, da programação e do *design*, o que possibilita o conflito de ideias e a construção de novos conhecimentos em torno desses ambientes.

---

[1] www.ead.ufrgs.br/rooda
[2] www.nuted.edu.ufrgs.br/planetarooda
[3] www.nuted.edu.ufrgs.br/etc

Tendo em vista as atividades do NUTED em EAD, principalmente no que se refere à pesquisa e à construção de AVAs, propõe-se um estudo de caso com os projetos ROODA, PLANETA ROODA e ETC, a fim de entender como se constitui a elaboração de novos conhecimentos em projetos interdisciplinares e como isso reflete na reorganização do próprio projeto. De acordo com Yin (2005), o estudo de caso é uma investigação empírica de um fenômeno contemporâneo no seu contexto, sendo que não estão claramente definidos os limites entre fenômeno e contexto. Logo, neste capítulo, delimita-se como fenômeno os projetos interdisciplinares de AVAs, tendo como caso as relações interdisciplinares entre os projetistas e os conhecimentos disciplinares. As fontes de evidências usadas na coleta de dados foram entrevistas com projetistas, listas de discussão utilizadas pelos projetistas e telas desenhadas na construção desses AVAs.

A partir dessas experiências, busca-se refletir sobre a constituição de projetos interdisciplinares que atuam em EAD, visando contribuir para uma melhoria de suas práticas metodológicas e conceituais. Para compreender tal processo, esse estudo fundamenta-se na epistemologia genética de Jean Piaget, que teoriza sobre a construção de conhecimentos a partir das interações dos sujeitos com o meio físico e social. Piaget (2006; 1976) enfatiza a importância da interdisciplinaridade para o desenvolvimento técnico e científico, colaborando para uma reorganização dos domínios do saber e possibilitando recombinações construtivas. Destaca-se que a própria EAD é uma área do conhecimento de natureza interdisciplinar, ou seja, caracteriza-se por ter sido originada do encontro entre diferentes disciplinas, constituindo-se a partir da reorganização de suas propostas. Tal perspectiva subsidiou as atividades dos projetos pesquisados neste capítulo, tendo em vista que os AVAs ROODA, PLANETA ROODA e ETC foram construídos a partir das coordenações de ações entre educadores, *designers* e programadores.

CONTEXTO DO ESTUDO DE CASO: O NUTED

O NUTED é um grupo de pesquisa da UFRGS que trabalha com tecnologias digitais aplicadas à educação, articulando ensino, pesquisa e extensão. É constituído por um grupo interdisciplinar de professores e alunos do ensino superior, que investem na construção de um aporte teórico e tecnológico voltados à informática na educação, principalmente no que concerne a AVAs e à EAD.

AVA é um termo usado para definir uma plataforma de *software* multiusuário disponível via *web* que dá suporte a cursos presenciais e a distância, que integra ferramentas que possibilitam a interação entre os usuários, o compartilhamento de arquivos e gerenciamento de turmas. Outra sigla usada para se referir a um AVA é LMS (*learning management system*), ou seja, sistema de gestão de aprendizagem. Já foram realizados vários estudos sobre esse tipo de recurso para EAD; também existem diferentes AVAs *software* livre e comerciais desenvolvidos no Brasil e no exterior. Os AVAs construídos pelos projetos do NUTED baseiam-se na filosofia do *software* livre e buscam potencializar o trabalho coletivo via internet.

A Figura 5.1 apresenta uma linha cronológica com as atividades do NUTED na linha de pesquisa AVA. Nessa figura pode-se observar que o projeto ROODA iniciou no primeiro semestre de 2000, tendo como objetivo a construção de um AVA voltado à educação superior e ao ensino médio. Suas primeiras versões foram usadas em caráter experimental na FACED/UFRGS. Os projetos CRIANET (voltado ao público infantil) e ETC (um edito de texto coletivo disponível via *web*) iniciaram no segundo semestre de 2001, sendo que o projeto CRIANET encerrou em 2003. Também em 2003, como relata Behar (2005a), o ROODA passou a fazer parte do projeto de EAD da UFRGS como uma das plataformas institucionais de aprendizagem. Entre julho de 2003 e março de 2005, as atividades dos projetistas concentraram-se no projeto ROODA e no seu processo de institucionalização. No primeiro semestre de 2005 houve uma reorganização do grupo, que começou a construção da nova versão do ETC (2006b) e a construção do PLANETA ROODA (2006a), sendo o segundo um AVA voltado à educação infantil e às séries iniciais do ensino fundamental.

Destaca-se que este capítulo descreve as atividades do NUTED na linha de pesquisa AVAs entre julho de 2003 e novembro de 2006, período que

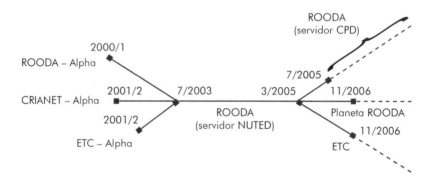

Figura 5.1
Linha cronológica das atividades do NUTED na linha de pesquisa AVA.

abarca o processo de concepção, desenvolvimento e avaliação dos três projetos analisados. Tal período compreende a construção do ROODA (enquanto esteve apenas no servidor do NUTED, entre 7/2003 e 7/2005); do PLANETA ROODA (entre 3/2005 e 11/2006); e do ETC (entre 3/2005 e 11/2006).

Com a construção dos novos ambientes, a sistemática de trabalho do núcleo, que durante um tempo concentrou esforços no ROODA, foi reestruturada. Assim, na Figura 5.2, apresenta-se a organização do grupo de pesquisa no que concerne à linha de pesquisa AVAs, bem como aos subgrupos que participam desse processo. Nessa linha de pesquisa, o NUTED está dividido nos subgrupos da educação, da programação e do *design*, de modo que cada um deles é composto por projetistas oriundos dessas áreas do conhecimento. Integrantes dos três subgrupos participam dos três projetos que constroem os AVAs: ROODA, PLANETA ROODA e ETC. Cada projeto recebe o nome do AVA pelo qual é responsável, sendo composto por educadores, programadores e *designers*, que formam subequipes. Ressalta-se que existe uma troca constante entre as subequipes de projetos diferentes, sendo comum, por exemplo, os programadores do PLANETA ROODA trocarem ideias com os programadores do ROODA e do ETC.

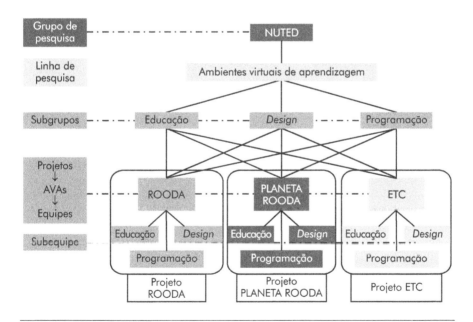

Figura 5.2
Organização dos projetos e dos subgrupos do NUTED na linha de pesquisa AVAs.

PROJETO INTERDISCIPLINAR: UMA ABORDAGEM PIAGETIANA

Tendo em vista a constituição interdisciplinar dos projetos do NUTED, tanto pela complexidade de seu objeto de estudo quanto pela organização da equipe, buscam-se subsídios na teoria piagetiana para refletir sobre o conceito de interdisciplinaridade e sobre como se constituem as relações interdisciplinares na construção dos AVAs. Com isso, passa-se a enfocar o tratamento do objeto de estudo a partir das interações entre os projetistas. Entende-se que um projeto interdisciplinar voltado à pesquisa e ao desenvolvimento tecnológico em EAD se constitui por meio:

1. do delineamento do seu objeto de estudo (nesse caso o AVA);
2. da relação entre os projetistas oriundos de diferentes disciplinas;
3. da relação dos projetistas com o objeto de estudo.

A interdisciplinaridade é um tema recorrente na epistemologia genética, tanto por suas práticas de pesquisa quanto pela abordagem desse tema como objeto de estudo. Nessa perspectiva, a interdisciplinaridade é entendida como uma totalidade que se constitui a partir das relações interdisciplinares, em um jogo entre partes (conhecimento disciplinar) e todo (o conhecimento que está sendo construído). É nesse processo de interações e reconstruções que se configuram as possibilidades da investigação interdisciplinar, bem como de suas práticas no desenvolvimento científico e tecnológico.

De acordo com Piaget (1976), a investigação interdisciplinar pode ter como origem uma preocupação com as estruturas e os mecanismos comuns entre diferentes disciplinas ou com os métodos comuns, podendo ainda ocorrer os dois tipos simultaneamente. Esse processo pode começar pela comparação dos problemas de pesquisa das disciplinas envolvidas, de modo que podem ser encontrados problemas de pesquisa que convergem, mesmo estando presentes em áreas distintas da ciência. Para resolvê-los, é necessário recorrer às noções fundamentais das disciplinas envolvidas, identificando pontos de integração e de diferenciação, o que agrega transformações e produção de novos conhecimentos.

Assim, entende-se que a interdisciplinaridade é pautada pelas trocas e pela autorregulação dos especialistas como produtores de conhecimentos científicos, o que dá visibilidade aos conflitos e aos desequilíbrios decorrentes do encontro entre concepções distintas. No entanto, as relações interdisciplinares não se resumem a fatores subjetivos, como a boa vontade dos especialistas para que as interações se estabeleçam. Também é necessária a existência efetiva de problemas e normas formais comuns às diferentes disciplinas, que são ou que remetem aos mecanismos operatórios correspondentes à evolução das estruturas lógicas.

De acordo com Piaget (2006; 1976; Inhelder et al., 1978), o caráter inovador da interdisciplinaridade está em um mecanismo auto-organizador que esse traz soluções e levanta novos problemas. Com isso, tem-se o caráter construtivista das relações interdisciplinares, que, por meio de equilíbrios parciais, desequilíbrios e reequilibrações majorantes, possibilita a criação de novidades no terreno cognitivo. Esse mecanismo fundamenta-se na assimilação recíproca entre as disciplinas convergindo para sínteses (novos conhecimentos).

As fronteiras entre as disciplinas científicas estão fundadas nos seus observáveis; entretanto, o progresso do conhecimento científico e tecnológico requer que se ultrapasse o fenômeno em si, sendo necessário investir nas coordenações e na análise das relações causais e explicativas. Ao explicar os dados observados, começam a surgir novas dúvidas, sendo preciso consultar as disciplinas vizinhas, transpondo as fronteiras. Logo, o desenvolvimento científico e tecnológico tem na interdisciplinaridade uma de suas principais características, tendo em vista as múltiplas interconexões que constituem os conhecimentos. As fronteiras das disciplinas científicas não vão estar necessariamente conservadas no futuro da maneira como as conhecemos; suas fronteiras longitudinais tentem a ser revistas, possibilitando novas dimensões transversais.

As relações interdisciplinares requerem a superação da inércia de práticas adquiridas, sendo que para superar essa fragmentação disciplinar é necessária uma epistemologia que atente às especificidades dos campos de estudo e à complexidade das conexões entre as ciências. Isso envolve uma tomada de consciência das metodologias empregadas e uma construção de estruturas comuns, o que comporta uma reorganização do saber por recombinações construtivas e assimilações recíprocas entre as áreas envolvidas. Ou seja, por meio das interações entre os especialistas das disciplinas ocorre uma modificação em suas estruturas, uma integração de novos objetos e uma evolução do corpo conceitual, sendo propostos elementos de comparação a partir de diferentes enfoques. Com isso, passa-se a trabalhar com dúvidas, incertezas e impasses, o que exige mobilizações de esforços e contribui para uma reestruturação do objeto de estudo e dos conceitos que o subsidiam. Assim, têm-se avanços na construção de conhecimento, que passa de um patamar inferior para um superior, por meio das coordenações entre os conhecimentos disciplinares e de abstrações reflexionantes por parte dos projetistas.

Tendo em vista essa abordagem piagetiana, entende-se aqui que a constituição de projetos interdisciplinares caracteriza-se pela construção de novos conhecimentos, pelo equilíbrio temporário (resultante de regulações e de autorregulações) e pelas trocas (de materiais e informações). Nesse processo tem-se a delimitação de objetos de estudo a partir do jogo com as possibilidades e divergências entre as disciplinas, ou seja, ao estabelecer as relações em torno do objeto de estudo, a fim de assimilá-lo, os projetistas vão delimitando o que aproxima e diferencia suas disciplinas na forma de tratar esse objeto. Por outro lado, também ocorre uma integração composta por sínteses, que constituirão um mesmo objeto estruturado. Logo, tem-se um processo dialético de integração interdisciplinar (um todo integrado com construção de novas estruturas) e diferenciação disciplinar (delimitação das fronteiras das disciplinas e conhecimento disciplinar consistente).

Nessa perspectiva, um projeto interdisciplinar é entendido a partir da ideia de totalidade e de enriquecimento mútuo entre todo e partes, em um processo complexo que comporta a interação entre diferentes disciplinas e a construção de novos conhecimentos. Nisto se configura um princípio teórico-metodológico que tem como alicerces a cooperação entre projetistas de diferentes disciplinas e a construção de estruturas majorantes a partir de abstrações reflexionantes.

De acordo com Piaget (1995), a abstração reflexionante apoia-se sobre as coordenações de ações do sujeito, de modo que ele reorganiza seus esquemas para incorporar uma novidade. Logo, ocorre uma mudança de conduta, pois nesse processo de reorganização tem-se um estabelecimento de novas relações, uma constatação de novos observáveis e uma reconstrução de conhecimentos qualitativamente mais elaborados, caracterizando a criação de novidades. A cooperação, por outro lado, é "operar em comum, isto é, ajustar por meio de novas operações (qualitativas ou métricas) de correspondência, reciprocidade ou complementaridade, as operações executadas por parceiro" (Piaget, 1973, p.105). Ela comporta um sistema de operações e de ações interindividuais que são regidas por leis de equilíbrio, caracterizando-se pela conservação e pela reversibilidade de pensamento. Por meio do trabalho em grupo o sujeito exerce a atividade intelectual e, por meio da cooperação, constrói o pensamento racional. Com isso, tem-se um processo dialético e solidário de delimitação do objeto de estudo do grupo e de reorganização do saber por meio de abstrações reflexionantes.

Tal processo é possibilitador e possibilitado pelas relações interdisciplinares, de modo que com as trocas entre os projetistas e com as assimilações recíprocas entre as áreas envolvidas ocorre uma integração de novos objetos e uma mudança de conduta dos envolvidos. Esses avanços se refletem no objeto de estudo que está sendo pesquisado e construído e na própria organização da equipe responsável pelo projeto. Ressalta-se que, assim como a cooperação e a razão, a interdisciplinaridade depende da superação de interesses, submissões e ilusões subjetivas. Ou seja, as relações interdisciplinares caracterizam-se por serem racionais, lógicas e efêmeras.

No caso de grupos de pesquisa interdisciplinares que trabalham com a construção de AVAs, como ocorre no NUTED, os projetistas precisam reorganizar suas práticas de trabalho, enfocando as interfaces e as interconexões entre as disciplinas. Esse processo é enriquecido pelos conflitos cognitivos decorrentes do encontro entre as diferentes perspectivas, o que, em princípio, não pode ser visto como um entrave que precisa ser evitado, pois instiga reflexões e reflexionamentos que fazem avançar os projetos. A partir disso, são confrontadas e articuladas diferentes áreas do conhecimento, tanto nos conceitos quanto nos procedimentos metodológicos, abrindo novas possibilidades em compreensão e em extensão para o objeto de estudo e os conceitos envolvidos.

Assim, entende-se que a execução de um projeto interdisciplinar requer cooperação entre os projetistas e abstrações reflexionantes por parte dos envolvidos, compondo uma totalidade que é pautada pela relação entre os diferentes saberes.

O CASO DOS PROJETOS ROODA, PLANETA ROODA E ETC

A EAD é uma área de pesquisa e desenvolvimento tecnológico que se consolidou a partir das relações interdisciplinares. Assim, a constituição de projetos interdisciplinares foi sendo colocada como uma necessidade e um desafio para essa área, inclusive no que se refere à construção e à utilização de AVAs. Ao propor um estudo de caso com os projetos ROODA, PLANETA ROODA e ETC, busca-se discutir sobre como se constituem as relações interdisciplinares no decorrer do processo de execução desses projetos.

De acordo com Yin (2005), o estudo de caso contempla questões de pesquisa do tipo "como" e "por que", sem que para isso seja preciso um controle dos eventos comportamentais. Essa proposta vai ao encontro dos estudos de Piaget (2006, 1995, 1976, 1973), que investigou como os sujeitos constroem novos conhecimentos e como se desenvolve o conhecimento científico. Para Yin, ao investigar um fenômeno contemporâneo no seu contexto tem-se um grande número de variáveis presentes na pesquisa, o que subsidia a convergência das evidências em formato de triângulo. Nessa perspectiva, propõe-se para esse trabalho a triangulação entre três fontes de evidências, sendo duas de documentação e outra de entrevista. As fontes de documentação contemplam os debates através das listas de discussão das equipes e os registros nas telas dos AVAs. As evidências foram coletadas nas mensagens enviadas e nas telas apresentadas entre julho de 2003 e novembro de 2006, período que compreende as etapas de concepção, desenvolvimento e avaliação dos referidos projetos.

Também foram realizadas entrevistas focais com projetistas que participaram do processo de construção dos AVAs, o que ocorreu entre fevereiro e julho de 2007. Com elas, vislumbraram-se reflexões sobre o processo interdisciplinar vivenciado nos projetos e sobre como isso afetou o trabalho do grupo e a delimitação do que precisaria ser executado. Ao todo foram 17 entrevistas, divididas entre projetistas da educação, do *design* e da programação. Os critérios usados para escolher quem seria entrevistado foram a efetiva colaboração ao projeto e a participação em três ou duas etapas do processo de construção dos AVAs. Alguns entrevistados participaram de dois projetos (ROODA e ETC ou ROODA e PLANETA ROODA); outros participaram de apenas um dos três projetos referidos neste capítulo.

A partir da triangulação entre as evidências coletadas, bem como da articulação entre essas evidências e a teoria de base, são propostas duas categorias de análise. Essas categorias visam subsidiar a compreensão sobre como se constituem projetos interdisciplinares de AVAs, podendo, também, servir como referência para um maior entendimento sobre outros projetos que enfoquem o desenvolvimento científico e tecnológico em EAD.

A construção de ambientes virtuais de aprendizagem no NUTED

A execução de um projeto interdisciplinar voltado à construção de AVAs abarca uma reorganização da forma de se trabalhar. Ao mesmo tempo em que os projetistas oriundos das diferentes disciplinas têm atribuições diferentes e objetos de estudo particulares, todos têm um mesmo objetivo (construir o AVA) e um objeto de estudo em comum (o próprio AVA). Para que esse objetivo seja realizado são necessários momentos de debate, em que ocorrem regulações e acordos, e momentos de execução desses acordos. Esse processo constituído por debates-execução-debate-execução vai configurando o próprio projeto, tendo como pressupostos a cooperação entre os projetistas e as suas abstrações reflexionantes.

Tal processo pode ser observado na Figura 5.3, que apresenta a maneira como os projetistas do NUTED se organizaram para construir os AVAs ROODA, PLANETA ROODA e ETC.

Logo, os projetistas, oriundos da educação (E), do *design* (D) e da programação (P), participam da concepção do projeto, mas todos têm atribuições específicas. Os projetistas E são responsáveis pela problematização da aprendizagem em AVAs, pela investigação das práticas pedagógicas e da in-

Modelos pedagógicos em educação a distância **123**

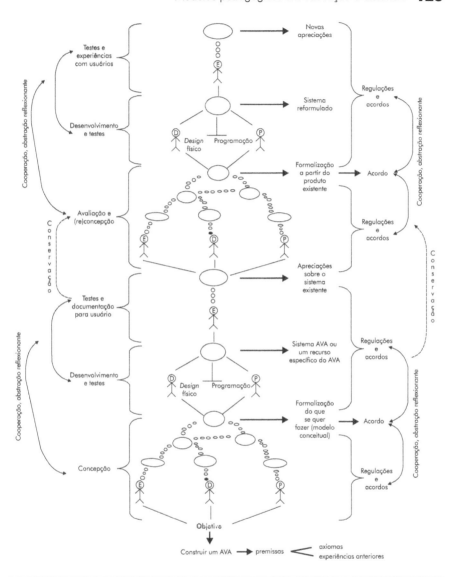

Figura 5.3
Organização das equipes do NUTED no processo de construção dos AVAs.

teração dos usuários nesse tipo de ambiente e pela escrita da documentação para o usuário (denominada Ajuda). Suas pesquisas subsidiam a proposição e o aperfeiçoamento de recursos que potencializem a construção de conhecimento, o que influencia na concepção de usuário de toda a equipe. Os projetistas D trabalham com o desenvolvimento das telas que constituem o *design* físico.[4] Logo, são problematizados os aspectos tecnológicos e os processos interativos, o que envolve decisões sobre a estrutura de informações, o uso de metáfora como modelo de orientação e aparência do fundo, dos botões e dos ícones. Por fim, os projetistas P trabalham com a organização do banco de dados, a escrita do código-fonte e a integração desse código à interface gráfica desenvolvida pelos projetistas D. Para isso, foi preciso que definissem a metodologia de programação e o banco de dados, o que envolveu conhecimentos sobre possibilidades e limitações dos tipos de linguagens e dos sistemas de armazenamento, bem como a busca por novos conceitos e linguagens.

Todos os projetistas partem de um objetivo comum (construir o AVA), que é influenciado por axiomas (derivados de pesquisas científicas precedentes) e de experiências anteriores dos envolvidos (como usuários e/ou projetistas). A partir das interações entre os projetistas, definem-se as principais características do AVA, ou seja, sua concepção, com destaque para proposta do ambiente (o que se quer com ele), funcionalidades (o que ele vai oferecer) e *design* conceitual (como ele vai ser).

Nesse primeiro momento, são estabelecidos acordos, ou seja, a partir das trocas entre os projetistas são criadas regras pautadas pela reversibilidade de pensamento e por um sentimento de obrigação da equipe. Com base em Piaget (1973), entende-se que esses acordos têm como base as relações de cooperação, adquirindo um caráter normativo de ordem operatória, em um processo de valorizações recíprocas entre as disciplinas envolvidas. Além disso, dão subsídios para uma formalização do que será desenvolvido, de modo que, são feitas combinações a partir de elementos retirados das coordenações de operações e das abstrações reflexionantes.

A partir dessa formalização, parte-se para o desenvolvimento do AVA e para a testagem dos seus recursos. O desenvolvimento é feito pelos projetistas D, responsáveis pela elaboração das telas, e pelos projetistas P, responsáveis pela escrita do código fonte. Esse processo de desenvolvimento suscita novas dúvidas sobre a formalização anterior, sendo necessário retomar as trocas com os colegas das outras disciplinas, revendo alguns acordos e reelaborando algumas propostas. O que é desenvolvido pelos projetistas D e P é testado pelos projetistas E, que também são responsáveis pela escrita da documentação

---

[4] De acordo com Preece e colaboradores (2005), o *design* físico envolve questões de cunho prático, que operacionalizam a implementação de um modelo conceitual. Para tanto, destacam-se decisões relativas à apresentação da informação (diálogos e estilos de interação e estruturação dos itens em objetos gráficos), *feedback* (quais mecanismos de navegação oferecer) e combinação de mídias (tipos de ícones usar).

para o usuário. Novamente são trazidas questões sobre a concepção do AVA, como inconsistências na organização dos recursos, e também são apontados problemas de desenvolvimento, como erros de funcionamento.

Esse segundo momento de desenvolvimento e de testes é pontuado pela conservação do que foi definido anteriormente e pela reversibilidade de pensamento, pois é necessário retomar os acordos e trazer os novos elementos apontados, revendo, mediante relações de cooperação, o que foi formalizado. Assim, ocorre uma reelaboração mais rica, que resulta no próprio AVA que está sendo construído.

Nesse processo de trocas entre os projetistas, vai sendo definido e construído o AVA, ou seja, o sistema informático propriamente dito. Logo, o sistema existente passa a ser alvo de novas apreciações por parte de toda a equipe, com questões sendo levantadas e debatidas pelas três disciplinas envolvidas. São trazidos novos elementos para a formalização anterior, mas dessa vez isso é feito a partir de um sistema existente. Com isso, investe-se na avaliação do AVA, que é pontuada pela conservação dos porquês das decisões anteriores; todavia busca-se solucionar os problemas apontados, de modo que os projetistas D e E possam desenvolver os novos acordos/soluções. O sistema avaliado e reformulado pela equipe é testado com os usuários pelos projetistas E, o que traz novas apreciações para a equipe e levanta novos problemas que precisam ser solucionados.

Assim, entende-se que esse processo de concepção, desenvolvimento/testes e avaliação é caracterizado pelos momentos de cooperação e de abstração reflexionante.

Relações interdisciplinares

Destaca-se que, na proposta de projeto interdisciplinar adotada pelo NUTED, a construção de AVAs é possibilitada pelas relações interdisciplinares, que ocorrem por meio das interações entre os projetistas com formações acadêmicas diferentes. Tal proposta tem como ponto de partida a complexidade do objeto de estudo desses projetos (os AVAs), pois sua execução requer trocas entre diferentes disciplinas.

Durante o processo de construção dos AVAs, ROODA, PLANETA ROODA e ETC, os projetistas do NUTED fizeram reuniões presenciais, nas quais o objeto de estudo era delimitado e definiam-se os seus recursos e sua organização visual. Durante essas reuniões fizeram-se acordos, que eram registrados em atas que subsidiavam as atividades das subequipes e pautavam as atividades do projeto. Concomitantemente, realizaram-se reuniões das subequipes, tendo em vista a especificidade das atividades propostas. Os encontros das subequipes e a execução das atividades geravam dúvidas e sugestões sobre os acordos, que eram postados na lista de discussão dos projetos. O uso da lista dinamizou as trocas entre os projetistas, sendo que ela foi utilizada nos diferentes momentos de construção do ambiente. Isso possibilitou retomar opiniões emitidas anteriormente e reelaborá-las, confrontar ideias, apontar incoerências e apresentar soluções. Quando não se encontrava uma solução para um problema na lista de discussão, o tema era retomado presencialmente durante os encontros da equipe.

Assim, buscou-se nas falas de educadores, *designers* e programadores que participaram da construção desses AVAs, evidências que possibilitem uma reflexão sobre a constituição dessas relações interdisciplinares. Além disso, recorreu-se às telas que apoiaram a implementação dos projetos, buscando acompanhar como o objeto de estudo vai se modificando no transcurso da história de trabalho do grupo. A partir das reflexões teóricas apontadas nesse trabalho e da análise das evidências coletadas, foram definidas duas categorias de análise, denominadas "cooperação entre os pares" e "criação de novidade".

Categoria de análise: "cooperação entre os pares"

De acordo com Piaget (1973), a cooperação é um tipo de interação interindividual em que dois ou mais pares operam em comum, ajustando as operações executadas pelos parceiros e superando a heteronomia e o respeito unilateral. Entende-se que, por meio da cooperação, o sujeito pode sair de seu estado inicial de egocentrismo inconsciente, situando o seu eu em relação ao pensamento comum, o que exige um sistema de normas e a superação da livre troca. O sujeito exerce a atividade intelectual na coletividade e, por meio da cooperação, constrói o pensamento racional, tanto em relação aos conhecimentos disciplinares quanto em suas experiências pessoais.

O projetista aprende a se conhecer e a conhecer o seu grupo mediante a troca com os pares, o conflito e a compreensão mútua, o que favorece a objetividade e a coordenação de diferentes perspectivas. Logo, a cooperação é vista como fonte de regras para o pensamento, de forma que as ações, ao mesmo tempo em que são em função de um todo, permanecem fiéis aos princípios do sujeito. Essa postura é implicada pela ideia de reciprocidade e reversibilidade, dentro de um pressuposto de uma não-contradição transitória e de uma reconstrução permanente. Para que um grupo possa colocar seu objetivo comum em prática, é necessário que os sujeitos compreendam o ponto de vista do outro e, mesmo que não concordem, argumentem e articulem as diferentes contribuições, construindo-as em um novo patamar. Dentro disso, as funções individuais e coletivas alimentam-se mutuamente em prol de uma lógica comum e de um de pensamento equilibrado, não podendo ser entendidas como uma relação dicotômica.

A coordenação coletiva de ações no plano da representação é possibilitada por uma série de operações qualitativas, que são reguladas por composições reversíveis, sendo necessário coordenar um sistema comum de referências. Quando cada projetista tem suas próprias referências, é necessário um deslocamento e a elaboração de um sistema comum, o que não implica a renúncia das referências individuais. A construção desse sistema coletivo favorece a não-contradição. De acordo com Piaget (1973), é mais fácil ao indivíduo se contradizer quando ele pensa sozinho, sem efetivar trocas com os pares, o que não ocorre quando outros sujeitos estão junto, questionando e lembrando o que foi comentado anteriormente. Assim, pensar sem contradição é pensar por operações reversíveis, revendo o que foi dito e feito a partir das interações.

Destaca-se que quando o projeto é composto por especialistas de diferentes disciplinas tais características são acentuadas, pois os projetistas precisam trabalhar com a diversidade das abordagens pessoais e das disciplinas envolvidas. Assim, em um grupo interdisciplinar, os projetistas não abandonam seus interesses, que são reformulados no decorrer das interações com os participantes de outras disciplinas. Ao mesmo tempo em que cada um trabalha com sua especificidade, as decisões sobre o que vai ser feito são coletivas, incluindo a distribuição de tarefas. Não se defende a ideia de que todos devem fazer de tudo, tendo em vista que algumas atividades dependem de um sistema de significações específicas de uma determinada disciplina. Entretanto, os participantes devem respeitar os conhecimentos oriundos das diferentes áreas e procurar entender o que está sendo desenvolvido para poder efetivar trocas e trabalhar em prol de um objetivo comum.

Nessa perspectiva, entende-se que, apesar de serem necessários uma intenção e um interesse dos pares em cooperar, a cooperação não se resume a essa predisposição dos projetistas, pois ela agrega um objetivo comum e a construção de normas formais comuns em prol desse objetivo, o que envolve o desenvolvimento das estruturas lógicas.

Exemplos desse processo podem ser observados nas trocas realizadas por meio da lista de discussão para debater o projeto. Dentre essas trocas, destaca-se a retratada no trecho descrito a seguir, que foi retirado da lista de discussão da equipe ROODA. Nesse trecho, os projetistas discutem sobre a funcionalidade Diário de Bordo.

Neste debate sobre o Diário de Bordo, um projetista E questiona o acesso a essa funcionalidade e sua localização, trazendo questões acordadas em reuniões anteriores e conflitando-as com as inconsistências apresentadas na des-

> **Olá, pessoal!**
> Uma dúvida: o diário de bordo, apesar de nas postagens ser por disciplina, o aluno poderá visualizar sempre sem entrar em uma disciplina específica, não é? Pelo menos este era o espírito. Entretanto, em uma das reuniões falamos
> que ele ficará na aba lateral, mas na lateral não é só o que está habilitado para a disciplina?
> Abraço a todos! Suj13
>
> ---
>
> **Oi Suj13,**
> Acho que será tipo de uma aba permanente dentro de toda disciplina, mas será uma ferramenta que o professor vai escolher ou não tb.
> Acho que é isso que ficou combinado, não???
> Suj12
>
> ---
>
> **Oi...**
> Sobre o Diário de Bordo, na reunião de sexta a gente acabou trazendo de novo onde ele ficaria... O Suj01 falou que estava ficando muita coisa no menu superior e sugeriu colocar na barra do lado por causa do espaço. Acho que a gente pode esperar o pessoal do design fechar isso pra ter a confirmação de onde ele fica.
> Suj08
>
> ---
>
> **Oi!**
> Não ficou acertado que ferramentas fixas, como diário de bordo, chat, forum, ficariam sempre habilitadas na barra lateral? Independente da disciplina, elas sempre existirão. ou não?
> Suj01
>
> ---
>
> **Oi 13 e demais amigos!**
> Quanto ao diário de bordo, a pergunta é muito boa. O diário precisa ser único para escrita, mas seria visível para professores e colegas da disciplina acessada. Por outro lado, como lembra o 12, o professor teria a opção de escolher ou não tal ferramenta? Creio que ela deverá ser obrigatória, para que o que expus antes possa funcionar. Mas vamos discutir isso melhor na reunião de hoje de tarde.
> Abraços, Suj04

crição da ata de uma reunião. Dentro disso, tem-se a não-contradição tratada por Piaget (1973) como uma característica das trocas cooperativas, ou seja, os sujeitos podem lembrar uns aos outros o que foi decidido anteriormente, revendo suas colocações e dando consistência aos argumentos. A mensagem do Suj13 sobre a localização do *link* de acesso à funcionalidade Diário de Bordo traz uma dúvida sobre um acordo feito em uma reunião, abrindo um debate sobre as decisões que estavam sendo tomadas e as possíveis inconsistências. Essa questão é respondida por outros projetistas, que buscam, por meio de novas operações, apontar caminhos que corrijam a inconsistência encontrada. Destaca-se, assim, a conservação e a reversibilidade de pensamento dos projetistas, que problematizaram o que havia sido debatido e pensaram sobre a disposição e o funcionamento do Diário de Bordo.

No decorrer do debate sobre a funcionalidade Diário de Bordo, são citadas as funcionalidades *Chat* e Fórum como referência para se pensar sobre a localização das funcionalidades em geral, fazendo com que a equipe busque reorganizar o acordo anterior para dar conta dessa novidade. Nesse processo, observa-se a cooperação como fonte de regra para o pensamento, de modo que a equipe constrói normas formais comuns que pautam as decisões. Ou seja, ao construir uma regra que delimite as características das funcionalidades que devem ser acessadas nas abas do menu direito e as características das funcionalidades que ficam no menu superior, a equipe define a lógica de organização fundamentando a distribuição dos recursos do AVA.

Com o desenvolvimento do código fonte dessa funcionalidade, ocorreram conversas presenciais entre projetistas P e projetistas E, o que levou à constatação de novas inconsistências na funcionalidade. Com isso, tem-se um novo desequilíbrio no grupo, que precisa retomar colocações anteriores para elaborá-las novamente. Assim, o Diário de Bordo voltou a ser debatido na lista de discussão, contando com a participação dos integrantes dos três subgrupos, como pode ser observado no trecho a seguir.

Eu e o Suj10 estávamos conversando sobre o Diário de Bordo e achamos que uma das dúvidas ainda não foi resolvida...
O Diário de Bordo vai ser habilitado pelo professor junto com as outras funcionalidades... Isso ficou decidido na reunião de 5/01/2004. Mas quando o professor habilitar essa funcionalidade ele pode escolher se vai ter a opção pra postar só para professor/monitor ou para todos??????
Pessoalmente eu não acho legal ter essa opção, pq se a ferramenta funcionar de uma maneira na disciplina 1 e de outra na disciplina 2, isso pode acabar confundindo o usuário. A não ser que tenha um aviso na própria funcionalidade ou algo do tipo avisando a diferença...
Mesmo assim, ainda não gosto muito.. Prefiro deixar a opção com o usuário na hora de postar a mensagem. O que o grupo acha sobre isso?
Suj08

Prefiro deixar a opção com o usuário na hora de postar a mensagem.
Suj04

Eu daria essa escolha ao aluno.
Suj05

(Continua)

> *(Continuação)*
>
> Não, isso invalida algo que já foi escrito lá e muito discutido, que é do aluno poder escolher para quem postar. Até porque ele pode se dar conta no meio da disciplina que aquilo (as mensagens) pode ser interessante de ser analisado por todos. Não via isso antes por nunca ter usado o ROODA, por não estar habituado com esse tipo de ferramenta, etc. Deixa para o aluno decidir seu público leitor. Se o professor não gostar, ele manda e-mail para os alunos, coloca na lista de discussão, etc. que não quer assim e acabou. Mais prático, não acham? O professor – não só o aluno – deve aprender coisas novas, forçar-se novas descobertas, superar desafios, assimilar/acomodar/adaptar/reequilibrar-se. Tudo pronto é sem graça na minha opinião
>
> Suj 13

Nessas mensagens, novamente os projetistas remetem aos acordos firmados nas reuniões para definir qual o melhor caminho para executar uma atividade. Durante a implementação de um recurso que já havia sido debatido e acordado, encontrou-se uma nova inconsciência que precisava ser resolvida para a equipe continuar o desenvolvimento do ROODA. Nesse debate, discutiu-se sobre como seria a habilitação da funcionalidade Diário de Bordo e quais recursos seriam definidos pelo professor, bem como quais recursos ficariam disponíveis para o aluno.

As ações do sujeito, ao mesmo tempo em que são em função do todo proposto pela equipe ROODA, permanecem fiéis aos princípios individuais. Assim, os projetistas trazem suas inquietações perante os acordos firmados anteriormente, apontando novas dúvidas. As discussões partem de necessidades encontradas no processo de desenvolvimento, enfocando aspectos que não foram pensados no período de concepção. Por exemplo, ao implementar o Diário de Bordo, constata-se que é preciso definir quem terá acesso às mensagens postadas pelos alunos, se serão todos os participantes da turma ou somente o professor e o monitor. Com isso, não se está negando o que foi decidido antes, mas se está procurando uma reformulação que atenda às novas necessidades, argumentando a partir do que foi acordado anteriormente e destacando como isso interfere no que está sendo debatido.

Essas dúvidas criam desequilíbrios no grupo, que precisa resolvê-los para conseguir construir o sistema da forma mais consistente possível. Em um primeiro momento os projetistas precisam definir onde ficará o *link* de acesso ao Diário de Bordo, e, em um segundo momento, como será o acesso às mensagens publicadas pelos alunos. Logo, mesmo estando na etapa do desenvolvimento, os projetistas retomam o que foi definido no período de concepção e debatem novamente com os colegas, trazendo novos elementos e introduzindo no objeto de estudo novas propriedades. Tal processo é pautado por uma coerência crescente e contínua, de modo que os projetistas partem de observáveis, mas precisam realizar coordenações de operações para solucionar os problemas apresentados e chegar a um equilíbrio provisório.

Para a equipe construir o AVA foi necessário confrontar ideias e reorganizar as decisões, em uma relação constante entre parte e todo. Cada vez que os projetistas chegavam a um acordo sobre uma questão, era preciso rever os outros aspectos decididos anteriormente, averiguando como aquela nova decisão interferia nos acordos anteriores. Por exemplo, ao debater sobre onde ficaria o *link* para a funcionalidade Diário de Bordo, estava-se definindo qual o propósito dessa funcionalidade, quais recursos ela deveria ter para atender a esse propósito e quem teria acesso a quais recursos. Além disso, ao debater sobre a localização do Diário de Bordo, refletia-se sobre quais funcionalidades deveriam estar em qual posição da tela, bem como sobre os critérios de escolha para isso. Destaca-se que debates desse âmbito são sustentados por argumentos, que visam a decisões pautadas por uma racionalidade e uma coerência internas do grupo. Logo, algumas mensagens enviadas para a lista criam situações hipotéticas em relação aos usuários e tentam respondê-las tendo como premissa estudos realizados anteriormente.

Esse processo de trocas entre especialistas com diferentes formações acadêmicas também foram mencionadas nas entrevistas com os projetistas, nas quais se refletiu sobre como isso incide na construção dos AVAs. Um exemplo desse tipo de relato está no trecho da entrevista com o Suj05, projetista P. Ao falar sobre as vantagens de ter construído o AVA em um grupo composto por pessoas de diferentes áreas do conhecimento, ele relata o seguinte:

> **Suj05**
> Vantagem... o fato de ser feito por pessoas de diferentes áreas por si só já eh uma vantagem... pq o que acontece, no momento que tu sai do teu campinho "eu faço o curso yxz" e eu sei tudo sobre esse curso e o pessoal mede pela nota que tu tirou nas cadeiras... A partir do momento que tu tem um grupo interdisciplinar tu sabe que eu tenho que ensinar pra ti, tu tem que ensinar pra mim.. isso é uma coisa que muda atitude completamente...
> Mudou a minha com certeza... Antes era assim, ela tem doutorado, ele tem mestrado e eu baixava a minha cabeça porque eu to no segundo semestre, o que eles mandam eu obedeço... Ali não importava muito qual eram as letras antes do nome, o que importava é o seguinte "o teu papel é esse, o meu papel é esse, a gente tem que interagir com o teu conhecimento e o meu conhecimento".

Com esse relato, pode-se acompanhar a importância da cooperação entre os especialistas de um projeto interdisciplinar, o que é pautado pela intencionalidade de se colocar o AVA em funcionamento. Com isso, elucida-se a necessidade de aprender com os pares, a fim de definir o objeto de estudo e o espaço de atuação da equipe. Esse processo é dialético, pois quando o projetista precisa argumentar com os colegas para executar o projeto, ele aprende sobre a sua própria área de atuação e sobre as outras disciplinas envolvidas, bem como sobre a relevância de ambas.

Todavia, as relações interdisciplinares requerem a superação da inércia de práticas adquiridas e sociocentrismos agregando uma reformulação de práticas metodológicas, a fim de atender o objetivo da equipe. Isso implica uma reflexão consciente do que a equipe está fazendo e o entendimento do que está sendo argumentado pelos pares. Para tanto, é preciso superar a justaposição de ideias, reformulando argumentos e integrando às suas considerações as novidades apresentadas por seus colegas.

Esse processo de trocas entre projetistas de diferentes disciplinas é pautado pela reciprocidade e pela reversibilidade de pensamento. A partir do compartilhamento de informações e de ações realizadas, é possível se posicionar e reorganizar as estratégias de trabalho e os conhecimentos em torno do próprio AVA. Também contribui para que os projetistas organizem seus argumentos de forma lógica, possibilitado intervenções cada vez mais racionais e objetivas.

Com isso, observa-se uma solidariedade entre a cooperação dos especialistas e a composição de uma totalidade, tanto dos sujeitos quanto da equipe. Quando a equipe volta para debater uma questão acordada anteriormente, já ocorreram outras vivências e outras decisões que possibilitam opinar sobre o problema apontado. Assim, entende-se que a construção de um AVA é recursiva e se constitui na relação entre parte e todo, de modo que as questões são sempre retomadas em um novo patamar. O mesmo acontece com a organização da equipe, pois, mediante as relações interdisciplinares, os projetistas vão aprendendo com seus colegas o que precisa ser analisado e quais subsídios são necessários para se definir as práticas metodológicas e para se tomar decisões.

Categoria de análise "criação de novidades"

De acordo com Piaget (2006), as relações interdisciplinares comportam a criação de novidades, em um processo de abstrações refexionantes em que o especialista realiza coordenação de operações, combinando elementos retirados do objeto de estudo e identificando novos observáveis. Esse processo tem como ponto de partida as estruturas operatórias já existentes, de modo que as pesquisas e as experiências anteriores são reorganizadas em um novo patamar mais rico e alargado, contribuindo para que o objeto de estudo nunca se esgote. Essa reorganização pode ser observada na criação de novidades, que resulta dos processos de equilibração e abstração, tendo em vista que o primeiro integra o segundo e vice-versa.

Com isso, elucida-se o equilíbrio cognitivo como um processo dinâmico e de constantes trocas, tanto do sujeito com o meio (assimilando objetos exteriores e acomodando-os às estruturas) quanto entre as subestruturas do sujeito (realizando assimilações e acomodações recíprocas). Entende-se que é necessário que ele vivencie os desequilíbrios derivados dessas trocas para que, a partir de reequilibrações, construa novas totalidades. No caso de um projeto interdisciplinar, esses desequilíbrios podem ser decorrentes das trocas entre os projetistas e/ou das trocas dos projetistas com o objeto de estudo, de modo que as interações possibilitam uma reorganização do grupo e da sua relação com o seu objeto.

Para Piaget (1995), é por meio da abstração que o sujeito retira propriedades de um determinado objeto e estabelece relações, sendo que existem dois tipos de abstração: a empírica e a reflexionante. Na primeira, o sujeito tira as informações do objeto como tal ou de suas ações sobre o objeto, de modo que ela se baseia nos observáveis e permanece integrada a um quadro espaciotemporal. Por outro lado, a abstração reflexionante apoia-se sobre as coordenações que o sujeito realiza, alcançando a construção de estruturas intemporais. Os dois tipos de abstração existem nas diferentes etapas do desenvolvimento do sujeito, desde o início da vida (no patamar sensório-motor) até os níveis mais avançados do pensamento científico, de modo que a abstração empírica sempre é influenciada por abstrações reflexionantes (que podem ou não ser conscientes). No entanto, existe uma ausência de simetria entre a abstração empírica e a reflexionante, pois quanto mais o sujeito se distancia da manipulação direta do objeto e quanto mais geral é a forma, maior é a presença da abstração reflexionante e menor a presença da abstração empírica.

A abstração reflexionante apresenta dois aspectos inseparáveis, que são um reflexionamento e uma reflexão. O reflexionamento é como uma projeção em um patamar superior de algo que é retirado do patamar inferior. Em seu primeiro patamar, o mais elementar, o reflexionamento conduz de um movimento sensório-motor a uma conceituação que o agrega, permitindo conceituar um observável a partir do reflexionamento do observável sobre a ação. O patamar seguinte é o da reconstituição da sequência de ações, reunindo-as em um todo coordenado, sendo que o sujeito pode ou não fazer uma narrativa dessa reconstituição. O terceiro patamar do reflexionamento é o da comparação, em que o sujeito compara a ação reconstituída com outras, estabelecendo relações e distinguindo o que tem de análogo e de diferente. As possibilidades desse patamar são indefinidas, podendo ocorrer vários graus de reflexões sobre reflexões, ou seja, metarreflexão (pensamento reflexivo), o que permite ao sujeito encontrar as razões da conexão. No segundo e no terceiro patamar tem-se uma generalização que permite um novo reflexionamento dos observáveis, mas dessa vez em um nível mais elaborado e enriquecido. Por outro lado, a reflexão é vista como uma reconstrução e uma reorganização do que foi retirado de um patamar inferior em um patamar superior. Existe uma interdependência entre o reflexionamento e a reflexão, de modo que quanto mais o reflexionamento evolui, maior a complexidade das reorganizações e das formalizações que derivam desse processo. Logo, a evolução que subsidia a criação de novidades apresenta uma diferença qualitativa e uma diferença de grau.

Assim, todo reflexionamento de observáveis é indissociável da intervenção de uma reflexão, configurando o jogo entre forma e conteúdo que converge para a construção de novas estruturas. Logo, toda estrutura é composta de forma (reflexão) e conteúdo (observáveis), sendo que sua evolução é decorrente da alternância ininterrupta entre reflexionamento e reflexão. Destaca-se que, com o progresso da abstração reflexionante, o pensamento vai sendo elaborado cada vez mais sem o apoio do objeto concreto. Entretanto, os sujeitos, mesmo os homens da ciência, jamais deixam de realizar abstrações pseudoempíricas. Com isso, pode-se chegar a estruturas qualitativas comuns, que são gerais e servem para solucionar diferentes problemas, o que possibilita a construção de classes e subclasses.

Em projetos interdisciplinares voltados à construção de AVAs, esse mecanismo possibilita a elaboração de conteúdos a partir dos observáveis e a construção de formas. No caso do NUTED, no processo de concepção do AVA, os projetistas precisam definir que tipo de recursos ele vai oferecer e para que eles poderão ser usados; essas propostas são derivadas de experiências anteriores (como pesquisadores ou usuários) e de pesquisas precedentes. A partir desse primeiro momento, é elaborada uma proposta para as funcionalidades e para a distribuição delas, que são os conteúdos do projeto. Tendo em vista os debates constantes entre os projetistas e as análises sobre as propostas, vão sendo realizadas reflexões e sendo estabelecidas relações entre as funcionalidades e seus recursos, o que subsidia a elaboração de classes e de subclasses e a formalização da proposta. Com isso, pode-se observar um deslocamento contínuo das fronteiras entre forma e conteúdo. Em um processo recursivo, quando a equipe implementa os recursos, volta-se aos observáveis, que desequilibram as formas precedentes, compelindo os projetistas a reorganizar suas propostas. O mesmo pode ser observado com o período de testes e ajustes dos AVAs, que levam a novos desequilíbrios e reorganizações.

Entende-se que essas reorganizações subsidiam tanto a maneira de a equipe se organizar para construir o AVA quanto a estrutura lógica do sistema. Essa reflexão sobre o processo vivenciado no projeto ROODA e retomado posteriormente no projeto do ETC é mencionado pelo Suj14, projetista E, conforme pode-se observar no trecho de sua entrevista descrito a seguir.

> Suj14
> Primeiro a gente precisa saber tudo que a gente quer para esse ambiente, o que a gente quer que esse ambiente faça em âmbito geral. Quando a gente pensa ele em âmbito geral, a gente vai montando os recursos em particular. E depois como esses recursos vão se comunicar. Quando a gente pensa esses recursos a gente ta falando de uma gama de elementos. Pq um recurso a gente vai ter que ver a viabilidade de programação, de usabilidade, de interface... em termos operacionalização desse recurso... a vantagem dele para a área da educação... cada elemento tem alguns caminhos que a gente tem que ter pesquisado, volta com todas as informações e organiza ele dentro do todo... e a partir dessa discussão dos elementos, que outros elementos não foram pensados naquela primeira estrutura vão sendo agregados...

Nesse relato, o Suj14 comenta como é o processo de construção de um AVA, as etapas e os desequilíbrios, que criam na equipe a necessidade de reorganizar o seu objeto de estudo. Entende-se que essa é uma das principais características nas relações interdisciplinares em projetos como os do NUTED, de modo que é necessário superar as aproximações concretas e abstrair a partir das articulações entre as partes e o todo. Tendo em vista que o sujeito retira propriedades de um objeto e o reconstrói, em projetos voltados ao desenvolvimento científico e tecnológico essa reconstrução remete a uma intemporalidade, ou seja, remete a um distanciamento do observável e do quadro espaciotemporal de aqui-agora.

Quando o sujeito reorganiza o objeto e incorpora novos elementos, abre novas possibilidades para novos observáveis, permitindo a conceituação e a criação de novidades. Destaca-se que a compreensão desse processo por parte dos projetistas colabora para um melhor entendimento das atividades a serem realizadas pela equipe, bem como subsidia a tomada de decisões. Com isso, entende-se que a reflexão e o reflexionamento em torno das práticas metodológicas do projeto influenciam a sua execução, além de contribuir para um enriquecimento do objeto de estudo. A tomada de consciência da importância de os projetistas comunicarem suas pesquisas e reorganizarem-na dentro de um todo, como é relatado pelo Suj14, agrega uma apropriação das ações praticadas. Nisto, tem-se a reflexão consciente do que se está fazendo e, como produto disso, a conceituação, que supera a indiferenciação entre as etapas que constituem um projeto interdisciplinar voltado à construção de AVAs.

Esse mecanismo de desequilíbrios e de incorporação de novidades ao objeto pode ser observado tanto no percurso de um projeto quanto na mudança de um projeto para o outro. Além disso, as tomadas de consciência podem apontar tanto para as práticas metodológicas do grupo quanto para as melhorias implementadas no AVA. Um exemplo de mudança qualitativa do projeto ROODA para o projeto ETC pode ser observado no trecho da entrevista do Suj15, Projetista P, em que ele relata sobre um recurso implementado no ETC.

> **Suj15**
> Dá pra tirar várias coisas de um ambiente pro outro, eu aprendi muita coisa, muita coisa que a gente poderia ter feito diferente no ROODA, pra tornar ele melhor e eu apliquei no ETC.
> Coisas ao nível de programação que não foram muito usadas no ROODA, até porque o pessoal não tinha experiência em programação web, que é um pouco diferente da programação do computador. Uma coisa que eu apliquei no ETC, por exemplo, e que não tinha no rooda foi a parte da tradução. Pra usar o ambiente em outra língua, precisa apenas transcrever um arquivo. No ROODA não tem.
> Onde é figura não troca, mas no ETC não tinha figura com texto, se não teria que se criar ou outros botões.
> Dificilmente tu encontra botão em aplicativo que tenha esse recurso de tradução, porque não permite a tradução e fica preso aquilo, em vez de transcrever um arquivo, tu vai ter que criar um botão ali. Provavelmente ninguém vai fazer isso, então toda parte escrita do ambiente é texto puro...

Nesse relato, o Suj15 comenta o quanto aprendeu no projeto ROODA e como isso foi importante para sua atuação no projeto ETC. Um dos exemplos que ele cita sobre melhorias implementadas no ETC, e que não foram usadas na programação do ROODA por falta de conhecimento, é o recurso de tradução para outros idiomas. A implementação desse recurso interfere na tarefa dos projetistas D, pois o sistema traduz apenas textos, ou seja, a interface não pode apresentar botões com textos, pois esses não serão traduzidos. Assim, acompanham-se melhorias qualitativas dentro do grupo, que se apropria de novas tecnologias da programação e as incorpora em projetos posteriores. Essa necessidade foi criada a partir da intenção do NUTED de traduzir o ROODA para outros idiomas, o que foi dificultado pela falta desse recurso no código-fonte do AVA. Mesmo que a possibilidade de traduzir o sistema já fosse usada em outros sites da *web*, pois era um recurso na programação que estava sendo difundido em projetos internacionais, foi visto como uma novidade para os projetistas desse estudo. Entende-se que a criação de novidades traz um equilíbrio temporário, pois, ao mesmo tempo em que a necessidade de tradução do AVA para outras línguas foi resolvida no ETC, trouxe o desafio de implementar esse recurso nos outros AVAs construídos por esse grupo de pesquisa (ROODA e PLANETA ROODA).

Nessa perspectiva, elucida-se um jogo de reflexões e reflexionamentos, em que se cria uma necessidade no projeto, ou seja, o grupo passa a ter a necessidade de traduzir seus AVAs para outros idiomas de maneira eficaz e simples. Entretanto, implementar esse recurso exige uma adequação do código-fonte e da interface gráfica do AVA, impelindo os projetistas a analisarem como foi feita a programação do ROODA, tendo em vista que esse AVA já havia sido construído. A partir disso, a equipe buscou alternativas que atendessem a essa necessidade, contribuindo para a sua reorganização e para a criação de uma nova estrutura de programação e de *design* para o ETC. Nesse processo, os projetistas precisam definir o que deve ser feito para implementar o novo recurso, levantando possibilidades e limitações que fundamentem as decisões e as estratégias adotadas. Para isso, é preciso realizar testes e estabelecer relações, comparando o que pode ser utilizado do sistema anterior e o que precisa ser refeito, sendo que isso poderá ser adotado em outros sistemas construídos pelo NUTED. Logo, tem-se uma reorganização em um patamar superior, o que envolve um maior número de propriedades retiradas do objeto e uma maior complexidade dos conhecimentos empregados pela equipe.

A constituição de projetos interdisciplinares voltados à construção de ambientes virtuais de aprendizagem

Tendo em vista a complexidade de um AVA, entende-se que a sua construção envolve conhecimentos oriundos das diferentes disciplinas que integram o projeto. A partir das trocas entre os projetistas e das abstrações que eles realizam, vai sendo construído um modelo conceitual,[5] que busca responder a que o sistema se destina, o que ele vai oferecer e como vai se comportar. Esse modelo está dentro de uma ideia de totalidade que se constitui na relação entre o todo e as partes, tanto no que tange aos recursos que serão disponibilizados quanto às concepções advindas das relações interdisciplinares.

---

[5] De acordo com Preece e colaboradores (2005), um modelo conceitual é entendido como "A coisa mais importante do sistema proposto – em termos de conjuntos de ideias e conceitos integrados a respeito do que ele deve fazer, de como deve se comportar e com o que deve se parecer – que seja compreendida pelos usuários de maneira pretendida".

Ressalta-se que o modelo conceitual de um AVA comporta a construção de um sistema de conceitos, tanto individualmente (cada projetista) quanto coletivamente (do grupo). Esse sistema apresenta uma forma e um conteúdo, caracterizando-se por reunir objetos em um todo coordenado a partir de suas qualidades comuns. Com isso, supõe-se uma abstração reflexionante, mediante a qual ocorrem reflexionamento sobre os observáveis e formação de conceitos generalizáveis aos conteúdos, convergindo para a elaboração de observáveis conceitualizados, que podem ser classificados a partir de diferenciações e analogias. Tal processo remete a uma formalização, ou seja, quando a forma liberta-se dos conteúdos e apresenta um deslocamento contínuo de fronteiras, de modo que os projetistas elaboram regras gerais que podem ser aplicadas aos diferentes conteúdos.

Assim, a construção de um AVA requer a intervenção da abstração reflexionante, pois, a partir da assimilação de objetos a um esquema, configura-se a assimilação desses objetos entre si e possibilita-se a elaboração de conceitos como classe. Por exemplo, ao diferenciar as funcionalidades a partir de suas propriedades – funcionalidades que precisam ser habilitadas pelo professor para ficarem disponíveis aos alunos e funcionalidades disponíveis a todos os usuários –, estabelece-se uma relação entre elas, conceituando-as e agrupando-as. A partir disso, criam-se as classes das funcionalidades específicas e das funcionalidades gerais. Outra propriedade que pode ser usada para classificar as funcionalidades é a sua função, que pode variar entre as funcionalidades destinadas à interação, à publicação de arquivos, aos registros pessoais e ao gerenciamento de turmas. Isso possibilita organizar o AVA a partir de uma lógica de classes, distribuindo seus recursos de acordo com as relações de suas propriedades. Também se pode trabalhar com a relação entre essas classes, por exemplo, reunir as funcionalidades específicas voltadas à interação. Ou seja, tem-se a construção de uma forma (criação de classes e subclasses) que extravasa o conteúdo (recursos disponíveis na funcionalidade).[6]

A organização do AVA a partir da classificação de funcionalidades específicas (vinculadas a uma turma e que precisam ser habilitadas pelo professor para ficarem disponíveis) e funcionalidades gerais (disponíveis a todos os usuários, independentemente de estarem ou não matriculados em uma turma) pode ser observada nas Figuras 5.4 e 5.5, que apresentam as telas dos AVAs ROODA e PLANETA ROODA. Essa forma de agrupar as funcionalidades subsidiou sua localização na tela. Logo, os *links* de acesso às funcionalidades gerais ficam em um menu que está sempre visível; no caso do ROODA esse menu fica na parte de cima da tela e no caso do PLANETA ROODA, na

---

[6] A forma de organização e classificação das funcionalidades disponíveis nos AVAs construídos pelo NUTED é apresentada nos artigos sobre o ROODA (Behar et al., 2005b), sobre o PLANETA ROODA (Behar et al., 2006a) e sobre o ETC (Behar et al., 2006b).

Modelos pedagógicos em educação a distância **139**

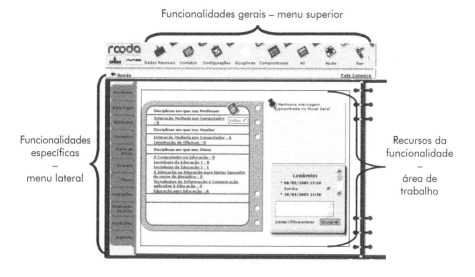

Figura 5.4
Classificação e distribuição das funcionalidades do ROODA.

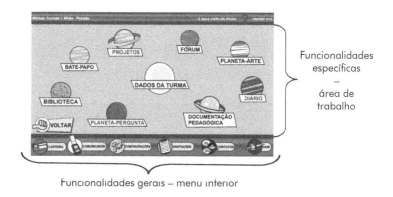

Figura 5.5
Classificação e distribuição das funcionalidades do PLANETA ROODA.

parte de baixo. No caso das funcionalidades específicas do ROODA, o *link* fica disponível em um menu lateral organizado em abas (cada aba é uma funcionalidade); as abas estão sempre visíveis, mas ao entrar na turma elas variam de acordo com a configuração do professor. As funcionalidades específicas do PLANETA ROODA somente ficam visíveis após o usuário entrar na turma, sendo que os *links* de acesso são corpos celestes distribuídos no centro da tela.

Vale ressaltar que o equilíbrio resultante da abstração reflexionante apresenta uma novidade, com uma compensação entre afirmações e negações. De acordo com Piaget (1995), o equilíbrio cognitivo caracteriza-se por ser um estado de constantes trocas em que ocorre conservação do sistema e relação deste com o exterior. Esse equilíbrio é transitório, de modo que o sujeito apresenta constantes desequilíbrios decorrentes de conflitos entre sujeito e objeto, de conflitos entre subsistemas e/ou desequilíbrio entre diferenciação e integração. Com os reequilíbrios, o sujeito corrige as perturbações e ajeita os desequilíbrios, abrindo novas possibilidades a partir dos níveis precedentes.

Assim, quando os projetistas começam a delimitar as diferenças e as semelhanças entre as funcionalidades, estão explorando os observáveis, assimilando suas propriedades e acomodando-as em subsistemas. Nesse processo, vai sendo construído o modelo conceitual do AVA, delineando-se suas possibilidades por meio dos recursos que estão sendo planejados e desenvolvidos. Para tanto, é necessário que os projetistas operem sobre os conceitos que estão sendo elaborados, realizando reflexão sobre reflexão e estabelecendo as relações que compõem o sistema de conceitos. Isso exige que se trabalhe com operações hipotético-dedutivas e regras lógicas, pois os projetistas criam hipóteses sobre como o usuário pode agir e como o AVA pode responder, estabelecendo regras para o funcionamento dos recursos. Essas regras podem ser aplicadas às diferentes situações do AVA, ou seja, os projetistas criam padrões de funcionamento que sustentam o projeto interdisciplinar e que podem ser generalizados para outros projetos. Nesse caso, a generalização agrega novos conteúdos, que podem ser outras funcionalidades ou apenas diferenciais dentro de funcionalidades já existentes.

Da mesma maneira que os projetistas constroem estruturas pertinentes à composição do AVA, mediante o trabalho com os observáveis e com as coordenações de operações, o que pressupõe a ingerência de abstração reflexionante, as equipes também constroem suas estruturas mediante o agrupamento operatório. De acordo com Piaget (1973), a cooperação consiste em um sistema de operações em que os aspectos social e lógico são inseparáveis na forma e no conteúdo, elucidando a solidariedade que existe entre os ajustamentos interindividuais de operações e as operações individuais de pensamento. Logo, no âmbito das trocas de pensamento, o equilíbrio aponta para uma harmonia entre as ações cooperativas e as individualizadas, constituindo um sistema de substituições possíveis que é caracterizado pela lógica geral (ao mesmo tempo coletiva e individual). O agrupamento agrega a construção de classes e relações, de modo que pode ser entendido como uma estrutura equilibrada que comporta forma e conteúdo.

Nessa perspectiva, os equilíbrios provisórios que constituem projetos interdisciplinares voltados à construção de AVAs, evidenciam uma solidariedade entre as abstrações reflexionantes dos projetistas e a cooperação entre os pares. Ou seja, engendra-se a composição de agrupamentos operatórios, que são pautados pela reversibilidade de pensamento e pela construção de estruturas. Essa composição pode ser observada tanto nos sujeitos (individual) quanto nas equipes (coletiva), o que possibilita a criação de novidades para o sujeito e para o projeto, subsidiando a construção dos AVAs.

A partir do jogo entre reflexionamento e reflexão e de operações interindividuais, observa-se um processo de espiral, em que os conhecimentos são construídos de fora recursiva e majorante. Assim, a alternância ininterrupta entre reflexionamento e reflexão também caracteriza o processo de conteúdos → formas → conteúdos reelaborados → novas formas, o que pode se repetir até a enésima potência. Essa espiral, que não apresenta um começo nem um fim absolutos, denota uma evolução para formas cada vez mais ricas e aperfeiçoadas. Esse processo é elucidado na Figura 5.6, que apresenta o desenvolvimento estrutural em forma de espiral ocorrido no NUTED no período concernente a essa pesquisa.

Tendo em vista que as relações interdisciplinares são caracterizadas por equilibrações majorantes, que comportam a construção de novos conhecimentos (criação de novidades) e a troca de materiais e informações entre os projetistas (cooperação entre pares), entende-se que elas apresentam uma evolução em forma de espiral. Nessa espiral evolutiva, cada novo patamar apresenta uma diferença qualitativa e de grau, ou seja, uma novidade é integrada a uma estrutura, que amplia seus observáveis e passa a trabalhar com novos conteúdos. Logo, a constituição dos projetos analisados não apresentam uma gênese absoluta, pois os estudos realizados por outras equipes e pelo NUTED no período anterior a essa pesquisa trazem importantes contribuições para a sua constituição. Ressalta-se que os seus conhecimentos foram construídos a partir dessas experiências precedentes. Além disso, as formalizações realizadas no decorrer do projeto ROODA foram determinantes para a execução dos projetos seguintes (PLANETA ROODA e ETC), que, por sua vez, continuaram criando novidades e reorganizando os novos conteúdos.

Um exemplo dessa apropriação de estudos anteriores pode ser observado nas funcionalidades implementadas, que visam às trocas entre os usuários e à publicação dos trabalhos, recursos comumente encontrados em outros AVAs. Além disso, para a programação utilizou-se linguagem PHP e banco de dados MySQL, tecnologias adotadas pelo NUTED nas versões de AVA's construídas antes de 2003. Do mesmo modo, a formalização construída para classificar e organizar as funcionalidades do ROODA também foi implementada no PLANETA ROODA e no ETC, conforme apresentado neste capítulo, o que determinou parte da lógica de composição desses dois AVAs. Entretanto, algumas novidades foram incorporadas aos projetos subsequentes, como o caso do recurso de tradução para outras línguas, que foi implementado no ETC, situação que também foi analisada aqui.

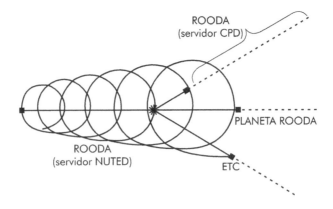

Figura 5.6
Espiral evolutiva dos projetos ROODA, PLANETA ROODA e ETC.

Assim, entende-se que a constituição de um projeto interdisciplinar passa pelo processo de "equilíbrio transitório → desequilíbrio → reequilibração → desequilíbrio...", e, por meio de autorregulação, são elaborados sistemas operatórios reversíveis e com novidades. Ou seja, são elaboradas novas totalidades que coordenam os conhecimentos disciplinares e as inovações propostas, equilibrando as integrações e as diferenciações.

CONSIDERAÇÕES FINAIS

A partir das questões apresentadas neste capítulo, entende-se que o estudo sobre a constituição de projetos interdisciplinares contribui para um melhor entendimento das experiências realizadas em EAD, mais especificamente em equipes que trabalham com a construção de AVAs. Destaca-se que essa área é de natureza interdisciplinar e suas práticas e objetos de estudo se constituem na relação entre as disciplinas envolvidas. Assim, por meio do estudo de caso com os projetos do NUTED voltados à construção de AVAs, reflete-se sobre as relações interdisciplinares e sobre os mecanismos desse tipo de processo.

Os ambientes ROODA, ETC e PLANETA ROODA foram construídos por equipes compostas por educadores (projetista E), *designers* (projetista D) e programadores (projetista P), de modo que eles trouxeram para os projetos uma bagagem pertinente às expressões e às práticas teórico-metodológicas adotadas em suas áreas de atuação. Entende-se que, ao observar o processo de trocas entre os projetistas, pode-se vislumbrar a construção de um espaço comum a essas disciplinas, o que caracteriza a própria constituição do projeto interdisciplinar e a delimitação de seu objeto de estudo. Seus integrantes precisam se reorganizar constantemente, atentando para os processos de concepção, desenvolvimento e avaliação dos AVAs.

Esse espaço comum pode ser observado na construção do modelo conceitual do AVA, que se caracteriza por ser um sistema reversível e com formalizações. Um exemplo disso é maneira como as funcionalidades são classificadas e distribuídas na tela. A partir desse modelo, o AVA é desenvolvido e testado; porém, durante esse processo, é necessário retomá-lo para corrigir inconsistências e rever os acordos feitos entre os projetistas. Ao definir os objetivos e os recursos de uma funcionalidade, como ocorreu com o Diário de Bordo, constroe-se argumentos que influenciarão nos acordos sobre outras funcionalidades. No entanto, quando um projetista questiona esse argumento a partir de algo observado em outros *softwares*, no período de desenvolvimento ou na avaliação do AVA, a equipe precisa rever essa inconsistência, a fim de corrigi-la. Essa reorganização é influenciada pelos desequilíbrios decorrentes das trocas entre os projetistas e pela reciprocidade entre as disciplinas, caracterizando o processo interdisciplinar de construção de conhecimento.

Nessa perspectiva, as relações interdisciplinares agregam a cooperação entre os projetistas e a criação de novidades derivada de abstrações reflexionantes, possibilitando a reorganização dos saberes em um novo patamar. Tal processo se constitui na relação entre os saberes disciplinares, que tem na reciprocidade entre os diferentes conhecimentos uma referência importante para a construção de uma AVA mais consistente epistemológica e tecnologicamente. Com as diferentes abordagens e a sua coordenação em prol do objetivo da equipe, converge-se para uma eficiência técnica e uma construção conceitual em torno de seus recursos e suas possibilidades educacionais. A execução de um projeto interdisciplinar de AVA depende da participação de todas as disciplinas envolvidas, o que influencia na consistência do sistema e nas possíveis relações entre seus recursos. Por meio das trocas entre os projetistas vão sendo encontrados os erros e corrigidas as inconsistências, de modo que se converge para uma maior coerência entre o que é proposto e o que é executado. Quanto mais os projetistas entendem o objeto de estudo (nesse caso, o AVA), mais eles compreendem a relevância de suas contribuições e das contribuições de seus pares para o projeto, em uma valorização recíproca das áreas envolvidas.

Assim, a constituição de um projeto interdisciplinar se dá pelas interações dos projetistas com o objeto de estudo (AVA), pelas trocas cooperativas entre os pares e pela interlocução entre as disciplinas envolvidas. A síntese entre essas três esferas de ação e de pensamento elucida a transformação do próprio projeto. No caso do NUTED, essas transformações apresentam uma retomada dos observáveis e uma evolução conceitual, o que engendra as inovações observadas no processo. Por exemplo, quando os projetistas padronizam os campos a serem disponibilizados em uma funcionalidade, também escolhem as expressões que os intitulam. No entanto, a partir do debate entre os pares e do acompanhamento dos usuários durante a avaliação, pode-se questionar a relevância de algum campo ou se a expressão usada está de acordo com sua função, o que incita o retorno ao planejamento e a implementação de melhorias. Além disso, as padronizações e expressões adotadas durante o projeto ROODA influenciaram os projetos precedentes (PLANETA ROODA e ETC), servindo como referência para as equipes.

Entende-se que as necessidades criadas com a pesquisa e a construção de AVAs colaboraram para que conhecimentos sejam questionados e ampliados, gerando novas necessidades e problematizações. Isso decorre da elaboração de novas formas e envolve a constatação de novos observáveis, promovendo a consolidação de novos espaços de trocas entre os pesquisadores. Com a cooperação, as abstrações reflexionantes e as relações entre parte e todo que constituem os projetos, têm-se o confronto de ideias, a reelaboração de argumentos e métodos e a proposição de novos objetos de estudo. Um exemplo disso é a implementação de novos recursos que visam atender as necessidades apontadas pelos usuários. Também se pode vislumbrar essa evolução na maneira de a equipe organizar e distribuir suas atividades, influenciando na dinâmica de construção do AVA.

Tendo em vista os apontamentos feitos no decorrer deste capítulo, propõem-se como futuros estudos a análise diacrônica das mudanças conceituais no transcurso dos projetos do NUTED voltados à construção de AVAs. Para tanto, serão examinadas as atas das reuniões desses projetos, com destaque para as reuniões mencionadas na lista de discussão. Com base em uma articulação permanente entre a proposta teórico-metodológica adotada e os dados coletados, será formulada uma nova categoria de análise. Por fim, será realizada uma interlocução entre essa nova categoria e as categorias aqui apresentadas ("cooperação entre os pares" e "criação de novidades"), visando compreender os mecanismos de investigação interdisciplinar nos projetos ROODA, PLANETA ROODA e ETC. Conclui-se que essas categorias podem contribuir para o entendimento da constituição de outros projetos interdisciplinares pertinentes à EAD, colaborando para a sua execução.

REFERÊNCIAS

BEHAR, P. et al. A categorização das funcionalidades do ambiente virtual ROODA. *RENOTE:* Revista Novas Tecnologias na Educação, Porto Alegre, v. 3, n. 1, maio 2005b. Disponível em: <http://www.cinted.ufrgs.br/renote/maio2005/artigos/a33_rooda.pdf>.

BEHAR, P. A. et al. ROODA/UFRGS: uma articulação técnica, metodológica e epistemológica. In: BARBOSA, R. (Org.). *Ambientes virtuais de aprendizagem*. Porto Alegre: Artmed, 2005a. p. 51-70.

BEHAR, P. et al. Educação infantil e ensino fundamental: outras possibilidades através do PLANETA ROODA. *RENOTE:* Revista Novas Tecnologias na Educação, Porto Alegre, v. 4, n. 1, jul. 2006a. Disponível em: <http://www.cinted.ufrgs.br/renote/jul2006/artigosrenote/a31_21196.pdf>.

BEHAR, P. et al. Escrita coletiva: o potencial de um groupware via web. *RENOTE:* Revista Novas Tecnologias na Educação, Porto Alegre, v. 4, n. 1, jul. 2006b. Disponível em: <http://www.cinted.ufrgs.br/renote/jul2006/artigosrenote/a26_21183.pdf>.

INHELDER, B. et al. *Epistemologia genética e equilibração*. Lisboa: Livros Horizonte, 1978.

PIAGET, J. *Abstração reflexionante*. Porto Alegre: Artmed, 1995.

_____ . *Estudos sociológicos*. Rio de Janeiro: Forense, 1973.

_____ . Metodologia das relações interdisciplinares. In: POMBO, O. et al. (Org.). *Interdisciplinaridade:* antologia. Lisboa: Campo das Letras, 2006.

_____ . *Problemas gerais da investigação interdisciplinar e mecanismos comuns*. 2. ed. Lisboa: Livraria Bertrand, 1976.

PREECE, J. et al. *Design de interação:* além da interação homem-computador. Porto Alegre: Bookman, 2005.

YIN, R. *Estudo de caso:* planejamento e métodos. 3. ed. Porto Alegre: Bookman, 2005.

6

Princípios da pesquisa científica para investigar ambientes virtuais de aprendizagem sob o ponto de vista do pensamento complexo[1]

Marcia Paul Waquil
Patricia Alejandra Behar

INTRODUÇÃO

Desde a cultura da oralidade até hoje na cultura digital vivenciamos inúmeras transformações sociais que são produzidas pelos avanços tecnológicos e produtoras deles. Estamos vivenciando uma revolução nos suportes da informação que cria uma nova cultura. Essa cultura está baseada na aceleração das trocas, na eliminação de limites geográficos e no tempo real. Esses são fatores que têm criado novas formas de relacionamento, novos espaços e novas formas de aprendizagem.

Essas mudanças são sentidas social e culturalmente, pois fazem parte da chamada cibercultura, que é definida por Lévy (1999, p.17) como "o conjunto de técnicas (materiais e intelectuais), de práticas, de atitudes, de modos de pensamento e de valores que se desenvolvem juntamente com o crescimento do ciberespaço". Para Lemos (2002, p.95), "a cibercultura se constitui como uma cibersocialidade". O autor entende que a cibercultura se forma a partir da relação entre as tecnologias digitais, a sociedade e a cultura. Mesmo sem percebermos, a cultura digital está presente diariamente na nossa vida, em todas as atividades que envolvem a nossa relação com a máquina, como, por exemplo, no uso de cartões de crédito, de celulares, de terminais bancários e em tantas outras atividades que realizamos.

Sendo assim, experienciamos novas formas de sociabilidade que acontecem no chamado espaço virtual. Relações de trabalho, de lazer, de amizade, de aprendizagem desenvolvem-se nesse ambiente. Mas que espaço é esse? É

---

[1] Capítulo produzido a partir de Waquil (2008).

o denominado ciberespaço, termo inventado e usado pela primeira vez em 1984 pelo autor de ficção científica William Gibson, no romance *Neuromancer*. O autor define o ciberespaço como "um espaço não-físico ou territorial composto por um conjunto de redes de computadores através dos quais todas as informações (sob as suas mais diversas formas) circulam" (Lemos, 2002, p.136).

Podemos conceber, então, o ciberespaço como essa rede interligada de todos os computadores no planeta na qual os seres humanos interagem. Várias são as maneiras pelas quais podemos entrar nesse espaço virtual, em que o sujeito se sente presente, mesmo que as coisas não tenham uma forma física. Uma dessas maneiras é o ambiente virtual de aprendizagem (AVA).

O AVA se apresenta como um contexto de aprendizagem diferenciado do contexto tradicional, no qual temos um espaço físico estabelecido e um tempo estipulado que determinam as interações e caracterizam uma sala de aula. No processo de virtualização desse ambiente de aprendizagem são exercidas diferentes formas de relação de tempo e de espaço que implicam profundas mudanças no processo de aprendizagem.

Este ambiente pode disponibilizar ferramentas síncronas e assíncronas para interação/comunicação entre os sujeitos. Essas ferramentas são uma característica importante desses ambientes, pois com elas todas as intervenções dos alunos e dos professores ficam registradas, sendo possível acessá-las a qualquer momento. Sendo assim, fica facilitado o acompanhamento, por parte do professor, do processo de aprendizagem do aluno. Para o aluno, esse registro também é importante, tanto para que ele possa revisar as intervenções feitas pelo professor e pelos colegas como para que ele acompanhe o seu próprio processo de aprendizagem.

O AVA pode, ainda, oferecer recursos que objetivem potencializar no aprendiz o trabalho cooperativo, apresentando sua ênfase no processo de construção do conhecimento, da autonomia e da autoria. Neste sentido, o AVA é um espaço em que é possível que professor e aluno desenvolvam uma nova relação, que não se baseie na hierarquia na qual o professor é o centralizador do saber. No entanto, essa nova relação está atrelada à opção paradigmática do professor. Nesse espaço, se utilizado em uma perspectiva de construção de conhecimento coletivo, o professor e o aluno passam a ser emissores e receptores ativos que interagem na busca da construção cooperativa do saber e do conhecimento em rede, tornando-se, assim, parceiros no processo de aprendizagem.

Para compreender essa complexa realidade que vem formando a cibercultura e, em especial, esse novo espaço de aprendizagem que são os AVAs, é fundamental o desenvolvimento de pesquisas nesta área, pesquisas que possam nos auxiliar a compreender as possibilidades e os limites do uso desses ambientes na educação. Neste sentido, pensamos ser necessário propor uma forma de leitura diferenciada das utilizadas em contextos presenciais, que seja capaz de ajudar a desenvolver investigações sobre AVAs, respondendo, assim, ao desafio da compreensão científica sobre esses ambientes.

O conhecimento científico está vinculado à realidade social, influenciando e sendo influenciado por ela. Por esse motivo, é ingênuo pensar que, com todas as aceleradas mudanças que a sociedade vem sofrendo/gerando, as formas de fazer ciência permaneçam intocáveis. Essas formas precisam ser revisadas, e os processos teóricos e metodológicos necessitam ser readequados às novas situações. Neste sentido, com o uso de ambientes virtuais na educação nos defrontamos com a exigência de propostas de pesquisas científicas que ultrapassem a adaptação dos procedimentos instituídos. A pesquisa no AVA não pode ser meramente ajustada às teorias-metodologias produzidas por uma percepção simplificadora e linear das relações humanas. Esta postura encontra fundamento nas mudanças no sistema de explicação científica que se vem produzindo a partir da segunda metade do século XX. Estas mudanças são a expressão da crise do paradigma dominante que tem sido questionado. Portanto, o centro dessa mudança é a substituição de um paradigma simplificador, herdado da ciência clássica, por outro que leva em consideração a multidimensionalidade dos processos estudados.

Morin (2003) afirma que as teorias científicas são sistemas de ideias que dão forma, ordem e organização aos dados verificados em que se baseiam, por isso são construções do espírito que se aplicam aos dados para lhes serem adequadas. No entanto, constantemente, meios de observação ou de experimentação novos, ou uma nova atenção, fazem surgir dados desconhecidos, invisíveis. As teorias, então, deixam de ser adequadas, e é necessário construir novas.

No entanto, nos questionamos: qual a teoria que poderá embasar esse estudo, sem correr o risco de simplificação? Quais os princípios de investigação que podem ser usados no AVA, sem que haja uma separação do sujeito e do objeto, sem que a realidade seja fragmentada e analisada a partir de um pensamento disjuntivo e dissociativo? A atividade científica estabelece um diálogo com o mundo dos fenômenos, e o que nós nos propomos a mostrar é como estabelecer esse diálogo para que consigamos conhecer com mais profundidade os AVAs.

Até o momento, pensamos que uma das formas de estabelecer este diálogo pode ser a partir do pensamento complexo proposto por Edgar Morin. Esse pensamento nos parece ser uma alternativa para que não nos prendamos ao reducionismo ou ao holismo, mas busquemos uma unidade complexa. Essa unidade complexa liga o pensamento analítico-reducionista e o pensamento da globalidade em uma dialetização (Morin, 1990). Acreditamos, assim, que há necessidade de um estudo neste sentido para que consigamos avançar nas pesquisas em AVAs.

PRINCÍPIOS ONTOLÓGICOS

Em cada momento histórico os cientistas têm uma visão sobre o contexto em que estão inseridos, e essa visão é fundamentada/fundamenta a escolha e/ou criação de determinados paradigmas que vão orientá-los em suas pesquisas. Esses paradigmas são compostos por um conjunto de ideias básicas que se referem a princípios.

Quando nos referimos a princípios, estamos tratando de proposições que embasam a investigação do pesquisador e que ele utiliza para construir e validar o conhecimento. Entendemos que, na pesquisa científica, essas proposições são explicitadas, de uma maneira geral, pelos aspectos ontológicos, epistemológicos e metodológicos definidos pelo pesquisador. Esses aspectos, no entanto, não podem ser tratados separadamente, mas devem ser vistos em uma relação dialética, de implicação e complementação mútuas.

Na busca por contribuir com uma proposição diferenciada de pesquisa para investigar o AVA, vamos definir princípios ontológicos, epistemológicos e metodológicos que acreditamos que possam auxiliar a desenvolver pesquisas neste contexto.

Neste capítulo os princípios ontológicos dizem respeito à imagem que temos do contexto em que estamos inseridos. Este contexto é fragmentado, fixo, objetivo, determinista, quantificável; ou é um contexto complexo, relacional, dinâmico, objetivo/subjetivo, imprevisível, quantificável/qualificável? É especialmente importante ter clareza sobre a visão que o pesquisador tem desse contexto, pois ela influenciará a escolha epistemológica e metodológica dele.

Com base na imagem que temos/criamos do contexto, a partir da nossa vivência e de alguns autores que buscamos para nos auxiliar a compreender e refletir sobre a cibercultura, destacamos os princípios ontológicos que parecem ser fundamentais para pesquisar AVAs. Portanto, tendo como base as ideias de Lévy (1993, 1999), Santaella (2003), Lemos (2002), Ramal (2002) e Morin (1990, 1991, 1995, 1996a, 1996b, 1997, 2000a, 2002b, 2003), construímos estes princípios.

Diferente da ciência clássica, que se apoia nos três pilares da certeza, que são a ordem, a separabilidade e a lógica, neste estudo propomos uma nova abordagem e compreensão do mundo, que confere um novo sentido à ação de pesquisar. Buscamos, nos baseando nas ideias de Morin (1996b), contrapor esses três pilares da ciência clássica a partir das três vertentes do pensamento complexo. Discutir sem dividir é uma delas, na qual "pensar a complexidade é respeitar a tessitura comum, o complexo que ela forma para além de suas partes" (Morin, p.18).

A segunda vertente é a imprevisibilidade. Segundo Morin (1996b, p.18), "um pensamento complexo deve ser capaz de não apenas religar, mas de adotar uma postura em relação à incerteza". A terceira vertente é a oposição de racionalização fechada à racionalidade aberta. "A primeira pensa que é a razão que está a serviço da lógica, enquanto a segunda imagina o inverso" (Morin, p.18). Essa visão de mundo é reforçada e sustentada pelas características da cibercultura levantadas a partir do estudo dos autores citados anteriormente; por esse motivo vamos usá-las como expressão do nosso entendimento sobre o contexto em que estamos inseridos.

"A complexidade, em sua dimensão ontológica, nos diz que a realidade evolui de maneira imprevisível, desordenada, caótica, e todos estes aspectos são os elementos que possibilitam a vida, a evolução e a criatividade" (Moraes e De La Torre, 2006, p.148). Esses aspectos e mais alguns que destacamos a partir do que consideramos característico da cibercultura dizem respeito a como visualizamos o mundo. Como pesquisadores necessitamos esclarecer com qual "lente" estamos observando o mundo para que seja possível compreender que implicações essa visão terá no desenvolvimento da pesquisa que estamos propondo.

Para a definição desses princípios construímos dimensões, que são os agrupamentos das grandes características referentes aos aspectos que compõem a cibercultura. Cada uma dessas dimensões se desdobra em vários descritores, que são os diferentes aspectos necessários a sua descrição. As dimensões e os descritores definidos são apresentados a seguir.

Temporal/espacial

A dimensão temporal/espacial faz referência à maneira como vemos o tempo e o espaço no AVA, com as características próprias do ciberespaço, que o difere do tempo/espaço do ambiente presencial de aprendizagem. Vários aspectos podem ser apontados para que se possa compreender essa visão diferenciada na configuração do tempo/espaço. Para isso desenvolvemos a seguir a explicação sobre os descritores que correspondem a essa dimensão, que estão destacados em itálico no texto a seguir.

No AVA há uma *mobilidade* permanente dos sujeitos e das funcionalidades com as quais ele interage. Essa mobilidade permite uma *flexibilidade*, que proporciona que não haja uma rigidez de horário para acessar as funcionalidades do ambiente e para permanecer nelas, assim como não há rigor na decisão de usar determinados espaços para a interação.

A *alinearidade* é outro dos descritores que caracterizam este tempo/ espaço diferenciado, pois possibilita o acesso ao AVA em qualquer tempo, em qualquer lugar e em qualquer ordem. Além disso, o percurso a ser realizado por cada sujeito é único, não havendo um caminho rígido a ser seguido.

A alinearidade transforma a noção de tempo, que passa a ser pontual, imprimindo um ritmo novo. Dessa forma, no AVA se desenvolve o *presenteísmo*, em que os dados que estão disponíveis podem ser a todo momento questionados, modificados e/ou substituídos. E a *velocidade* no acesso, no processamento e na produção destes dados se dá de uma forma muito rápida, característica da cibercultura.

Nesse contexto de metamorfose permanente já não se pode pensar no AVA como um modelo "certo" ou "errado"; ele precisa ser visto como mais ou menos útil em relação aos objetivos perseguidos. O que conta é a sua *pertinência*. Além da pertinência, a *eficiência* toma o lugar dos critérios de universalidade e objetividade. A preocupação está em escolher um AVA que seja eficaz dentro da sua proposta de uso, e não em comprovar que ele pode ser utilizado de forma indiscriminada, em qualquer situação ou proposta de educação. Essa mesma visão de pertinência e eficiência encontra-se no uso do AVA em relação à escolha das funcionalidades que serão exploradas nele.

Tecnológica

A dimensão tecnológica envolve o potencial das ferramentas tecnológicas disponíveis no AVA, capaz de favorecer as comunicações descentralizadas e o surgimento de novos ambientes socioculturais. Nessa dimensão alguns descritores são apontados para compreendê-la, que estão destacados em itálico.

No AVA há espaço para o desenvolvimento da *inteligência coletiva*, que dá ênfase às mensagens em circuito, distribuídas em rede, nas quais os sujeitos participam como autores numa construção coletiva/individual. Nesse sentido, os recursos tecnológicos de comunicação do AVA são utilizados para as trocas e o enriquecimento mútuo dos sujeitos.

Nessa proposta o que se observa é um espaço em que é possível desenvolver a *interação*. O sujeito passa a se relacionar de forma interativa e bidirecional. O desenvolvimento desse tipo de interação é suportado pela estrutura comunicativa do ciberespaço, caracterizada pela *livre circulação da informação*. No AVA a informação não provém mais de um centro, mas é difundida de forma transversal, vertical, aleatória e associativa. Além das múltiplas direções em que a informação circula, ela também dispõe de diferentes meios que a caracterizam como sendo *hipermídia*. Esta é compreendida pela convergência das mídias a partir da conversão de toda informação (texto, imagem, som) em uma mesma linguagem universal.

A tecnologia de que dispomos no AVA ainda promove a *hipertextualidade*, que possibilita a participação ativa do sujeito, que tem a alternativa de escolher o caminho a percorrer e de produzir novos *links*. A hipertextualidade se amplia com a relação de *colaboração/cooperação* que caracteriza o trabalho que é feito nestes ambientes de aprendizagem. A busca pelo desenvolvimento da inteligência coletiva exige uma equipe de autores que leva a um trabalho de colaboração/cooperação.

Sujeito

A dimensão sujeito trata da forma como o sujeito é visto na cibercultura e, em função disso, a postura que ele assume no AVA. Para compreendê-la serão apresentados a seguir os seus descritores, que serão destacados em itálico.

A *autonomia/dependência* é um dos descritores em que o sujeito, na relação com o AVA, constrói e reconstrói a sua autonomia/dependência. Ela pode ser observada no AVA quando, por exemplo, ao mesmo tempo em que o sujeito pode escolher o caminho a percorrer no ambiente com autonomia, esta é relativa, já que ele precisa dos outros que participam do AVA para que ele tenha sentido. Assim, o sujeito, apesar de ter a sua individualidade, sente a necessidade de estar *conectado* com o mundo e com o outro. O AVA disponibiliza várias funcionalidades que contribuem e promovem essa conexão.

A conexão é fundamental no desenvolvimento da *auto-organização* em que o sujeito está sempre em um processo de vir-a-ser, pois ele é um ser inacabado. Neste processo o sujeito necessita da relação com os outros e consigo mesmo para se conhecer e se transformar. O indivíduo se torna sujeito quando autor de seu processo organizador. O AVA pode se tornar um espaço propício para estimular a auto-organização no momento em que favorece a interação e a *descentração*. Na descentração o sujeito toma consciência de que é o centro de referência, depois se afasta para ver como o outro o vê, em um processo constante de autoavaliação e avaliação com o outro.

Nesse contexto cada sujeito pode se tornar criador, produtor, compositor dos seus próprios produtos. No AVA o sujeito tem espaço para assumir o papel de *autoria*, em que não fica como expectador, mas deve agir para colaborar com a construção coletiva do conhecimento.

Educacional

A dimensão educacional caracteriza-se pelos aspectos que podem ser observados em uma relação de ensino e aprendizagem, que busca acompanhar as transformações geradas/geradoras da cultura digital e que se expressam no AVA. Os descritores que nos auxiliam a compreender esta dimensão seguem destacados em itálico.

O *protagonismo* é um dos descritores e trata da possibilidade que os AVAs abrem aos sujeitos de se tornarem protagonistas. Nesse ambiente o sujeito não faz parte só como um espectador, mas precisa assumir uma postura ativa, participante, para que esteja visível aos outros que fazem parte desse contexto. A partir desse posicionamento os sujeitos podem passar a contribuir com os diversos materiais que são produzidos no ambiente, o que promove a *polifonia*. Neste sentido, no AVA todos podem ter voz e vez para se manifestar, não precisando da autorização do professor para isso. Isso promove uma *mobilidade dos centros*, em que o professor não é mais o centro do processo. Assim, não há caminho, ou centro predeterminado no AVA; existem nós, *links*, que são utilizados conforme as necessidades dos sujeitos.

Para desenvolver a aprendizagem no AVA o sujeito faz a *interconexão* entre os diversos caminhos que ele percorreu no ambiente e entre as várias intervenções nele. Essa interconexão se dá tanto em relação ao material disponível no AVA como na relação que o sujeito faz com o que está sendo vivenciado e tratado fora desse ambiente, em um movimento de *exterioridade*. Esse movimento é fundamental no processo de aprendizagem que não dissocia o conhecimento da vida humana e da relação social. Essas relações provocam uma constante *metamorfose*, que faz com que as funcionalidades disponíveis no ambiente estejam sendo constantemente ressignificadas conforme o interesse e a necessidade dos sujeitos, que também estão em constante transformação.

Essas dimensões e esses descritores, apesar de terem sido expostos de forma separada, estão intimamente relacionados. A separação só foi feita por uma questão didática. Foi um trabalho difícil o de separá-los; a todo momento sentíamos, enquanto estávamos descrevendo determinada dimensão e seus descritores, que ela estava muito relacionada a outras dimensões e fazia parte delas. Elas são uma parte do todo, mas o todo também pode ser visto em cada uma delas, que expressam a imagem que temos do contexto em que estamos inseridos.

Dessa maneira, quando propomos o desenvolvimento da pesquisa em AVAs é importante que fique claro que estamos partindo desta visão de mundo. Isto não significa, no entanto, que em qualquer AVA seja possível visualizar estas dimensões ontológicas, mas significa que o pesquisador parte para o estudo deste contexto tendo esse entendimento sobre ele.

PRINCÍPIOS EPISTEMOLÓGICOS

Os princípios ontológicos definem qual a nossa visão de mundo e, juntamente com essa visão, definimos qual a teoria que pode nos auxiliar a conhecer os AVAs. Acreditamos, como Morin (1996b, p.22), que

> as teorias não são objetivas, são subjetivas-objetivas: tratam dados objetivos mas são construções, sistemas de ideias que se encontram aplicados

ao mundo real para lhe detectar as estruturas invisíveis, uma vez que a ciência se interessa, não pelos fenômenos, o que é trivial, mas pelo que está escondido por trás dos fenômenos.

Para buscar esse conhecimento implícito dos fenômenos podemos optar por diferentes teorias. Neste estudo optamos pela teoria do pensamento complexo de Edgar Morin. Neste sentido, como princípios epistemológicos selecionamos os do paradigma do pensamento complexo indicados por Morin (2000b, 2002). Esses princípios estão relacionados à teoria em que o pesquisador se fundamenta no processo de busca de conhecimento por meio da pesquisa. Acreditamos que esses princípios estão em consonância com os princípios ontológicos, como não poderia deixar de ser.

Nesse sentido, torna-se necessário ressaltar que a divisão entre os princípios epistemológicos e os ontológicos foi feita para fins didáticos e de pesquisa, mas devemos preservar a consciência da interdependência entre ambos. Segundo Cilliers (2003, p.185), "quando tentamos compreender o mundo, estamos sempre lidando simultaneamente com questões ontológicas e epistemológicas".

Nossa intenção é mostrar como, a partir dos princípios do paradigma do pensamento complexo, passamos a compreender/explicar o AVA e a lançar o nosso olhar no desenvolvimento da pesquisa sobre ele. No entanto, é preciso esclarecer que esses princípios não são vistos por nós como controladores soberanos do conhecimento, fazendo com que rejeitemos qualquer teoria adversa e atribuamos o monopólio da verificação e da verdade a eles. Segundo Morin (1990, p.69), "a epistemologia não é pontifical nem judicial, ela é simultaneamente o lugar da incerteza e da dialógica".

A dialógica da compreensão/explicação é fundamental para que os fenômenos sejam captados, por meio da compreensão, pelas suas significações existenciais e no que está marcado pela subjetividade e afetividade, tornando inteligível um sujeito a outro sujeito; como por meio da explicação os fenômenos são captados pelas suas determinações, regras, mecanismos e estruturas de organização. Dessa forma, compreensão e explicação são uma dialógica complexa, pois são ao mesmo tempo antagônicas, concorrentes e complementares (Morin, 1996a).

Para a compreensão/explicação do que ocorre no AVA, os princípios teóricos que guiarão o nosso olhar são os seguintes: *sistêmico ou organizacional*, que articulados ao *holorâmico* formam o grande princípio *hologramático*; *circuito retroativo* e *circuito recursivo*, que formam em sua relação de complementaridade o grande princípio *recursivo*; *dialógico*; *autonomia/dependência*; *reintrodução do conhecimento em todo o conhecimento* (Morin, 2000b).

A partir do princípio *hologramático*, que considera que em qualquer organização complexa não só a parte está no todo, mas também o todo está na parte, percebemos o AVA como um ambiente em que há espaço para que se desenvolva este movimento do todo para as partes e vice-versa. Podemos verificar isso a partir das funcionalidades disponíveis no ambiente, que contemplam espaços para expressão individual (partes), como no diário de bordo, e espaços em que se dá a interação entre os sujeitos (todo), como o fórum. Observando o uso dessas funcionalidades, constatamos que o pesquisador que considera esse ambiente como um sistema complexo não pode querer compreender o todo partindo das qualidades das partes, ou seja, só coletando dados a partir da produção individual. Por outro lado, o pesquisador também não pode negligenciar as partes e só querer ver o todo, se atendo à coleta de dados nas funcionalidades de interação. Nesta abordagem entendemos que faz parte do processo de aprendizagem do aluno tanto o que ele posta no webfólio como todas as interações nas funcionalidades síncronas e assíncronas.

Estar atento à apreensão deste intenso movimento das partes para o todo e vice-versa, em um processo de constante equilíbrio em desequilíbrio, é um desafio que o pesquisador deve assumir quando se propõe a investigar um AVA, que se caracteriza pela não-linearidade que incita à mudança constante, criativa, surpreendente e arriscada.

No AVA o pesquisador tem a possibilidade de acessar todas as funcionalidades e visualizar o que cada sujeito publicou por meio delas. Em alguns ambientes, como no ROODA[2], existe uma funcionalidade chamada InterROODA na qual ele pode, ainda, visualizar as interconexões das contribuições/mensagens individuais, obtendo assim uma noção do fluxo das interações que se desenvolveram no ambiente.

O pesquisador que busca agrupar os fragmentos encontrados no AVA, e a partir de relações lineares e de causalidade pretende chegar à totalidade, pode perder-se diante da amplitude dos movimentos encontrados, da inconstância dos significados produzidos. Diante da dificuldade de, a partir da junção das partes, apreender o todo, o pesquisador utiliza-se da simplificação. Para tanto, ele recorta fragmentos do AVA que, relacionados entre si, podem ir formando significados previstos e mais estáveis e permitem chegar ao conhecimento que é entendido como a tradução da essência do que ocorre no AVA.

Essa postura simplificadora, que busca no AVA uma totalidade a ser apreendida, não responde à necessidade do pesquisador que entende este ambiente como um sistema complexo. Ele o percebe como um contexto relacional tecido por fios, conexões e movimentos que fazem parte da dinâmica do ambiente, que é fundamentada na incerteza e aberta a emergências.

---

[2] ROODA – Rede cOOperativa De Aprendizagem – desenvolvido pelo Núcleo de Tecnologia Aplicada à Educação (NUTED) da Faculdade de Educação da Universidade Federal do Rio Grande do Sul (UFRGS). Atualmente é uma das plataformas de aprendizagem da instituição.

Diferentemente da pesquisa que busca se apoiar no que é invariante, a busca do movimento é capaz de indicar caminhos que podem fazer avançar, pois apontam para a inovação. "Ao fixarmos, em um dado momento, algo cuja essência consiste em fluir e mudar, estamos distorcendo a realidade, reconhecendo como sendo real apenas uma pequena parte dela mesma" (Moraes e De La Torre, 2006, p.149). Os movimentos dos sujeitos no AVA se dirigem em múltiplas direções, provocando as mais variadas situações em um *circuito recursivo*, que é o segundo princípio para um pensamento complexo. Nesse processo recursivo os efeitos e os produtos são, simultaneamente, causadores e produtores do próprio processo.

Quando se pesquisa o contexto do AVA, é preciso considerar essa dimensão recursiva que aponta para a necessidade de que abandonemos o tipo de explicação linear por "um tipo de explicação em movimento, circular, na qual vamos das partes para o todo e do todo para as partes, para tentar compreender um fenômeno" (Morin, 2003, p.182). Assim, os sujeitos produzem o AVA nas interações e pelas interações, mas o AVA, à medida que emerge, cria necessidades, regras, linguagens que produzem os sujeitos. O AVA pode ser visto como uma organização recursiva, em que o usuário encontra ferramentas pré-estabelecidas, mas as interações que se farão nelas são processos singulares e únicos que caracterizam o seu movimento de constituição permanente. Esses processos vão além do que se poderia imaginar no uso do ambiente, pois estão imbuídos de subjetividades únicas e criativas que reconstroem a trajetória.

A partir dessa dinamicidade, entendemos o AVA como um espaço em que há um intenso movimento em que as coisas estão sempre em um processo de vir a ser. A estabilidade, tanto do ambiente como dos usuários, é sempre provisória, pois está sujeita a ações imprevistas e incontroláveis que alimentam a complexidade dialógica do contexto. Considerando essa característica, no momento em que pesquisamos os AVAs não os reduzimos aos indivíduos ou à totalidade que compreende esses ambientes. A dialógica entre o indivíduo e o AVA como um todo deve ser pensado em um mesmo espaço. O princípio *dialógico* (o terceiro para um pensamento complexo) é "a associação complexa (complementar/concorrente/antagônica) de instâncias necessárias conjuntamente à existência, ao funcionamento e ao desenvolvimento de um fenômeno organizado" (Morin, 1996a, p.25). Por isso a importância do pesquisador considerar, e não excluir, as contradições, rompendo com o paradigma cartesiano que dissocia alma/corpo, qualidade/quantidade, sentimento/razão, sujeito/objeto, autonomia/dependência e outros. Esses são princípios ou noções que deviam excluir-se mutuamente, mas são indissociáveis em uma mesma realidade.

A *autonomia/dependência*, por exemplo, é o quarto princípio para um pensamento complexo, e trata da visão de que os humanos "são seres auto-organizadores, que não param de se autoproduzir e, por isso mesmo, despendem energia para manter sua autonomia" (Morin, 2000b, p.95). Para se nutrir de energia, informação e organização os humanos dependem de seu meio ambiente, por isso sua autonomia é inseparável dessa dependência, e devem ser concebidos como seres auto-eco-organizadores.

No AVA o sujeito desenvolve a sua autonomia na dependência do ambiente, e este se desenvolve na dependência da sociedade. Assim, para investigar esse ambiente é preciso levar em conta as suas relações de autonomia/dependência. No uso dos vários recursos que compõem o AVA é possível observar que o sujeito, na interação com os outros, ou seja, no incentivo à participação do outro, na troca de mensagens, no levantamento de dúvidas, vai se auto-eco-organizando e podendo influenciar de alguma maneira na auto-eco-organização dos que com ele compartilham o ambiente. Percebemos, assim, que nesse ambiente há espaço para que, no lugar de uma posição de manipulação e de controle externo, o sujeito encontre possibilidades de construção/desconstrução/reconstrução/organização de seu conhecimento. Ele depende do ambiente como fonte de informação e de relações que o auxiliam a se auto-organizar, mas ele também é fundamental para que o ambiente seja constantemente realimentado de ideias, interações, sentimentos produzidos pelo sujeito.

No AVA a imprevisibilidade e a invisibilidade tecem o ambiente em uma rede na qual também se atam a previsibilidade e a visibilidade. "Os opostos se cruzam, se tecem, se aproximam, se distanciam, indicam rupturas, promovem encontros, convivem nas contradições, criam um movimento difícil de ser percebido, acompanhado, apreendido, interpretado, compreendido, traduzido" (Esteban, 2003, p.130). Este movimento é vivenciado no ambiente na medida em que há um deslocamento alinear dos sujeitos, mediante o qual eles estabelecem que funcionalidade acessar e quando. Ao mesmo tempo, eles vivenciam momentos em que devem usar uma funcionalidade específica, por exemplo, quando ficou marcado um bate-papo a que todos precisam estar conectados ao mesmo tempo para que possa ocorrer a interação.

Esse sistema complexo mostra que está constantemente em ação no AVA uma dialógica ordem/desordem/organização em um espaço de determinação/indeterminação, de certezas/incertezas, o que emerge diante do pesquisador como um tufão levantando inúmeros questionamentos: O que são dados neste ambiente? Como coletá-los sem simplificá-los? Como exercer o movimento de unidade/multiplicidade na coleta dos dados? O que fazer para compreender este contexto em que se insere o problema de pesquisa? Como estudar este ambiente fluido sem torná-lo estático? Como, diante deste ambiente marcado pela multiplicidade, encontrar um rumo para a pesquisa?

Esses questionamentos, e muitos outros, nos levam a tratar do quinto e último princípio para um pensamento complexo, que propõe a *reintrodução do conhecimento em todo o conhecimento*. Segundo Morin (2003, p.29), "o próprio progresso do conhecimento científico exige que o observador se inclua em sua observação, o que concebe em sua concepção; em suma, que o sujeito se reintroduza de forma autocrítica e autorreflexiva em seu conhecimento dos objetos". A partir dessa concepção, o pesquisador não pode mais assumir uma atitude de neutralidade, pois ele não vai mais isolar o fenômeno para ser estudado; ele vai concebê-lo no seu contexto, e o pesquisador faz parte desse contexto.

Desse modo, há necessidade de o pesquisador pensar sobre a pesquisa em AVAs, e não simplesmente seguir os fundamentos da pesquisa clássica, que se baseia na linearidade, na disciplinaridade, na objetividade, na neutralidade e acredita na separação sujeito/objeto. Ele precisa desenvolver uma ação reflexiva que mobilize a consciência de si, implicando a reorganização crítica de seu conhecimento, colocando em questão os próprios argumentos e os confrontando com os limites do conhecimento humano. Com isso o pesquisador estará assumindo uma postura na qual "todo o conhecimento é uma reconstrução/tradução feita por uma mente/cérebro, em uma cultura e época determinadas" (Morin, 2000b, p.96).

Nesse sentido, já não são mais possíveis generalizações de um resultado de pesquisa, como defendia a ciência clássica. Isto ocorre porque não podemos mais afirmar que existe uma única realidade independente daquilo que observamos. Existem múltiplas realidades em função das múltiplas interações e interpretações que acontecem entre indivíduo e meio, sujeito e objeto. Cada observador revela a realidade de acordo com a sua interpretação.

Disso decorre a necessidade de o pesquisador explicar ou descrever as condições em que desenvolveu a pesquisa e o caminho percorrido para que seja possível compreender/explicar os resultados obtidos, dando credibilidade a ela. Esses são aspectos que implicam direta/indiretamente estratégias de ação que serão definidas para o desenvolvimento da pesquisa nos AVAs.

PRINCÍPIOS METODOLÓGICOS

Os princípios metodológicos correspondem às diferentes estratégias de ação que podem ser desenvolvidas na investigação sobre determinado fenômeno a ser pesquisado. Para desenvolver a pesquisa precisamos de uma metodologia, que é tratada neste estudo como o método em ação. Método como um caminho em espiral, compreendido como uma travessia geradora de conhecimentos (Morin, Ciurana e Motta, 2003, p.15); não como uma improvisação qualquer, mas como "estratégias para o conhecimento e ação num caminho que se pensa". Quando nos referimos ao método, assim como Morin (2003), pensamos que ele possui dois níveis que se articulam e se retroalimentam: um que facilita o desenvolvimento de estratégias para o conhecimento; outro que facilita o desenvolvimento das estratégias para a ação.

A partir dessa visão, o método não deve preceder a experiência como um programa predefinido a que a realidade precisa se adequar, mas precisa ser visto como uma estratégia. Por isso, precisamos compreender o método como o que ensina a aprender, em um processo que não se inicia com um método, mas com a busca do método (Morin, 2003).

Neste sentido, o que estamos propondo neste capítulo é esta busca pelo método que esteja em consonância com a proposta da pesquisa em AVAs. Logo, buscamos estratégias que nos auxiliem a desenvolver a pesquisa nesses ambientes. Essas estratégias estão relacionadas aos princípios ontológicos e epistemológicos apresentados anteriormente. Tais princípios apresentam implicações metodológicas importantes para o desenvolvimento da pesquisa em AVAs que é considerado neste momento.

Para que a pesquisa em AVAs se desenvolva, considera-se que o seu método deve priorizar algumas questões quando a intenção é investigar esses ambientes. A partir das reflexões e discussões que temos feito, sugerimos que sejam observados os seguintes pontos:

a) Que os dados sejam coletados por meio de instrumentos diferenciados dos que usualmente apoiam as pesquisas em ambientes presenciais (entrevistas, questionários). Na pesquisa em AVAs é interessante que sejam usados os recursos de comunicação disponíveis no ambiente, como bate-papo, fórum, webfólio, diário de bordo, grupos e outros. No entanto, para complementar a coleta dos dados, o pesquisador poderá utilizar questionários *on-line*. Além de essas funcionalidades oportunizarem a comunicação entre pesquisador e pesquisados, elas também mantêm registrado no ambiente as intervenções do aluno.

Utilizar o material disponível no ambiente é uma característica da pesquisa em AVAs. Esse material é o registro do que acontece na aula virtual, que pode ser compreendida, fundamentalmente, pela separação física entre professores e alunos no espaço e/ou no tempo; eles podem, porém interagir por meio dos recursos de comunicação. Com o uso desses recursos tudo o que se passa na aula fica registrado no ambiente. Trata-se do material de estudo disponibilizado pelo professor; as postagens dos alunos, que são a maneira de eles se fazerem presentes na aula; as intervenções do professor enviando e respondendo mensagens aos alunos, criando fóruns, marcando bate-papos e alimentando continuamente as discussões, incentivando pesquisas fora do ambiente e estimulando as interações. No nosso ponto de vista, essa é uma vantagem importante do AVA em relação ao ambiente presencial, em que muito do que ocorre em aula não fica registrado.

Consideramos que essas funcionalidades vêm sendo pouco exploradas como instrumentos para a coleta de dados, muitas vezes em função da dificuldade de organizá-las. No entanto, pensamos que são instrumentos ricos e devem ser utilizados, pois os registros disponíveis nas funcionalidades nos dão a oportunidade de conhecer as ideias do aluno, os seus sentimentos, as dúvidas que ele tem, as certezas, e como ele vai construindo/desconstruindo/reconstruindo o seu conhecimento. Isso faz com que o pesquisador possa conhecer a aptidão que os alunos apresentam, ou não, para pensar, tratar, resolver problemas em situações de complexidade (multiplicidade das informações, encadeamento das inter-retroações, variações na situação, incertezas), que são atividades que estão associadas à aprendizagem.

Fazendo uso desses registros do ambiente o pesquisador estará respeitando a contextualização dos dados e o seu fluxo de interações. Assim, ele estará preocupado em compreender o movimento que pode ser apreendido no AVA, considerando-o como um espaço marcado pelo presenteísmo, pela mobilidade, pela velocidade, pela flexibilidade e pela alinearidade, não podendo ser investigado a partir de momentos estanques. Com isso o pesquisador procurará fazer uma leitura alinear, que de forma recursiva procura compreender/explicar o fenômeno em um movimento que circula entre partes e todo, entre todo e partes.

O registro no ambiente, diferentemente de uma entrevista ou de um questionário, é capaz de revelar o fenômeno em estudo no seu processo, apresentando aspectos que podem passar despercebidos ou considerados insignificantes se revelados por meio de uma coleta de dados mais individualizada e direcionada.

b) O pesquisador deve estar preparado para fazer uma leitura/escrita hipertextual dos dados que encontra disponíveis no AVA.

A leitura do material disponível no AVA é uma leitura com características diferenciadas da leitura de textos impressos. Não é uma leitura linear, pois os textos, apesar de serem produzidos por meio da escrita, apresentam múltiplas possibilidades de trajetos de leitura pelas janelas do hipertexto. Segundo Costa (2005b, p.37),

> a interface oralidade/escrita parece se dissolver de maneira relevante, no uso da internet, que seria responsável pelo surgimento de novos gêneros (hiper) textuais (*chat*, *e-mail*, fórum, *site*, *homepage*), ligados à interatividade verbal e, consequentemente, se torna responsável por novas formas e/ou funções de leitura e escrita.

Nesse sentido, o pesquisador que trabalha com dados produzidos nos AVAs precisa buscar estratégias de ação para desenvolver a leitura, a organização e a análise desses dados, que se apresentam de maneira distinta da que ele está acostumado quando investiga no presencial. O pesquisador encontrará nos AVAs textos produzidos pelos alunos em diferentes funcionalidades, nas quais não há linearidade, podendo ser lidos na ordem que se desejar, não havendo, necessariamente, uma relação direta entre eles.

O pesquisador nesse contexto é "uma espécie de editor do hipertexto em construção: um texto móvel, caleidoscópio, que apresenta suas diversas faces, gira, torna e retorna à vontade do leitor/escritor/autor" (Costa, 2005a, p.23). Assim como o aluno, que no AVA assume um papel ativo, o pesquisador como leitor passa a ter a oportunidade da criação de associações e da construção hipertextual dos dados que coleta no ambiente.

Será importante, nesta edição do hipertexto, que o pesquisador fique atento ao processo de interação que se desenvolve no AVA entre alunos-alunos, alunos-professor, professor-aluno. Isso é necessário porque cada texto produzido por um sujeito é um elo na cadeia da interação do contexto. Dessa forma, para adquirirem sentido é preciso situar os textos, as informações e os dados em seu contexto. "Para ter sentido, a palavra necessita do texto, que é o próprio contexto, e o texto necessita do contexto no qual se enuncia" (Morin, 2000a, p.36).

O pesquisador, assim, necessita procurar sempre as relações entre cada texto e seu contexto, as relações de reciprocidade todo/partes. Com isso ele estará reconhecendo a unidade da turma em meio às diversidades individuais, e as diversidades individuais em meio à unidade da turma. Portanto, o texto não poderá ser compreendido separado do fluxo dessa interação que ocorre no AVA, na qual o sujeito produz sentidos por meio do movimento de inter-relação dos seus textos com o de outros sujeitos. Na leitura hipertextual a atenção é desviada de um nível sintático para um nível semântico, e é focalizada nas conexões como carregadoras de sentido.

c) Construir hipertextos a partir do material produzido pelos alunos e/ou professores nos espaços coletivos e/ou individuais do AVA.

A atenção do pesquisador deverá estar voltada não só para o processo individual dos pesquisados, mas também para o processo coletivo que é reforçado pelo uso de funcionalidades que potencializam as trocas interindividuais. Os registros do aluno nas funcionalidades fórum e bate-papo, por exemplo, retratam o movimento de interação que ele empreendeu, e representam a polifonia característica do AVA. Nessas funcionalidades observa-se a mobilidade dos centros, em que professor e aluno têm as mesmas condições de expressão, o que possibilita a polifonia, que abre espaço para o protagonismo e que faz do sujeito autor de ideias que vão contribuir para a construção da inteligência coletiva.

Nesse sentido, cabe ao pesquisador ler o material dos espaços individuais e coletivos. Como no ambiente virtual o uso desses espaços ocorre de forma aleatória, não sendo usado, necessariamente, primeiro o individual e depois o coletivo, cabe ao pesquisador definir por qual espaço ele iniciará, ou ainda se ele irá intercalar a leitura do material entre esses espaços. No AVA há uma livre circulação da informação, que não parte necessariamente do professor e nem necessariamente de uma funcionalidade. Por isso, independentemente da escolha da funcionalidade, o importante é que o pesquisador leia o material considerando a multiplicidade de leituras que o texto possibilita em função das intenções, tanto dos autores como dos referenciais teóricos dos leitores. Segundo Moraes (2003, p.2), "os materiais textuais constituem significantes a que o analista precisa atribuir sentidos e significados".

Neste capítulo, fundamentados nos princípios epistemológicos e ontológicos anteriormente explicitados, acreditamos que a ligação entre os textos disponíveis no AVA pode nos auxiliar na compreensão dos sentidos e significados que estes possibilitam ler. Propomos, assim, que por meio da leitura do material dos espaços coletivos e/ou individuais sejam utilizados os textos produzidos pelos sujeitos no ambiente para a construção de hipertextos. Assim, em um ambiente marcado pela dialógica, na qual é possível fazer a associação complexa de ideias complementares/concorrentes/antagônicas, o pesquisador vai fazer a conexão entre os sujeitos, usando como ligação os textos produzidos por eles. No entanto, os textos individuais não se perdem no interior desta rede, pois cada um deixa uma espécie de marca singular e única.

Conforme a intenção do pesquisador ele pode, apenas, descrever a rede hipertextual que já existe no ambiente, a partir das interações que os sujeitos realizaram nele, ou poderá modificar e/ou ampliar essa rede. Essa decisão levará em conta a pertinência e a eficiência dos dados para a investigação a que ele está se propondo. Cada sujeito compõe um nó para a construção do hipertexto. O hipertexto é aqui compreendido segundo a concepção de Lévy (1993, p.33):

> Tecnicamente um hipertexto é um conjunto de nós ligados por conexões. Os nós podem ser palavras, páginas, imagens, gráficos ou partes de gráficos, sequências sonoras, documentos complexos que podem eles mesmos ser hipertextos. Os itens de informação não são ligados linearmente, como em uma corda com nós, mas cada um deles, ou a maioria, estende suas conexões em estrela, de modo reticular. Navegar em um hipertexto significa portanto desenhar um percurso em uma rede que pode ser tão complicada quanto possível. Porque cada nó pode, por sua vez, conter uma rede inteira.

Essa concepção de hipertexto simboliza a visão do AVA como um espaço diferenciado de aprendizagem, em que a mobilidade dos centros promove a alinearidade de percursos indeterminados, marcados pela autonomia/dependência dos sujeitos. Por meio da interconexão, em um processo de colaboração/cooperação, desenvolve-se a inteligência coletiva.

A partir dessa concepção, sugere-se que o pesquisador escolha uma das funcionalidades do AVA (fórum, bate-papo) para iniciar a tessitura do hipertexto. Assim, o pesquisador vai fazer a leitura dos textos produzidos pelos alunos e/ou professor nessa funcionalidade e cada texto comporá uma ligação do hipertexto. O pesquisador fará a conexão entre os nós, ou sujeitos, a partir da ligação que ele for percebendo nos textos, construindo assim o hipertexto. Dessa forma, as conexões são os textos que fazem as ligações entre os nós. Esse hipertexto pode ser representado pela Figura 6.1.

O hipertexto permitirá que o pesquisador visualize graficamente as conexões que os sujeitos desenvolveram no ambiente e as interações que dão sustentação e fortalecem os vínculos. O hipertexto auxilia na compreensão da relação da parte com o todo. "O foco na pesquisa não está no sujeito e nem no objeto, mas nas relações e conexões que ocorrem no processo" (Moraes e De La Torre, 2006, p.155).

Considerando o AVA como um ambiente sistêmico, só se pode conhecê-lo a partir das relações e das interações que se desenvolvem nele. Da mesma maneira, se consideramos o aluno como um sistema, para conhecê-lo é preciso tratá-lo como uma totalidade integrada, em que o todo é maior do que a soma das partes. Segundo Morin (1990, p.32): "a inteligibilidade do sistema deve ser encontrada, não apenas no próprio sistema, mas também na sua relação com o meio, e esta relação não é uma simples dependência, é constitutiva do sistema".

Nesse sentido é que se propõe a construção do hipertexto, que neste capítulo é definido como a conexão das diversas interações que o sujeito desenvolveu no AVA. A interação, segundo Morin (2003), exprime o conjunto das relações, ações e retroações que se efetuam e se tecem em um sistema. A interação, assim, é compreendida como um sistema aberto em que os seus

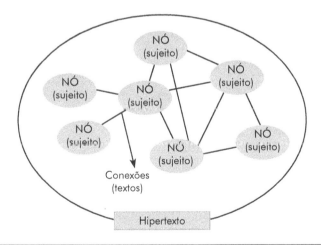

Figura 6.1
Hipertexto.

componentes são interdependentes. No momento em que um é afetado, o sistema total se modifica, pois há uma interconexão. Por existirem constantes trocas entre o contexto e o sistema, estes se influenciam mutuamente e, sendo assim, estão voltados para a evolução, o desenvolvimento e a metamorfose.

O hipertexto, assim, retrata o movimento de interação vivenciado pelos sujeitos no AVA, que se desenvolveu em condições de flexibilidade e indeterminação. Os envolvidos na interação não tinham relações previamente estabelecidas e predeterminadas; pelo contrário, a relação entre eles foi acontecendo naturalmente, espontaneamente, e por isso de forma inesperada. Assim, a partir de um modelo comunicacional que aparentemente contribui para a desordem e crescente desorganização, emerge uma rede de sentidos e significados constituindo um processo auto-organizado que leva à compreensão/explicação do fenômeno em estudo.

d) Na construção do hipertexto o pesquisador poderá, ainda, destacar as multiconexões e as interconexões entre os nós.

As multiconexões se caracterizam por conexões variadas que demonstram o movimento de descentração. Assim, neste capítulo, as multiconexões são identificadas como os momentos de interação nos quais, a partir da postagem do texto de um dos sujeitos em uma determinada funcionalidade no AVA, este gera uma interação entre vários sujeitos. É o que se pode visualizar na Figura 6.2.

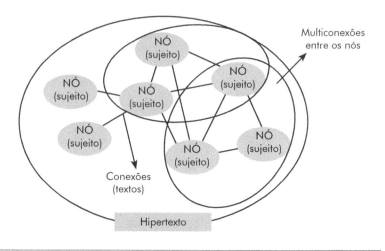

Figura 6.2
Hipertexto – multiconexões entre os nós.

A proposta, neste tipo de pesquisa, é que o pesquisador destaque essa hipertextualidade e, a partir dela, vá construindo a compreensão/explicação do fenômeno em estudo. Sendo assim, as multiconexões entre os nós vão ser destacadas conforme a necessidade e o interesse do pesquisador, sempre permitindo espaço para novas interpretações. Assim, será desenvolvido um processo contínuo de (re)produção e (re)significação de sentidos.

Seguindo a fundamentação epistemológica e ontológica aqui proposta, o pesquisador irá selecionar as multiconexões entre os nós que se destacam por apresentarem evidências na direção do que ele busca. "As evidências são como se fossem indicadores confirmatórios quando estão na mesma direção do previsto ou, então, desmentem nossos pressupostos ao servirem para apontar alguma falha da pesquisa" (Moraes e De La Torre, 2006, p.166).

Em vez de evidências também podem ocorrer emergências, que, como novidades, são aspectos antes impensados pelo pesquisador, mas que influenciam/são influenciados pelo desenvolvimento da pesquisa. Segundo Morin (2002, p.137), "podem-se chamar de emergências as qualidades ou propriedades de um sistema que apresentam um caráter de novidade com relação às qualidades e propriedades de componentes considerados isolados ou dispostos diferentemente em um outro tipo de sistema". Nesse sentido, vale ressaltar que, além das emergências, o pesquisador deve estar aberto para a ocorrência do imprevisto, do inesperado, que é produzido/produz o processo de investigação. No campo das ciências humanas a incerteza é uma característica básica da pesquisa. "Desta forma, a pesquisa nesta área do conhecimento deveria estar mais voltada para a compreensão da dinâmica desses fluxos, para compreensão de seus movimentos, para compreender a energia que circula e que permite a emergência de processos inovadores" (Moraes e De La Torre, 2006, p.158-159).

Destacamos que, nesse movimento, a junção de algumas multiconexões entre os nós pode gerar a formação de interconexões entre os nós, como na Figura 6.3

As interconexões entre os nós representam a interação que o pesquisador percebeu que é possível fazer entre as multiconexões entre os nós. Esse aprofundamento é característico do pesquisador que assume a perspectiva da complexidade na pesquisa e busca ligar e religar os vínculos entre os sujeitos, em um processo recursivo, hologramático e dialógico, um processo que se propõe a fazer uma análise rigorosa dos dados e, nesse sentido, busca ir além de uma leitura superficial.

e) O pesquisador poderá criar *links* entre diferentes hipertextos na busca da construção de uma rede interativa hipertextual.

A partir da construção do hipertexto de determinada funcionalidade, o pesquisador poderá fazer a construção de outro. Na medida em que ele

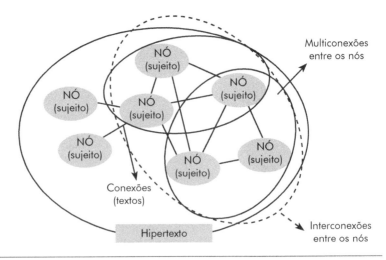

Figura 6.3
Hipertexto – interconexões entre os nós.

vai construindo os hipertextos, pode observar de que maneira eles estão interligados e, assim, será capaz de construir *links* entre eles. Dessa forma, o pesquisador poderá fazer os *links* entre os hipertextos construídos a partir do material coletado nos espaços coletivos do AVA, bem como fazer os *links* destes com o material que coletou nos espaços individuais. Esse movimento de fazer os *links* faz parte da análise dos dados que o pesquisador realiza durante a construção dos hipertextos, e resulta na criação do que denominamos de rede interativa hipertextual.

A rede interativa hipertextual é assim denominada porque se caracteriza pelas ligações que o pesquisador faz na busca de agrupar as várias interações do sujeito no AVA, representadas nos hipertextos. Cada hipertexto representa as interações do aluno em determinadas funcionalidades do AVA, e a rede interativa hipertextual busca uma reconstrução global das interações que o aluno desenvolveu no ambiente, linkando os hipertextos. O pesquisador estabelece, assim, relações complementares entre as partes diferentes e diversas. As partes são organizadas de maneira complementar na constituição do todo. Com isto, o pesquisador é levado a se interrogar sobre as condições, os limites e as possibilidades que colocam esta complementaridade. Assim, com a construção da rede interativa hipertextual o pesquisador visa produzir uma nova ordem, uma nova compreensão, em um processo de auto-organização. A Figura 6.4 representa como pode ser visualizada essa rede interativa hipertextual.

Esses *links*, que podem ser criados a partir dos hipertextos, dependem das intenções do pesquisador e da leitura que ele faz do material. Na proposta

Modelos pedagógicos em educação a distância **167**

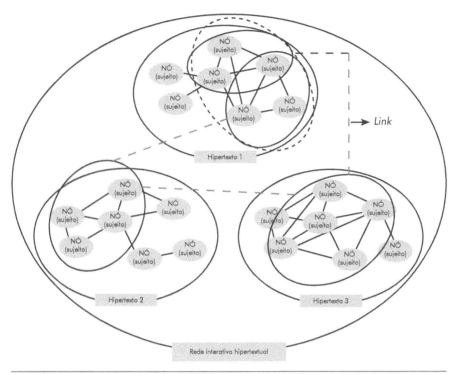

Figura 6.4
Rede interativa hipertextual.

da pesquisa em AVAs, o pesquisador fará os *links* entre os hipertextos, e estes estabelecerão o significado que está sendo dado por ele. Sendo assim, estamos descrevendo alguns dos sentidos que a leitura do conjunto do material textual disponível no AVA pode suscitar. No entanto, entendemos que essa leitura não é a única que pode ser feita, pois toda leitura é uma interpretação já que o texto possibilita múltiplas significações (Moraes, 2003). Cada pesquisador deverá estabelecer o que o levará a construir os *links* entre os hipertextos. O pesquisador poderá, por exemplo, optar por fazer essas ligações com base no tema que foi discutido nos espaços coletivos e que se repetiram nos espaços individuais. Assim, este será o elo de ligação definido pelo pesquisador para criar a rede interativa hipertextual.

Os *links* podem ser alterados a qualquer momento, pois estão inscritos na dinamicidade do ambiente. Se o pesquisador estiver acompanhando todo o processo que se desenvolveu no AVA, a partir de um curso ou de uma disciplina, esses *links* estarão sempre sujeitos a alterações. Como buscamos não estabelecer relações lineares, apoiadas na estabilidade, mas entendemos esse contexto como um sistema complexo, precisamos estar abertos às incertezas/certezas que acompanharão a construção dos *links*. Essa construção, embasada nos princípios epistemológicos e ontológicos propostos neste estudo, será realizada a partir da associação de ideias complementares/antagônicas/concorrentes, em um processo dialógico que ajudará a estabelecer o maior número de relações a respeito do objeto investigado. Acreditamos que dessa maneira estaremos fugindo do reducionismo e da simplificação, característicos da pesquisa tradicional, e estaremos buscando compreender a totalidade sistêmica do objeto em estudo e os diversos fatores envolvidos com ele.

Estes *links* levam o pesquisador à organização hipertextual dos dados, que passa pelo movimento de ordem/desordem/organização mediante o qual o pesquisador se aprofunda no meio caótico e desordenado da rede em formação e busca novas compreensões sobre o fenômeno em estudo.

A organização hipertextual dos dados é fundamental nesta proposta de pesquisa, pois ela possibilita fazer a relação do fenômeno que está sendo investigado com o seu contexto. Dessa forma, não se busca a fragmentação, o isolamento e a divisão do que é relacional no fenômeno para pesquisá-lo. O que se quer é compreendê-lo na interação, na dinâmica das suas relações, pois acredita-se que, para compreender as partes, é preciso compreender o seu relacionamento com o todo, a sua multidimensionalidade. Nesta busca, o pesquisador vai construindo uma rede interativa hipertextual certa/incerta de relações e significados.

Neste movimento de coleta e organização dos dados o pesquisador já vem desenvolvendo a compreensão/explicação sobre eles. São movimentos integrados, em que o pesquisador, a partir do momento em que captura o registro do aluno no ambiente e visualiza as relações criadas por ele, já vai construindo as redes, destacando os nós, fazendo as conexões e os *links*, que estão sempre sujeitos a serem revistos e refeitos. A análise dos dados, assim, não é um momento estanque que só vai iniciar depois da coleta, mas faz parte de todo o processo.

Nesse sentido, o pesquisador não assume uma postura de neutralidade; sua posição é crítica e ativa, participando da construção da rede a partir da leitura e compreensão das mensagens disponíveis no ambiente. Ele não irá mais isolar o fenômeno para ser estudado, ele vai concebê-lo no seu contexto, do qual faz parte. Não há uma separação entre pesquisador e pesquisado, e o pesquisador toma uma atitude de autorreflexão e autocrítica sobre o seu conhecimento.

f) O pesquisador poderá descrever, por meio de um registro textual, os significados que vem construindo e a compreensão que vem atingindo, a partir do processo de constituição das conexões, das multiconexões e das interconexões entre os nós que formam os hipertextos e a rede interativa hipertextual.

Esse registro textual é fundamental para que o pesquisador possa acompanhar e refletir sobre o seu processo de construção do conhecimento. Este é um processo essencialmente inacabado, que exige uma constante auto-organização. Esse movimento leva o pesquisador a repensar os rumos que o trabalho de investigação vem tomando, a corrigir possíveis desvios limitantes, e a retomar e/ou criar novas estratégias de ação que o auxiliem na compreensão mais aprofundada possível do fenômeno em estudo.

> A produção textual, mais do que simplesmente um exercício de expor algo já perfeitamente dominado e compreendido, é uma oportunidade de aprender. É um processo vivo, um movimento de aprendizagem aprofundada sobre os fenômenos investigados. (Moraes, 2003, p.204)

O registro textual pode ser feito gradativamente, mostrando a análise que o pesquisador está realizando dos dados em estudo. "É parte de um conjunto de ciclos de pesquisa em que, por meio de um processo recursivo de explicitação de significados, pretende-se atingir uma compreensão cada vez mais profunda e comunicada com maior rigor e clareza" (Moraes, 2003, p.203).

Dessa forma, o pesquisador deve registrar o movimento de desorganização e desconstrução que ele empreendeu, fazendo as conexões, multiconexões e interconexões entre os sujeitos no ambiente, até a formação da rede hipertextual. Com o registro textual desse movimento o pesquisador vai expressar a compreensão/explicação que ele foi capaz de atingir sobre o fenômeno em estudo. Assim, ele vai mostrar a produção de uma nova organização e de uma nova compreensão, que foi realizando a partir do seu olhar sobre os significados e sentidos percebidos nos textos produzidos pelos sujeitos no AVA e nas interações entre eles.

Nesse sentido, em uma dialógica geral de ordem/desordem/organização, que inclui captar o significado e o sentido dos textos, integrá-los e transformá-los em hipertextos que podem compor uma rede interativa, o pesquisador busca conceber a singularidade e a generalidade dos sujeitos. Ao mesmo tempo em que, na dialógica análise/síntese que comanda as operações perceptivas, o pesquisador é levado a fazer uma reconstrução interpretativa construtiva.

g) Para finalizar a investigação o pesquisador poderá, por meio de uma síntese, expressar a reconstrução interpretativa construtiva que desenvolveu a partir do movimento recursivo teórico/prático que empreendeu no estudo.

O pesquisador deverá mostrar o resultado do processo que desenvolveu, no qual fez uso da teoria para auxiliar a compreensão/explicação do fenômeno em estudo, ao mesmo tempo em que a compreensão/explicação pode ter gerado a construção de novas teorias. Assim, enquanto o pesquisador faz os hipertextos, ele analisa as interações que vão sendo construídas e o sentido e significado delas, que podem fazer emergir novas teorias ou ampliar as já existentes. Essa análise fica registrada nos textos que o pesquisador produziu durante a compreensão/explicação dos hipertextos. Nos textos produzidos a preocupação do pesquisador não deve ser só a de descrever a construção dos hipertextos, mas a de expressar uma compreensão mais aprofundada que vai além do explícito. Esses devem registrar a emergência do novo e do implícito, que o pesquisador pode captar a partir do movimento de ordem/desordem/organização vivenciado no processo de investigação.

Cabe ao pesquisador, no momento de síntese, fazer a releitura desses textos e construir um novo texto, que não será a soma deles, mas retratará o que emergiu da interação das ideias expressas neles. Assim como em um sistema complexo, a síntese é mais do que a junção dos textos construídos durante o percurso da pesquisa. Na junção desses, emergem novas ideias que representam a reconstrução interpretativa construtiva realizada pelo pesquisador.

A síntese apresenta ideias novas, ao mesmo tempo em que aponta as limitações da pesquisa e o seu inacabamento. Segundo Morin, Ciurana e Motta (2003, p.40), "o acabamento de uma obra complexa não deve dissimular seu inacabamento, mas revelá-lo", o que não significa relaxar a disciplina intelectual, mas sim inverter o seu sentido, consagrando-a à realização da obra no inacabamento. Nesse sentido, o material produzido pelo pesquisador deverá ser comunicado e exposto a leitores críticos, interessados e conhecedores do tema, que possam contribuir para o aperfeiçoamento e a validação da pesquisa. Além disso, a síntese deverá ser avaliada pelo pesquisador, que vai refletir sobre a autoprodução e a auto-organização, e com isso poderá gerar novas ideias na constituição de uma nova tese. Esse movimento inclui a consciência da necessidade da reformulação de ideias do próprio sistema de referência e de sua finalidade para a integração de finalidades novas, e explicitação de acréscimos sobre o conhecimento anterior, de questões pendentes e de definição de conceitos em uma visão prospectiva.

A síntese seria a última estratégia de ação que sugerimos que seja desenvolvida na pesquisa em AVAs. Buscamos, com essas diferentes estratégias de ação, construir um caminho diferenciado de pesquisa que possa contribuir com a pesquisa nesses ambientes.

Com a definição de princípios ontológicos, epistemológicos e metodológicos para pesquisar AVAs, construímos um quadro de referência (Quadro 6.1) para auxiliar o pesquisador interessado neste campo de investigação, que é apresentado a seguir.

Consideramos que o quadro de referência poderá servir de parâmetro para pensar a pesquisa em AVAs em uma nova perspectiva. Nesse sentido,

Quadro 6.1 Quadro de referência: princípios ontológicos, epistemológicos e metodológicos

Princípios ontológicos Dimensões e descritores da cibercultura	Princípios epistemológicos Princípios do paradigma do pensamento complexo	Princípios metodológicos Estratégias de ação
Dimensão temporal/espacial – Mobilidade – Flexibilidade – Alinearidade – Presenteísmo – Velocidade – Eficiência – Pertinência	Sistêmico ou organizacional + hologrâmico = hologramático	Utilizar os recursos de comunicação disponíveis no ambiente para entrar em contato com os pesquisados e/ou para coletar o material que fica registrado nele
Dimensão tecnológica – Colaboração/cooperação – Inteligência coletiva – Hipermídia – Livre circulação da informação – Hipertextualidade – Interação	Retroativo + recursivo = recursivo	Fazer uma leitura/escrita hipertextual dos dados disponíveis no AVA
Dimensão do sujeito – Autonomia/dependência – Autoria – Auto-organização – Descentração – Conexão	Autonomia/dependência	Construir hipertextos a partir do material produzido pelos alunos e/ou professores nos espaços coletivos e/ou individuais do AVA
Dimensão educacional – Protagonismo – Polifonia – Exterioridade – Interconexão – Mobilidade dos centros – Metamorfose	Dialógico	Destacar as multiconexões e as interconexões entre os nós do hipertexto
	Reintrodução do conhecimento em todo o conhecimento	Criar *links* entre diferentes hipertextos para a construção de uma rede interativa hipertextual
		Registrar textualmente a compreensão/explicação das conexões, multiconexões e interconexões entre os nós que formam o hipertexto e a rede interativa hipertextual
		Fazer uma síntese que expresse a reconstrução interpretativa construtiva

Fonte: elaboração da autora.

acreditamos que esses princípios poderão auxiliar os pesquisadores interessados em desenvolver a pesquisa, a partir da perspectiva do pensamento complexo.

Torna-se necessário esclarecer que as colunas que compõem o quadro de referência não têm relação entre si; a sua ordem está relacionada com a ordem em que foram sendo descritas no trabalho. Do mesmo modo, é preciso elucidar que a separação entre os princípios, que está representada no quadro, só foi realizada para fins didáticos, mas eles só poderão ser compreendidos na sua relação.

Esse quadro de referência revela uma maneira diferente de ver a realidade, de estudar e de agir na busca de compreendê-la. Para construí-lo partimos do estudo sobre a cibercultura, já que o nosso objeto de estudo é o AVA e este é fruto desta cultura. Com este estudo conseguimos fazer o levantamento das características da cibercultura. Essas características, compostas de diferentes dimensões, lançam uma nova imagem da realidade, que se distancia bastante da visão presente no paradigma da ciência clássica. Com isso, sentimos a necessidade de buscar princípios diferenciados da ciência clássica para estudar os AVAs, que fazem parte da cibercultura. Assim como Morin (1990, p.78), acreditamos que "o objeto não deve somente ser adequado à ciência, a ciência deve igualmente ser adequada ao seu objeto".

Buscamos nos princípios do paradigma do pensamento complexo uma das teorias que pode se adequar ao estudo dos AVAs. Acreditamos que ele nos leva a ter uma visão da realidade condizente com a que expusemos nos princípios ontológicos, ao mesmo tempo em que esses princípios determinam a escolha pelo paradigma do pensamento complexo, em um movimento de recursividade.

A definição dos princípios ontológicos e epistemológicos nos levaram a buscar estratégias de ação para conhecer os AVAs que se diferenciam das adotadas nas pesquisas da ciência clássica. No entanto, isso não significa ignorar o que já foi construído e o que já deu resultados positivos nessa ciência.

> A scienza nuova não destrói as alternativas clássicas, e não traz uma solução monista que seria como a essência da verdade. Mas os termos alternativos tornam-se antagônicos, contraditórios e complementares ao mesmo tempo no seio de uma visão mais ampla, que vai ter de encontrar e enfrentar novas alternativas. (Morin, 1990, p.79)

Os princípios metodológicos que definimos, então, representam novas alternativas de coleta e análise de dados, que procuram responder a esta nova visão de realidade e aos princípios do pensamento complexo no estudo dos AVAs. São estratégias de ação que buscam considerar, nos seus processos, os princípios hologramático, recursivo, dialógico, de autonomia/dependência e de reintrodução do conhecimento em todo o conhecimento.

Neste sentido, os princípios ontológicos, epistemológicos e metodológicos inter-relacionados formam um conjunto de ideias básicas que construímos pensando em responder à necessidade que sentimos de desenvolver um tipo diferenciado de pesquisa que possa atender aos pesquisadores que estudam os AVAs.

PESQUISAVA: UMA ALTERNATIVA DE PESQUISA CIENTÍFICA EM AMBIENTES VIRTUAIS DE APRENDIZAGEM

O quadro de referência que construímos para o desenvolvimento da pesquisa em AVA se apresenta como uma alternativa diferenciada de investigação. Nesse sentido, este tipo de pesquisa merece uma denominação específica. Para tal escolhemos, então, denominar esta nova alternativa de pesquisa científica em ambientes virtuais de aprendizagem de PesquisAVA. Essa denominação foi criada a partir da constante referência que fizemos à pesquisa em AVA, o que nos fez chegar à palavra "PesquisAVA". Essa palavra é formada pela aglutinação entre a palavra "pesquisa" e a sigla de ambiente virtual de aprendizagem AVA.

Sempre que nos referirmos a PesquisAVA estamos falando de um tipo particular de pesquisa, com características próprias. Esta é uma pesquisa que já tem o seu objeto de estudo definido, ou seja, é uma pesquisa própria para investigar AVAs, pois foi criada com essa preocupação. Sendo assim, ela é uma pesquisa que se caracteriza por se desenvolver no espaço virtual, fazendo uso da tecnologia digital.

A PesquisAVA se caracteriza, também, por ser um tipo de pesquisa que nasce do estudo de uma cultura que vem crescendo na sociedade, a cibercultura. Além disso, parte de princípios que estão formando um novo paradigma científico que propõe uma forma diferenciada de fazer ciência, como foi observado no quadro de referência criado para o desenvolvimento dela.

Os princípios que formam o quadro de referência da PesquisAVA, além de servirem de orientação para o seu desenvolvimento, servem como referência para o pesquisador repensar a sua postura. Ele terá elementos para se autointerrogar, discutir sobre ele mesmo, contestar suas próprias ideias e ações, ou seja, desenvolver o que Morin (2003) chama de "ciência com consciência". Uma consciência reflexiva, apoiada na ética e na reintrodução do sujeito, resistindo assim à irresponsabilidade do conhecimento. Com isso, este quadro de referência, que procura ser uma resposta, pode se transformar em muitas perguntas.

Assim, o pesquisador, na PesquisAVA, precisa estar aberto para assumir uma postura diferente da que vinha desempenhando no paradigma da ciência clássica, que se apoia na ética do conhecimento. Essa ética que exige que tudo seja sacrificado à sede de conhecer já não responde à necessidade dos pesquisadores que assumem a ética da compreensão entre as pessoas, da solidariedade intelectual e moral da humanidade.

Para quem se baseia na PesquisAVA, sob o ponto de vista ontológico, o contexto em que estamos inseridos é complexo, relacional, dinâmico, objetivo/subjetivo, imprevisível, quantificável/qualificável. Portanto, quando se busca pesquisar um AVA, a visão que se tem desse contexto é de mobilidade, flexibilidade, alinearidade, presenteísmo, pertinência e eficiência. Retoma-se aqui o conceito de AVA, que é visto como um espaço de interação, colaboração/cooperação em que a construção do conhecimento é um processo que, apesar de radicalmente individual, é realizado coletivamente. Por isso é um ambiente em que a livre circulação da informação, a hipermídia e a hipertextualidade promovidas pelas tecnologias disponíveis no ambiente o tornam um espaço propício para o desenvolvimento da inteligência coletiva.

Nesta visão de AVA, o pesquisador adepto da PesquisAVA valoriza o sujeito e entende que ser sujeito é ser autônomo/dependente, o que leva a uma concepção complexa sobre ele. Essa visão complexa propicia o entendimento de que para sermos nós próprios precisamos dos outros. Nesse sentido, o sujeito é entendido como alguém que está conectado e que, por meio dessa conexão com o mundo e com o outro, ele desenvolve a sua auto-organização. Essa auto-organização passa pelo processo de descentração e autoria.

Esse ponto de vista ontológico preconizado na PesquisAVA é composto, também, por uma visão transformadora de educação. O protagonismo é condição essencial dos sujeitos envolvidos na relação de aprendizagem no ambiente, em que a polifonia toma o lugar do monologismo característico da concepção tradicional de educação. Com isso, o professor deixa de ser o centro do processo educativo, havendo uma mobilidade constante dos centros. O professor é visto como um "dinamizador da inteligência coletiva" e como um "arquiteto cognitivo".[3] O aluno sente a necessidade da interação e da exterioridade que o levam a uma constante metamorfose.

Do ponto de vista epistemológico, a PesquisAVA considera que, no processo de busca de conhecimento pela pesquisa, o investigador se apoiará nos princípios do paradigma do pensamento complexo para compreender/explicar o AVA. São cinco princípios tratados neste capítulo: o hologramático, o recursivo, a autonomia/dependência, o dialógico e a reintrodução do conhecimento em todo o conhecimento. Esses princípios redimensionam o olhar do pesquisador, gerando uma relação de retroação com os princípios ontológicos e metodológicos.

Metodologicamente, a PesquisAVA se baseia na coleta e na análise das intervenções dos sujeitos, que ficam registradas no AVA. Com a preocupação de organizar os dados que se encontram dispersos no ambiente, não os des-

---

[3] Conceito usado por Ramal (2002).

contextualizando nem os fragmentando, a PesquisAVA vale-se da construção de hipertextos. Em um movimento de ordem-desordem-organização, o investigador é capaz de estabelecer as distinções e as relações que formarão o hipertexto.

Para tanto, o pesquisador deverá estar apto a desenvolver uma leitura/escrita hipertextual dos dados disponíveis no AVA. Fazem parte desse processo os materiais produzidos tanto nos espaços individuais como nos espaços coletivos do ambiente. São dados que já pertencem a uma hipertextualidade natural do ambiente, mas que quando manipulados pelo pesquisador poderão adquirir diferentes configurações.

Em vez de hierarquia e linearidade, na PesquisAVA a proposta é produzir e organizar o conhecimento por meio da multilinearidade, dos nós, das conexões, dos *links* e das redes, em uma concepção de descentramento. Esta forma hipertextual de tratar os dados está relacionada à visão ontológica que fundamenta a PesquisAVA. Como diz Ramal (2002), é uma forma de leitura e escrita que se aproxima mais do nosso esquema mental. Nós pensamos em hipertexto, não temos limite para a imaginação, que produz diferentes sentidos a uma palavra e faz múltiplas conexões que levam o pensamento a diferentes caminhos.

Portanto, o pesquisador busca trabalhar com os dados conectando-os a uma rede em que os nós, as conexões e os *links* estão em contínua (re)produção e negociação de sentidos e informações, sempre abertos a construções diferentes. Essa ideia de inacabado, de constante construção, possibilita ao pesquisador, no processo de construção do conhecimento, retomar, em diferentes momentos e de forma interativa e recursiva, os objetivos, as estratégias e as análises feitas, visando compreender o fenômeno em estudo. A pesquisa, assim, é entendida como um processo de descoberta que se desenvolve na incerteza e convive com o erro. Na PesquisAVA o erro e a incerteza, que eram vistos como falhas na ciência clássica, são vistos como parte do processo da pesquisa. Os erros são elementos essenciais para a compreensão do que acontece no processo de investigação, buscando assim redimensionar e avançar na pesquisa. Todo conhecimento está sujeito ao erro, já que este não é um espelho do mundo, mas uma construção imbuída de subjetividade do conhecedor.

Para auxiliar no processo de retomada dos objetivos da pesquisa, de reflexão sobre como a investigação vem se desenvolvendo, dos erros que podem estar surgindo, o pesquisador utiliza, concomitantemente com a construção dos hipertextos, um registro textual. Na PesquisAVA esse registro textual é uma maneira de o pesquisador expressar a análise que vem fazendo e a compreensão/explicação aprofundada sobre o fenômeno que vem investigando.

Esse registro é importante na PesquisAVA, em que o pesquisador, em um processo de indagação constante, vai transformando suas concepções, e aprendendo na relação recursiva entre a teoria e a prática. Os conhecimentos que o pesquisador vai adquirindo são expressos por meio de uma síntese que aponta as ideias e concepções novas, que ele obtém a partir da pesquisa. Além disso, essa síntese aponta os limites e o inacabamento da pesquisa, revelando-a como promotora de processos auto-organizadores.

Acreditamos, assim, que na PesquisAVA o pesquisador é levado a distinguir e fazer comunicar em vez de isolar e de separar; reconhecer os traços singulares, originais, históricos do fenômeno em vez de ligá-los pura e simplesmente a determinações ou leis gerais; conceber a unidade/multiplicidade de toda entidade em vez de a heterogeneizar em categorias separadas ou de homogeneizá-la em indistinta totalidade; dar conta dos caracteres multidimensionais de todo o contexto estudado (Morin, 2003). Desta forma, pensamos que a PesquisAVA responde à necessidade de apontar princípios que possam auxiliar a desenvolver a pesquisa científica para investigar AVAs sob o ponto de vista do pensamento complexo.

CONSIDERAÇÕES FINAIS

Pensamos, com esta abordagem, estar contribuindo para o desenvolvimento da pesquisa científica em AVAs, mostrando que não só é necessária, mas também é possível, embasar a investigação sob um novo paradigma. Com isso, estamos colaborando para quebrar resistências em relação a inovações no uso de paradigmas diferenciados dos tradicionais na pesquisa em educação, mesmo que eles possam significar incerteza, desestabilidade, dúvidas e uma verdadeira transformação. A resistência ao novo pode acontecer, também, por falta de conhecimento sobre como determinada teoria pode ser colocada em prática. Por isso a importância deste estudo, que mostra algumas das possibilidades que deslumbramos no uso da teoria do pensamento complexo para investigar AVAs. Esta preocupação visa evitar que se crie um hiato entre teoria e prática. Assim, a partir da conjunção entre os princípios ontológicos, epistemológicos e metodológicos, apresentamos como é possível desenvolver uma pesquisa sob o ponto de vista do pensamento complexo.

Acreditamos que a investigação fundamentada no pensamento complexo, como a PesquisAVA, proporciona novas compreensões/explicações sobre o funcionamento do AVA; o processo de ensino e de aprendizagem nesse ambiente; as relações entre professor-aluno e aluno-aluno nesse novo espaço/tempo virtual; as novas linguagens; os processos de construção do conhecimento; enfim, o complexo contexto que o AVA representa. Diante disso, este tipo de pesquisa pode contribuir para o desenvolvimento de processos investigativos no AVA que permitam qualificar, cada vez mais, o seu uso na educação.

A PesquisAVA visa promover uma investigação que se baseia na implicação/distinção/conjunção e, por isso, rompe com o paradigma da simplificação. Assim, busca considerar e respeitar a multidimensionalidade dos fenômenos, fundamentando-se no pensamento complexo e respondendo à necessidade de uma mudança paradigmática na pesquisa científica.

REFERÊNCIAS

BEHAR, P. A. et al. ROODA/UFRGS: uma articulação técnica, metodológica e epistemológica. In: BARBOSA, R. (Org.). *Ambientes virtuais de aprendizagem*. Porto Alegre: Artmed, 2005a. p. 51-70.

CILLIERS, P. Porque não podemos conhecer as coisas complexas completamente. In: GARCIA, R. L. (Org.). *Método, métodos, contramétodo*. São Paulo: Cortez, 2003. p. 181-191.

COSTA, S. R. Leitura e escrita de hipertextos: implicações didático-pedagógicas e curriculares. In: FREITAS, M. T. de A.; COSTA, S. R. (Org.). *Leitura e escrita de adolescentes na internet e na escola*. Belo Horizonte: Autêntica, 2005b. p. 37-43.

_____ . Oralidade, escrita e novos gêneros (hiper)textuais na Internet. In: FREITAS, M. T. de A.; COSTA, S. R. (Org.). *Leitura e escrita de adolescentes na internet e na escola*. Belo Horizonte: Autêntica, 2005a. p. 19-27.

ESTEBAN, M. T. Sujeitos singulares e tramas complexas: desafios cotidianos ao estudo e à pesquisa. In: GARCIA, R. L. (Org.). *Método, métodos, contramétodo*. São Paulo: Cortez, 2003. p.125-145.

LEMOS, A. *Cibercultura, tecnologia e vida social na cultura contemporânea*. Porto Alegre: Sulina, 2002.

LÉVY, P. *As tecnologias da inteligência*: o futuro do pensamento na era da informática. Rio de Janeiro: Ed. 34, 1993.

_____ . *Cibercultura*. São Paulo: Ed. 34, 1999.

MORAES, M. C.; DE LA TORRE, S. Pesquisando a partir do pensamento complexo: elementos para uma metodologia de desenvolvimento eco-sistêmico. *Revista Educação PUCRS*, Porto Alegre, ano 29, n. 1, n. 58, p. 145-172, jan./abr. 2006.

MORAES, R. Uma tempestade de luz: a compreensão possibilitada pela análise textual discursiva. *Ciência & Educação*, Bauru, v. 9, n. 2, p. 191-211, 2003.

MORIN, E. *A cabeça bem-feita*: repensar a reforma, reformar o pensamento. Rio de Janeiro: Bertrand Brasil, 2000b.

_____ . *Ciência com consciência*. 7. ed. Rio de Janeiro: Bertrand Brasil, 2003.

_____ . *Introdução ao pensamento complexo*. Lisboa: Instituto Piaget, 1990.

_____ . *O método*. Lisboa: Europa-América, 1991. v. 4: As ideias: a sua natureza, vida, habitat e organização.

_____ . *O método*. Lisboa: Europa-América, 1996a. v. 3: O conhecimento do conhecimento.

_____ . *O método*. Porto Alegre: Sulina, 2002. v. 1: A natureza da natureza.

_____ . *O problema epistemológico da complexidade*. 2. ed. Lisboa: Europa-América, 1996b.

_____ . *Os meus demônios*. Rio de Janeiro: Bertrand Brasil, 1997.

_____ . *Os sete saberes necessários à educação do futuro*. São Paulo: Cortez; Brasília, DF: UNESCO, 2000a.

MORIN, E. ;KERN, A. B. *Terra-pátria*. Porto Alegre: Sulina, 1995.

MORIN, E.; CIURANA, E. R.; MOTTA, R. D. *Educar na era planetária:* o pensamento complexo como método de aprendizagem no erro e na incerteza humana. São Paulo: Cortez, 2003.

RAMAL, A. C. *Educação na cibercultura:* hipertextualidade, leitura, escrita e aprendizagem. Porto Alegre: Artmed, 2002.

SANTAELLA, L. *Culturas e artes do pós-humano:* da cultura das mídias à cibercultura. São Paulo: Paulus, 2003.

WAQUIL, M. P. *Princípios da pesquisa científica em ambientes virtuais de aprendizagem:* um olhar fundamentado no paradigma do pensamento complexo. 2008. 160 f. Tese (Doutorado em Educação) – Faculdade de Educação, Universidade Federal do Rio Grande do Sul, Porto Alegre, 2008.

A comunicação matemática *on-line* por meio do ROODA Exata

Patricia Alejandra Behar
Márcia Rodrigues Notare

INTRODUÇÃO

Sabe-se que, até o momento, as ferramentas de comunicação *on-line* são predominantemente escritas. Assim, a interação em meio virtual depende fortemente dessa forma de comunicação. Com isso, constatou-se que a aprendizagem *on-line* de áreas pertencentes às ciências exatas, como matemática, física e química, necessita de meios de interação e comunicação que possibilitem a utilização de símbolos, fórmulas e equações. As ciências exatas possuem uma linguagem formada por uma simbologia própria, indispensável à comunicação científica e de extrema importância para o seu processo de aprendizagem. Acredita-se que tal suporte deve estar presente nos mais diversos meios de comunicação e interação *on-line*, como bate-papo, *e-mail*, fórum de discussão, mensagens instantâneas, entre outros. Somente com esses recursos, será possível usufruir, de forma satisfatória, das vantagens oferecidas pela EAD nas áreas exatas.

Entretanto, sabe-se que ainda são poucos os ambientes virtuais de aprendizagem e as ferramentas que permitem a comunicação científica a distância, possibilitando a utilização de símbolos e notações próprias das áreas exatas de forma efetiva, intuitiva e amigável.

Buscando possibilitar essa nova forma de comunicação, foi desenvolvido, no Núcleo de Tecnologia Educacional (NUTED), um editor de fórmulas científicas – ROODA Exata – como uma funcionalidade integrada aos diferentes recursos de interação e comunicação oferecidos pelo ambiente virtual de aprendizagem ROODA (Rede Cooperativa de Aprendizagem), disponível em https://www.ead.ufrgs.br/rooda (Behar et al., 2005). O ambiente disponibiliza recursos síncronos e assíncronos para interação e comunicação entre professores e alunos, centrado no usuário e de modo a valorizar o processo de cooperação. Dessa forma, o editor de fórmulas ROODA Exata está disponível como mais uma ferramenta, assim como bate-papo, fórum de discussão, diário de bordo, entre outros.

A EDUCAÇÃO A DISTÂNCIA E A EDUCAÇÃO SEMIPRESENCIAL

Muito se tem discutido a respeito de EAD, no Brasil e no mundo. A popularização da internet motivou essa discussão e abriu novos espaços para se desenvolver uma nova forma de ensinar e aprender, presencial e virtualmente. As metodologias tradicionais de ensino estão se tornando cada vez mais inadequadas, uma vez que a internet permite uma maior flexibilização do ensino, tornando mais virtuais as aulas presenciais. Com o acesso à internet, é possível integrar os momentos de sala de aula com os momentos de aprendizagem virtual extraclasse, permitindo que os alunos ampliem seus momentos de aprendizagem, não ficando restritos aos encontros presenciais. Assim, o processo de ensinar e aprender, nos dias de hoje, não se limita ao trabalho dentro da sala de aula, pois a internet abre um imenso horizonte que possibilita a flexibilização e evolução das aulas presenciais, bem como de cursos totalmente virtuais.

A proposta de integrar o presencial e o virtual faz valorizar os momentos presenciais, em que estamos em presença física. O virtual é um grande aliado, que facilita a comunicação e o contato a distância, em qualquer momento, sem a necessidade de sair do espaço profissional ou familiar. A flexibilização curricular tende a revalorizar a importância de aproveitar os momentos de presença física. Entretanto, as experiências virtuais têm o seu valor e são muito importantes para o processo de aprendizagem. Podem-se realizar debates em torno de um tema trabalhado, ou utilizar o espaço virtual para tirar dúvidas e aprofundar conceitos.

As redes de comunicação mediada por computador são, hoje, a forma mais usual de promover a aprendizagem a distância. Tais meios de comunicação oferecem a oportunidade de compartilhamento e construção de ideias, de informações e de habilidades entre os participantes, com o objetivo de fortalecer a construção do conhecimento. Até o momento, essas ferramentas de comunicação virtual são predominantemente escritas, o que permite escrevermos mensagens, respostas, etc. Assim, segundo Harasim e colaboradores (2005), qualquer curso que enfatize a discussão aprofundada de um assunto pode ser conduzido com eficácia apenas em um ambiente *on-line*, assim como cursos que exigem muitas tarefas escritas.

Uma das principais contribuições de cursos semipresenciais ou virtuais é a aprendizagem ativa, que implica compromisso social e cognitivo. Para participar desses cursos é preciso opinar, responder aos colegas e compartilhar ideias, pois o aluno só está socialmente *on-line* quando faz um comentário. A participação ativa leva à aprendizagem, pois escrever ideias e informações exige esforço intelectual e auxilia tanto na compreensão quanto na retenção. Formular e articular uma afirmação são ações cognitivas e constituem um processo valioso do desenvolvimento humano. Para fazer comentários, os alunos precisam organizar ideias e pensamentos de forma coerente, e isso consiste em um trabalho intelectual. Além disso, quando ideias e informações são publicadas em fóruns ou listas de discussões, podem desencadear novas respostas, como solicitação de esclarecimentos, desenvolvimento mais aprofundado da ideia ou até mesmo desacordos. Essas trocas fazem com que o autor da mensagem e os demais participantes da discussão aprimorem seus conceitos ou os revejam, em um processo de reconstrução cognitiva. Assim, as ideias são desenvolvidas interativamente, havendo um estímulo à reflexão, à interação e, consequentemente, à construção do conhecimento.

Alguns alunos exibem um comportamento excelente de comunicação no meio virtual, por serem ágeis no raciocínio e na escrita, enquanto outros permanecem apenas como observadores. Tais características dependem do perfil de cada aluno, considerando sua maturidade, sua autonomia, sua motivação, seu tempo disponível e sua facilidade de acesso. Por esse motivo, é importante diversificar as atividades, bem como incentivar os mais passivos, para que o maior número possível de alunos tenha experiências de sucesso no ambiente virtual. Assim, a comunicação virtual permitirá interações espaciotemporais mais livres, adaptação a ritmos diferentes dos alunos e maior liberdade de expressão a distância.

Aprender a ensinar e a aprender nesse novo contexto, que integra o presencial e o virtual, é um dos grandes desafios que a educação está enfrentando atualmente. Com relação ao papel do professor, muda a relação de espaço, tempo e comunicação com os alunos. As trocas e interações estendem-se da sala de aula para o virtual, assim como o tempo dessas trocas e interações se amplia para qualquer dia e horário. Assim, a comunicação não se dá mais apenas na sala de aula, mas também na internet, por *e-mail*, fórum de discussão, sala de bate-papo. Este novo professor deve contemplar características do professor convencional, capaz de dar uma boa aula expositiva, e também as de um estimulador, incentivador de pesquisas e coordenador de debates.

Com relação a cursos completamente a distância, deve-se fugir do enfoque totalmente conteudista, que busca apresentar conteúdos e exigir a resolução de exercícios, e buscar formas de valorizar mais as interações, de modo a tornar o espaço virtual um ambiente favorável à aprendizagem. No início da EAD mediada pelos recursos da internet, toda a atenção estava voltada para o professor e para os recursos tecnológicos, enquanto o aluno ficava como coadjuvante no processo. Hoje em dia, já se percebe que o aluno deve ser o centro e o foco da aprendizagem *on-line*, ou seja, a preocupação principal de cursos a distância não deve ser ensinar, mas facilitar a construção do conhecimento. Segundo Palloff e Pratt (2004), algumas características são necessárias para permitir ao professor ter sucesso na sala de aula *on-line*:

- flexibilidade;
- disposição para aprender com os alunos;

- disposição para ceder o controle aos alunos tanto na elaboração do curso quanto no processo de aprendizagem;
- disposição para colaborar;
- disposição para afastar-se do papel tradicional do professor.

Por outro lado, para que um aluno tenha sucesso em um curso virtual, é preciso que tenha automotivação e autodisciplina, pois o ambiente *on-line* é livre e, juntamente com essa liberdade, deve haver responsabilidade, comprometimento e disciplina. Além disso, o aluno de um curso a distância deve saber trabalhar em conjunto com seus colegas para atingir seus objetivos de aprendizagem e os objetivos do seu curso. Sabendo que o professor é apenas um facilitador, o aluno torna-se responsável pelo seu processo de aprendizagem.

Entretanto, motivar e manter um aluno virtual não é fácil. Para Palloff e Pratt (2004), quanto mais jovens os alunos, ou quanto mais baixo o nível educacional, maior é a estrutura necessária no ambiente *on-line*. Tal estrutura deve contemplar as seguintes características:

- criação de horários específicos para o envio de mensagens;
- clareza quanto ao número de respostas semanais às mensagens de outros alunos;
- clareza quanto à natureza das mensagens, ou seja, delinear o que constitui uma mensagem substancial;
- clareza sobre as expectativas do curso;
- atenção à participação dos alunos e acompanhamento de mudanças de comportamento deles.

Ainda, para que um aluno tenha sucesso em um curso a distância, é preciso gostar de trabalhar em conjunto, pois a colaboração é uma das principais características de comunidades virtuais. A colaboração ajuda os alunos a atingir níveis mais profundos de geração de conhecimento, uma vez que envolve o trabalho conjunto e a criação de objetivos comuns, que levam a um processo compartilhado de construção de conhecimento. Para Palloff e Pratt (2004), a colaboração se sustenta quando o diálogo, a crítica e o trabalho em conjunto são estimulados.

Pode-se perceber, desse modo, que o simples acesso ao ambiente de aprendizagem de forma regular não contribui substancialmente para uma discussão e para o desenvolvimento da comunidade virtual. As discussões podem ocorrer de forma síncrona ou assíncrona. As discussões síncronas permitem que os alunos conversem não apenas sobre o assunto proposto, mas também sobre outros tópicos, o que incentiva a socialização e a formação da comunidade. Porém, a discussão assíncrona pode ser a melhor forma de sustentar a interatividade de um curso a distância, desde que os alunos assumam a responsabilidade de interagir ativamente.

A natureza das interações é de extrema importância para se desenvolver uma boa comunicação virtual. Acessar o ambiente e participar das discussões dizendo "concordo" não contribui para uma reflexão séria. Uma boa mensagem deve ser argumentada, de modo a justificar um ponto de vista, contribuindo para a discussão em questão, ou dando início a uma nova discussão.

Entretanto, cabe ao professor aumentar a interatividade e a participação dos alunos. Para isso, é preciso deixar claro o tempo que cada aluno deverá dedicar ao curso, bem como esclarecer como se dá uma aprendizagem *on-line* e quais as responsabilidades de cada envolvido.

Um outro fator que precisa ser observado em EAD é a questão do gerenciamento do tempo por parte dos alunos. Sabe-se que o ritmo de um curso a distância é diferente do ritmo de um curso presencial. Como os participantes não se encontram presencialmente, as leituras, as participações e as elaborações de trabalhos devem ser organizadas e mantidas em dia. Muitos alunos mostram-se ansiosos em situações de EAD, por acharem que precisam retornar aos questionamentos de professores e colegas a toda hora, enquanto outros adiam sua participação e acabam sufocados pelo tempo quando resolvem cumprir as tarefas do curso. Ainda, equivocadamente, há alunos que tendem a acreditar que os cursos a distância são mais leves e mais fáceis. Porém, sabe-se que os cursos de EAD, normalmente, tomam pelo menos o dobro do tempo do aluno, pela quantidade de leituras inerentes a esse processo.

Contudo, todas as questões levantadas aqui ainda precisam ser analisadas no contexto da educação matemática, que possui características e especificidades próprias, inerentes a sua natureza e linguagem.

A EDUCAÇÃO A DISTÂNCIA E A EDUCAÇÃO MATEMÁTICA

As vantagens da comunicação e da aprendizagem colaborativa, apresentadas anteriormente, ainda não podem ser totalmente observadas no contexto da educação matemática e demais áreas científicas.

A aprendizagem de matemática *on-line* não vem apresentando bons resultados (Smith e Ferguson, 2005). Tais dificuldades são ocasionadas pela falta de suporte à comunicação matemática. Os ambientes de aprendizagem comumente utilizados não oferecem suporte adequado para a utilização da notação matemática.

Percebe-se que o processo de aprendizagem da matemática a distância tem sido comprometido devido às limitações dos ambientes e das ferramentas voltados à EAD, que ainda não apresentam recursos suficientes para proporcionar interações de qualidade na área científica. Sabe-se que apenas a linguagem natural não é suficiente para promover uma conversação matemática, uma vez que esta é formada por uma linguagem específica, formada por símbolos próprios, necessários para que se expressem ideias e conceitos de forma precisa. Smith e colaboradores (2006) destacam que os ambientes virtuais de aprendizagem têm enfatizado a comunicação escrita, por meio da linguagem natural, para promover debates e discussões, mas que esses ambientes não fornecem ferramentas que permitam uma comunicação matemática, vital para o processo de aprendizagem dessa disciplina. Em situações de ensino presencial, os autores (Smith et al., 2006) destacam que a comunicação é contínua, formando um encadeamento de ideias, perguntas e respostas, elaboradas entre professores e alunos. Tal comunicação se dá por meio da notação matemática; dada a carência de ambientes virtuais com tais recursos, a comunicação torna-se trabalhosa, necessitando de arquivos anexos, o que interrompe o encadeamento e a naturalidade da comunicação.

Segundo Smith e Ferguson (2005), para inserir notação matemática em documentos *on-line*, os professores submetem-se ao seguinte processo: utilizar um editor de textos, como por exemplo o Microsoft Word, para gerar um arquivo com a notação matemática; salvar o arquivo como uma imagem; enviar a imagem como anexo no ambiente de aprendizagem. Percebe-se que a comunicação matemática torna-se exaustiva e pouco amigável, consumindo um tempo excessivo dos professores para o envio de uma simples mensagem. Por parte dos alunos, o problema ainda se agrava, uma vez que nem todos possuem editores de textos com suporte à notação matemática. Há também o desgaste em aprender a utilizar essas ferramentas, que, combinado ao processo de aprendizagem do próprio ambiente e do conteúdo em questão, acaba desencorajando os alunos no processo de comunicação e interação, fundamentais para a aprendizagem a distância.

Engelbrecht e Harding (2004) acreditam que os professores de matemática ainda não se encontram entusiasmados com as possibilidades oferecidas pela internet. Essa relutância se deve ao fato de que é senso comum entre os matemáticos que o contato face a face é necessário para aprender matemática. Outro fator que contribui para a descrença em cursos a distância por parte dos professores dessa área é relativo aos problemas ainda encontrados na representação dos símbolos matemáticos na internet. Entretanto, Engelbrecht e Harding (2004) visualizam que tais tecnologias podem ser desenvolvidas e que, em pouco tempo, não haverá distinção entre educação presencial e a distância, fazendo com que essas práticas tornem-se integradas. Como já mencionado anteriormente, muitos cursos presenciais já fazem uso de recursos tecnológicos, tomando um caráter semipresencial, de modo a viabilizar interações e discussões em horários extraclasse, pelos meios de comunicação oferecidos pela internet. Cada vez mais será possível agendar atividades *on-line*, e as atividades presenciais serão cada vez menos frequentes.

Sabe-se que a colaboração é parte importante do processo de aprendizagem, tanto na educação presencial quanto a distância. Entretanto, ela está sendo prejudicada nas áreas científicas, devido aos transtornos de comunicação mediados pela internet, já mencionados anteriormente. O processo de aprendizagem de matemática envolve, necessariamente, a utilização e compreensão de sua linguagem de símbolos. Em situações de ensino presenciais, o professor, ao escrever uma equação ou expressão matemática no quadro-negro, verbaliza e descreve o significado da simbologia.

Segundo Leventhal (2004a), a linguagem falada e escrita devem caminhar juntas, pois ambas fazem parte do mesmo processo de comunicação. Além disso, afirma que a utilização de gestos durante o processo de comunicação matemática é bastante importante, destacando duas formas distintas de gesticular: apontar e ilustrar. Apontar significa indicar ou destacar algum objeto, enquanto ilustrar significa fornecer mais informações sobre o objeto. Pesquisas indicam que os gestos ajudam na aprendizagem.

Evidentemente, tais características ainda não são observadas em um ambiente de EAD. Para tentar minimizar os problemas enfrentados na EAD em matemática, Leventhall (2004) investigou quais seriam os quesitos necessários para o ensino e aprendizagem de matemática *on-line*. Nessa pesquisa, buscou identificar quais estratégias de comunicação são indispensáveis na educação matemática presencial e que, consequentemente, deveriam estar também presentes em ferramentas de EAD, para proporcionar ambientes de aprendizagem *on-line* eficazes. Dentre as categorias de comportamento identificadas por estudantes e professores como necessárias à comunicação matemática, tem-se as seguintes:

- discurso utilizando linguagem matemática, como pronúncias de equações e símbolos matemáticos;
- discurso por meio da língua natural;
- leitura em voz alta;
- escrita no quadro;
- esboços de gráficos e diagramas;
- gestos e apontamentos;
- ambiente de criação;
- compartilhamento de documentos e telas;
- utilização da tela do computador como "papel virtual".

Adicionalmente, Leventhall (2004) destaca que um ambiente de aprendizagem de matemática faz uso do quadro-negro tradicional, onde equações são escritas, destacadas, reescritas, acompanhadas de esboços, rabiscos, explanações e ilustrações. Tais equações são escritas pausadamente, símbolo a símbolo, de modo a deixar claro a relação entre o que está sendo construído, e constantemente acompanhadas de comentários que definem uma linha de raciocínio.

Ainda existem poucos ambientes virtuais de aprendizagem que permitem a edição de fórmulas científicas *on-line*. Dos poucos ambientes encontrados, pode-se perceber que as soluções apresentadas resumem-se basicamente em:

- uso de linguagens de formatação ou marcação para a inserção dos símbolos, tais como Latex ou MathML (*mathematic markup language*);
- utilização de editores de fórmulas *off-line* que permitem salvá-las para posteriormente anexar nas ferramentas de interação dos ambientes.

O Latex é um pacote desenvolvido para a preparação de textos impressos de alta qualidade, especialmente para textos que utilizem símbolos matemáticos. Com a utilização do Latex, o processamento do texto é feito por meio de comandos de formatação, que são escritos em um arquivo fonte com o uso de um editor de textos. Em seguida, o arquivo fonte é submetido a um programa formatador de textos, no caso o Latex, que gera um arquivo de saída, que pode ser impresso ou visualizado na tela do computador. Apesar de sua utilização não ser trivial, permite a edição de fórmulas complexas por meio de comandos.

O MathML é um padrão utilizado para exibir símbolos e fórmulas matemáticos na *web*, pela utilização de uma linguagem de marcação, desde que o *browser* utilizado seja compatível com os padrões W3C.

Como se pode perceber, a primeira solução apresentada (uso de linguagens de marcação e formatação) tende a tornar os ambientes de EAD pouco naturais ao usuário, pois exigem o domínio de linguagens normalmente desconhecidas por estudantes e professores; os usuários de ambientes de EAD nem sempre possuem experiência com linguagens de formatação e marcação. Além disso, é preciso considerar que, em uma situação de EAD, o objetivo principal é a aprendizagem de conceitos de um determinado domínio de conhecimento, e não a aprendizagem de linguagens necessárias à comunicação. Nesses casos, a necessidade de utilizar essas linguagens pode desviar o foco principal da interação e prejudicar o processo de aprendizagem. Assim, é preciso que a comunicação seja o mais natural e transparente possível, uma vez que o objetivo principal não é a edição da fórmula, mas a aprendizagem de conceitos matemáticos mediante a comunicação *on-line*.

A segunda solução, que exige utilizar arquivos anexos para que a comunicação científica ocorra, é extremamente trabalhosa e demorada. A necessidade de editar a fórmula em outra ferramenta, salvá-la e, posteriormente, anexá-la no ambiente de EAD, torna o processo de comunicação lento e dificultoso, fazendo com que a aprendizagem fique comprometida, visto que as interações tendem a diminuir diante desse contexto.

A APRENDIZAGEM DA MATEMÁTICA

Não é de hoje que se discute sobre os problemas da aprendizagem da matemática. Muitos são os motivos apontados para justificar o fato de que um número considerável de alunos não consegue compreender verdadeiramente matemática. Acredita-se que um dos grandes problemas da aprendizagem de matemática pode estar relacionado à forma como ela é apresentada aos alunos. Sabe-se que a matemática, ao longo dos tempos, foi desenvolvida por meio e tentativas e erros, a partir de afirmações que eram parcialmente corretas (e, consequentemente, parcialmente incorretas), elaboradas intuitivamente, com imprecisões e afirmações fracas, introduzidas intencionalmente na tentativa de visualizar a estrutura matemática, de forma dinâmica (Tall, 1991).

Entretanto, sabe-se que, na maioria das vezes, as aulas de matemática não a mostram sob esse enfoque; apresentam-na de forma polida, com formalismos organizados em uma sequência de teoremas, demonstrações e aplicações, e omitindo o processo de construção dos conceitos envolvidos. Esse enfoque exige um tratamento avançado da matemática, que normalmente não é acompanhado por grande parte dos alunos, uma vez que é pouco flexível e requer uma vasta experiência com o "fazer matemática".

Sabe-se que há um sucesso aparente dos alunos na resolução de problemas. Isso ocorre porque, geralmente, eles aprenderam, em suas aulas de matemática escolar, apenas rituais e receitas, como se houvesse um roteiro ou um modelo a ser seguido na resolução de um problema. Dessa forma, o que ocorre é a aprendizagem de um conjunto de procedimentos padrão, que possibilita a resolução de uma classe de problemas extremamente limitada. Esse processo está longe do verdadeiro "fazer matemática", que exige habilidades como conjecturar, testar, intuir, deduzir, generalizar; os alunos adquirem apenas a capacidade de efetuar cálculos.

Na tentativa de minimizar esse problema, os professores de matemática poderiam, em suas aulas, deixar transparecer o uso dessa experiência, mostrando o processo pelo qual passam, as tentativas e os conceitos que utilizam na resolução de problemas, uma vez que essa atividade pode envolver etapas como diferentes representações para um mesmo objeto matemático, transformações, visualizações, verificações e deduções, incluindo fases de generalização, abstração e formalização.

Por outro lado, sabe-se da importância do raciocínio informal, que permite manipular ideias e imagens mentais na busca de um encaixe que leve a soluções de problemas matemáticos. O ensino da matemática deve fazer uso da experimentação, da observação e da descoberta. Isso permite uma compreensão em vários estágios necessários ao pensamento matemático, como representação, visualização, generalização, classificação, conjectura, indução, análise, síntese, abstração e formalização (Dreyfus, 1991).

A representação também tem um papel importante na matemática, uma vez que os símbolos são indispensáveis em seu desenvolvimento. A comunicação em matemática, ao longo de toda a história dessa ciência, fez uso de um sistema simbólico de representação para expressar os diferentes objetos matemáticos (conceitos, proposições, argumentações, etc.). Isto significa que a matemática e seu tratamento dependem fortemente de um sistema de representação, visto que os objetos matemáticos não são perceptíveis ou observáveis. São os sistemas de representação que permitem a concretização dos objetos matemáticos de forma a tornarem-se passíveis de difusão e entendimento. É com os sistemas de representação que a produção do conhecimento matemático avança e se difunde. As representações para um mesmo objeto podem ser diferentes. Por exemplo: uma função pode ser representada via uma expressão algébrica, via um gráfico ou ainda via uma tabela de números.

A dificuldade na aprendizagem da matemática ocorre, na maioria das vezes, quando é necessária uma troca de registros. Segundo Duval (1993), os alunos não reconhecem o mesmo objeto matemático em duas representações diferentes, o que limita sua capacidade de compreensão e aprendizagem.

Uma representação simbólica é escrita externamente com o objetivo de permitir a comunicação sobre um conceito de forma fácil e precisa. Uma representação mental, por outro lado, refere-se ao esquema interno de cada pessoa, que o utiliza para agir com o mundo externo. As representações mentais são criadas na mente do indivíduo sobre um sistema de representações concretas. O sucesso em matemática requer uma rica representação mental dos conceitos matemáticos, ou seja, a criação de vários componentes mentais para um mesmo objeto matemático (leis, gráficos, tabelas, etc.). Tal riqueza permite uma maior flexibilidade de pensamento no processo de resolução de problemas. Entretanto, o que se observa nos alunos é um pequeno número de representações, que provoca uma inflexibilidade, de modo que uma pequena mudança na estrutura de um problema pode bloqueá-los.

Todavia, apesar da importância das múltiplas representações de um conceito no processo de aprendizagem da matemática, sua existência não é suficiente para garantir a flexibilidade de uso na resolução de um problema. Para tal, é preciso ser capaz de conectar as diferentes representações, para poder manipular a informação de modo a resolver o problema. Porém, o ensino e a aprendizagem desse processo de troca de representações não é trivial, uma vez que sua estrutura é complexa, por fazer uso de muitas informações que precisam ser consideradas simultaneamente. Assim, muitas vezes, os alunos ficam limitados a trabalhar com uma única representação. Para superar esse problema, pode-se buscar trabalhar intensamente as múltiplas representações de um conceito e a conexão entre eles desde o início do ensino escolar. Isso pode desenvolver nos alunos essa habilidade e proporcionar mais experiência, característica tão necessária ao sucesso na matemática.

A matemática, como linguagem formal, caracteriza-se como um sistema simbólico escrito. As linguagens formais foram criadas por se considerarem as línguas naturais imperfeitas, que permitem ambiguidades. A linguagem matemática surgiu para permitir o exercício da razão, cuja gramática permite uma expressão precisa, sem dar margem a duplas interpretações (Machado, 1990).

Sabe-se que por meio da leitura e da escrita somos capazes de nos comunicar. Porém, ler e escrever não significa compreender apenas nossa língua materna, mas todas as formas de interpretar, explicar e analisar o mundo. A matemática é uma dessas formas, com seus códigos e suas linguagens, ou seja, com um sistema de representação e comunicação próprio.

Compreender matemática não se resume a manipular técnicas operatórias, de forma mecânica, nem memorizar fórmulas, regras e propriedades. Compreender matemática é entender o que se lê e escreve, buscando significado para isso. Em outras palavras, para entender matemática não basta saber ler, escrever e contar. É preciso saber expressar-se, pois a expressão auxilia na concretização do pensamento, obrigando o sujeito a ordenar imagens mentais, criando a necessidade de um vocabulário adequado. Esse vocabulário consiste nos símbolos matemáticos.

Quando um sujeito consegue se expressar, argumentando sobre determinado conceito ou assunto, está em um nível mais elevado de compreensão se comparado àquele sujeito que apenas resolve numericamente um problema, por meio da utilização de uma fórmula, regra ou equação. Assim, na aprendizagem de matemática, é preciso incentivar o aluno a pensar e expressar o que pensa, seja falando ou escrevendo, de modo a justificar suas ideias e refletir sobre suas concepções. Se um sujeito consegue expressar-se sobre determinado assunto, há indícios de que ele está em atividade reflexiva, ou seja, em processo de coordenação do pensamento (Piaget, 1995).

A linguagem matemática é uma linguagem simbólica que opera em dois níveis: *semântico*, em que os símbolos, os sinais e as notações possuem um significado claro e preciso; e *sintático*, em que as regras, as propriedades e as estruturas podem ser operadas sem a referência direta a nenhum significado (Klusener, 1998). Assim, a linguagem matemática expressa a síntese formalizada de conceitos, e essa formalização inclui um sistema de significações.

A comunicação em matemática é realizada, basicamente, de forma escrita. As línguas naturais faladas podem até descrever objetos matemáticos e suas propriedades, como, por exemplo, o conhecido teorema de Pitágoras, que afirma que "*a soma dos quadrados dos catetos é igual ao quadrado da hipotenusa*". Porém, o simbolismo permite descrever a mesma propriedade de forma direta, rápida e precisa, ou seja, $a^2 = b^2 + c^2$. Assim, quando as propriedades estruturais tornam-se mais complexas, sua descrição torna-se difícil de ser falada e compreendida sem a utilização de símbolos. O simbolismo apresenta-se como um simplificador e facilitador da matemática, permitindo clareza e rapidez na resolução de problemas e na expressão de ideias. Entretanto, da mesma forma como a linguagem matemática é imprescindível, a necessidade de dar sentido a cada símbolo também é de extrema importância.

Por outro lado, para os alunos, tal simbolismo pode ser difícil de ser compreendido, assimilado e corretamente utilizado. É importante que o professor esteja atento à atuação dos alunos, procurando analisar as estratégias de solução, a fim de identificar as dificuldades apresentadas. Para tal, é preciso que o aluno argumente sobre sua solução e reflita sobre ideias e conceitos já adquiridos, para que sinta a necessidade de reorganizar seus conhecimentos. Assim, torna-se possível uma aprendizagem mais significativa, que não prioriza a memorização.

Se o aluno, além de resolver um problema analiticamente, tem a tarefa de justificar suas escolhas e procedimentos e analisar os resultados obtidos, ele estará refletindo e estabelecendo relações entre conceitos. Dessa forma, é possível que uma maior aproximação entre técnica e significado possa se estabelecer e, quem sabe, auxiliar no processo de aprendizagem de matemática. Nesse sentido, a habilidade de ler e escrever sobre matemática parece essencial no processo de aprendizagem.

Muitas vezes, em matemática, percebe-se que os alunos resolvem determinados problemas e equações corretamente, mas não conseguem justificar o procedimento utilizado ou argumentar sobre o que foi feito, como foi feito e por que foi feito. Nota-se, nesses casos, uma situação de "saber fazer" mas "sem compreender". Esses alunos sabem resolver o problema, encontram uma solução para ele, mas não compreendem o que realmente fizeram e, muitas vezes, nem mesmo dão uma interpretação para a solução encontrada. Tais situações dão indícios de que se realizam operações e cálculos de forma mecânica, sem significado nem conceituação. Para chegar ao nível da compreensão, é necessário atingir níveis mais elevados de abstração.

Pode-se perceber que a representação e a abstração são processos complementares. Por um lado, um conceito matemático pode ser abstraído de várias representações e, por outro lado, representações são sempre representações de algum conceito abstrato. Quando várias representações de um mesmo objeto são consideradas simultaneamente, a relação com o conceito abstrato torna-se presente e importante.

Assim, o processo de aprendizagem de matemática pode ser formado por quatro estágios:

1. utilização de uma única representação,
2. utilização de mais de uma representação simultaneamente,
3. estabelecimento de relações entre as representações e
4. integração das representações e flexibilização da troca entre elas.

Dessa forma, o uso de múltiplas representações permite a transição de uma compreensão concreta e limitada para uma compreensão mais abstrata e flexível.

O ROODA EXATA

Diante do exposto, percebe-se que a comunicação escrita é fundamental para o processo de aprendizagem de matemática, tanto em modalidade presencial quanto a distância. Para viabilizar a aprendizagem de matemática a distância, buscou-se desenvolver um editor de fórmulas científicas cujo objetivo é possibilitar a edição de símbolos, fórmulas e expressões, nos mais variados meios de interação e comunicação oferecidos pelo ambiente ROODA, como bate-papo, fórum de discussão, entre outros.

A configuração, a montagem e o desenho dos símbolos e das fórmulas do ROODA Exata foram desenvolvidos em Flash 8, na linguagem ActionScript. As fórmulas e símbolos foram convertidos para o formato GIF. Essa conversão, bem como a armazenagem das imagens, foi realizada em PHP. A intermediação dos comandos do ActionScript para o PHP foi implementada em JavaScript.

Um dos principais requisitos considerados para o desenvolvimento do ROODA Exata foi pensá-lo de modo a não necessitar da utilização de linguagens de formatação e marcação, para que sua utilização fosse transparente e intuitiva ao usuário, seguindo os critérios de usabilidade.

A interação no editor é realizada de forma semelhante ao editor de fórmulas Microsoft Equation[1], em que ícones e botões permitem a inserção de símbolos e fórmulas com um simples clique do *mouse*.

A estrutura do ROODA Exata foi organizada em três grandes categorias: *símbolos*, *fórmulas* e *alfabeto grego*. Foram investigadas, por meio de entrevistas informais com professores, as necessidades das áreas de matemática, física e química, com o objetivo de definir os símbolos e as fórmulas que seriam implementados no editor.

O editor é composto por três abas, uma para cada uma das categorias citadas. A aba de símbolos (Figura 7.1) contém os símbolos mais utilizados na comunicação das ciências exatas, tais como símbolos relacionais, operadores, setas, símbolos lógicos, símbolos da teoria de conjuntos, conjuntos numéricos, subscrito e sobrescrito, somatório, produtório e integral, entre outros.

A aba de fórmulas (Figura 7.2) é constituída pelas principais fórmulas de matemática, física e química, e foi elaborada para diminuir o esforço do usuário na comunicação, tornando-a mais rápida, uma vez que as fórmulas mais utilizadas podem ser inseridas diretamente com um simples clique.

Finalmente, tem-se a aba do alfabeto grego (Figura 7.3), que contém o alfabeto grego maiúsculo e minúsculo, por ser amplamente utilizado na comunicação científica.

---

[1] http://www.microsoft.com

192 Behar & cols.

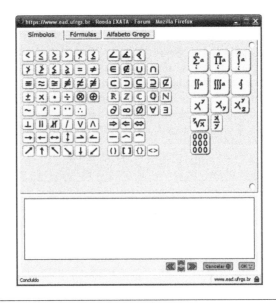

Figura 7.1
Tela do editor ROODA Exata — aba Símbolos.

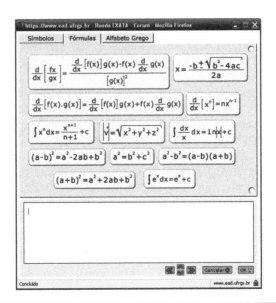

Figura 7.2
Tela do editor ROODA Exata — aba Fórmulas.

Modelos pedagógicos em educação a distância **193**

Figura 7.3
Tela do editor ROODA Exata – aba Alfabeto Grego.

O *design* do editor de fórmulas foi estruturado em abas, para seguir o padrão do ambiente virtual de aprendizagem ROODA, que possui uma interface gráfica agradável e permite uma navegação intuitiva e rápida. Sua idealização foi baseada no conceito de *design* de interação, que consiste em criar sistemas computacionais capazes de otimizar, ou seja, facilitar a realização de atividades do cotidiano, como comunicação, trabalho, estudo, etc., criando soluções aos usuários.

A Figura 7.4 mostra a interface do fórum de discussão do ambiente ROODA, em que o botão de acesso ao ROODA Exata está localizado ao lado dos *smiles*, no canto inferior direito da tela. Para acessá-lo, basta um clique sobre o botão.

As fórmulas são construídas com os botões do editor. Por exemplo, para inserir uma fração, clica-se sobre o botão x/y. Abre-se uma caixa de edição que permite a inserção das variáveis desejadas. Nesse momento, basta inserir os valores desejados. Porem, é possível também inserir um novo símbolo sobre a fração que está sendo gerada, como, por exemplo, uma raiz ou uma potência. A Figura 7.5 mostra uma possível expressão gerada pelo editor, que compõe os símbolos fração e raiz quadrada.

A aba de fórmulas permite a criação direta de algumas fórmulas. Ao selecionar uma fórmula, ela é disponibilizada inteiramente para edição na

Figura 7.4
Tela do fórum de discussão.

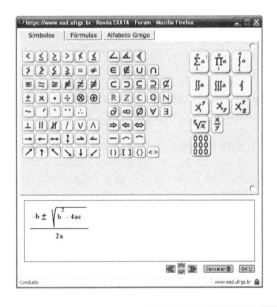

Figura 7.5
Edição de fórmula.

caixa de edição, como mostra a Figura 7.6. Basta selecionar os elementos e alterá-los, inserindo os valores desejados.

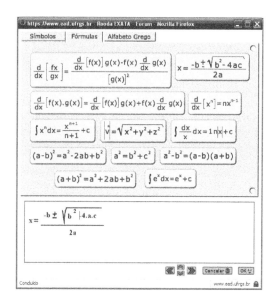

Figura 7.6
Utilização de fórmulas.

ANÁLISE DA FERRAMENTA

Com o objetivo de testar e validar o editor de fórmulas ROODA Exata, ele foi utilizado em turmas de Cálculo Diferencial da Universidade do Vale dos Rio do Sinos (UNISINOS), junto aos alunos das engenharias, na modalidade semipresencial, no segundo semestre de 2007.

A partir da interação e da participação dos alunos de Cálculo Diferencial da UNISINOS no ambiente ROODA com o auxílio do editor de fórmulas, buscou-se analisar como se dá o diálogo, a comunicação, a expressão e a interação *on-line* na área de matemática, fatores importantes para o processo de aprendizagem da disciplina.

Uma vez que a pesquisa teve com principal objetivo analisar a utilização do editor de fórmulas e a viabilidade da comunicação matemática *on-line*, inicialmente foram estabelecidas diferentes categorias de atividades, que seriam propostas aos alunos. Assim, a organização dessas atividades teve como objetivo permitir, inicialmente, a familiarização dos alunos com o ambiente e com o editor de fórmulas para, posteriormente, focar na interação e construção do conhecimento. Assim, as atividades foram pensadas da seguinte forma:

- Em um primeiro momento foram realizadas atividades de familiarização com a ferramenta, para permitir aos alunos desenvoltura na edição das fórmulas. Essa primeira etapa foi realizada por meio do cálculo de limites, em que os alunos resolveram alguns limites propostos no ambiente, comentando sua solução e justificando seu desenvolvimento.
- A seguir, foi trabalhada a introdução do conceito de derivada. Nesse momento, foram propostos problemas de aplicação envolvendo esse conceito, em que os alunos deveriam resolvê-los e comentá-los. Todos os problemas deveriam ser comentados, argumentados, e cada passo de sua solução justificado, pois escrevendo sobre o assunto refletimos e aprendemos.

Com os registros realizados pelos alunos no ambiente, buscou-se identificar o processo de tomada de consciência de conceitos matemáticos, mediante a análise das suas argumentações e justificativas. Pode-se perceber diferentes níveis de interações, que podem ser caracterizados da seguinte maneira:

- *simples aplicação de fórmulas*, que dá indícios de que o aluno sabe resolver o problema analiticamente, mesmo que não o compreenda;
- *descrição das operações realizadas*, que representa um nível intermediário de compreensão;
- *explicação, argumentação, justificativa sobre a solução apresentada*, no qual mostra um nível de compreensão dos conceitos envolvidos no problema.

Para Tall (1991), o pensamento matemático pode consistir de três níveis: convencer a si mesmo, convencer um amigo e convencer um inimigo. Convencer a si mesmo envolve a ideia de alguma afirmação considerada verdadeira. Porém, convencer um amigo, exige que a argumentação seja organizada de forma coerente. Para convencer um inimigo, no entanto, significa que o argumento deve ser analisado e refinado, passando por um teste crítico.

Primeiras percepções

Ao propor à turma de Cálculo Diferencial a utilização de um ambiente virtual de aprendizagem para promover interações e trocas extraclasse, obteve-se uma reação positiva da maioria dos alunos, que, imediatamente após a aula, realizaram o cadastro no ambiente. Foram 42 alunos cadastrados, que aguardavam ansiosos o início das atividades. Pode-se perceber isto pelas mensagens recebidas ao longo da semana, solicitando a autorização para efetivar o cadastro. Isso retrata a nova geração de alunos universitários, que estão conectados e familiarizados com a internet, visto que a proposta de utilização de um ambiente virtual de aprendizagem era totalmente nova para eles, mas a velocidade com que realizaram o cadastro salientou que a utilização da internet era parte de seu cotidiano. Retrata também a necessidade de apoio extraclasse, uma vez que visualizaram no ambiente ROODA um veículo para questionar, argumentar, discutir e resolver problemas de matemática.

As atividades foram propostas com uma frequência semanal. A cada semana, uma nova atividade foi proposta no ambiente, para trabalhar e reforçar os conceitos estudados na aula presencial da semana. Observa-se, em turmas de Cálculo Diferencial, que grande parte dos alunos estuda e revisa os conceitos trabalhados em sala de aula apenas com a proximidade das avaliações. Essa postura faz com que eles não consigam aprofundar e compreender tais conceitos, uma vez que é necessário um estudo contínuo para que se acompanhe e compreenda o Cálculo Diferencial. Assim, a proposta de atividades semanais fez com que os alunos se envolvessem com a disciplina semanalmente, não deixando acumular os estudos apenas para as avaliações.

As primeiras semanas foram dedicadas à familiarização com o ambiente ROODA e, especialmente, com o editor de fórmulas ROODA Exata. As mensagens apresentadas podem ser visualizadas nas Figura 7.7 e Figura 7.8, que introduziam as atividades propostas.

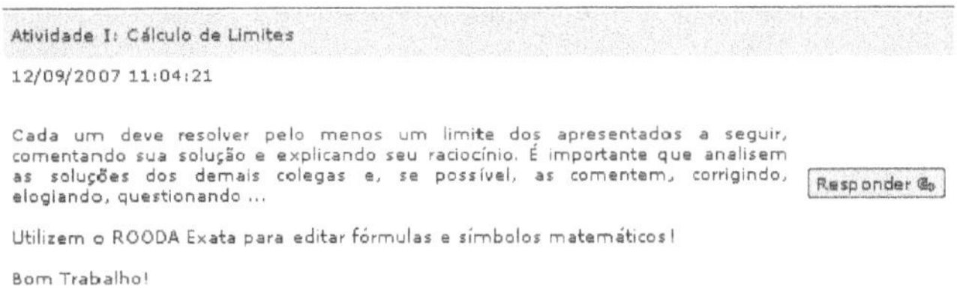

Figura 7.7
Mensagem de introdução às atividades iniciais – atividade I.

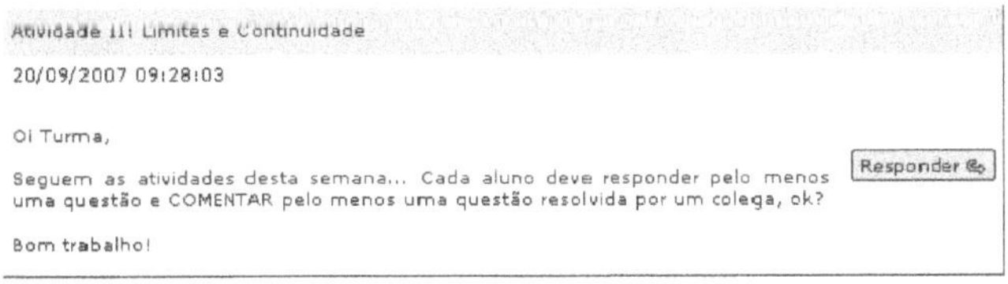

Figura 7.8
Mensagem de introdução às atividades iniciais – atividade II.

Com relação à utilização do ROODA Exata, pode-se perceber que a maioria dos alunos o utilizou com bastante desenvoltura, editando expressões que exploraram significativamente o potencial do editor de fórmulas (Figura 7.9). Entretanto, identificou-se um certo grau de dificuldade por parte de uma pequena minoria. Tais manifestações podem ser observadas em mensagens como a apresentada na Figura 7.10. Percebe-se que o aluno não é capaz de resolver a atividade integralmente por não conseguir utilizar o editor. Ainda pode-se observar que a tentativa de escrever frações fracassa, tornando a leitura da solução confusa. Isso reforça a necessidade de utilização do ROODA Exata para promover uma comunicação matemática *on-line*.

Quanto às interações, na primeira atividade, pode-se identificar apenas os dois primeiros níveis de interação apresentados anteriormente, ou seja, quando é solicitado justificar e argumentar o raciocínio utilizado na solução do exercício, eles descrevem os cálculos realizados, sem demonstrar compreensão clara dos conceitos aplicados, ou apenas realizam os cálculos sem

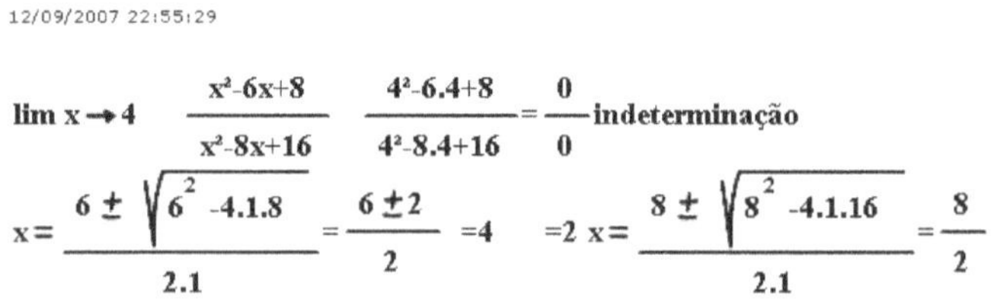

12/09/2007 22:55:29

$$\lim x \to 4 \ \frac{x^2-6x+8}{x^2-8x+16} \quad \frac{4^2-6.4+8}{4^2-8.4+16} = \frac{0}{0} \text{indeterminação}$$

$$x = \frac{6 \pm \sqrt{6^2-4.1.8}}{2.1} = \frac{6 \pm 2}{2} = 4 \quad =2 \quad x = \frac{8 \pm \sqrt{8^2-4.1.16}}{2.1} = \frac{8}{2}$$

Figura 7.9
Utilização do ROODA Exata na atividade I.

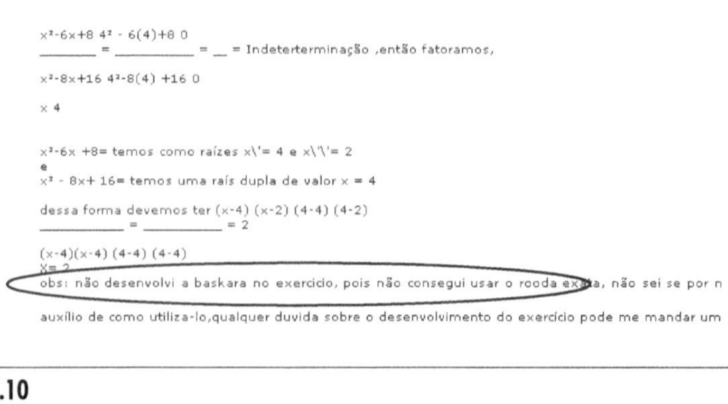

13/09/2007 09:17:24

$$\frac{x^2-6x+8}{x^2-8x+16} \ \frac{4^2-6(4)+8}{4^2-8(4)+16} \ \frac{0}{0} = \underline{\ } = \text{Indeterminação, então fatoramos,}$$

x 4

$x^2-6x+8=$ temos como raízes $x\backslash'= 4$ e $x\backslash'\backslash'= 2$
e
$x^2 - 8x+16=$ temos uma raís dupla de valor $x = 4$

dessa forma devermos ter $\frac{(x-4)(x-2)}{(x-4)(x-4)} = \frac{(4-4)(4-2)}{(4-4)} = 2$

$(x-4)(x-4) \ (4-4) \ (4-4)$
X= 2
obs: não desenvolvi a baskara no exercício, pois não consegui usar o rooda exata, não sei se por n
auxílio de como utiliza-lo,qualquer duvida sobre o desenvolvimento do exercício pode me mandar um

Figura 7.10
Dificuldade de utilização do ROODA Exata.

qualquer descrição dos passos realizados. Podem ser identificadas essas situações em mensagens como as apresentadas na Figura 7.11, que mostra uma solução com simples aplicação de fórmulas, e na Figura 7.12, em que a tentativa de justificar o raciocínio reduz-se à simples descrição das operações realizadas.

Pode-se observar também que a turma buscou analisar as soluções apresentadas pelos demais colegas, questionando e corrigindo, iniciando um diálogo e não se preocupando apenas em apresentar sua solução pessoal (Figura 7.13).

À medida em que as semanas foram passando, observou-se que alguns alunos começaram a avançar na tentativa de explicação de suas soluções. Pôde-se perceber isto a partir da segunda semana, em mensagens como a da Figura 7.14.

Entretanto, ao propor questões de interpretação, como a apresentada na Figura 7.15, não houve solução apresentada. Esta questão envolve conhecimento sobre o conceito de derivada. Os alunos calculam a derivada de uma função, por meio de regras de derivação, sem apresentar dificuldades significativas. Porém, questões que envolvem um pouco de interpretação normalmente apresentam problemas. Pode-se perceber isso também quando se

18/09/2007 12:44:56

$$\frac{x^2+x}{x} = \frac{0^2+0}{0} = \frac{0}{0} \to \text{indeterminação}$$

$$\frac{x(x+1)}{x} = (x+1) = 0+1 = 1$$

Figura 7.11
Nível de interação – simples aplicação de fórmula.

18/09/2007 00:35:04

boa noite

bem pego o $x^2 - 9 = (x-3)(x+3)$ bem pego o x ao quadrado e o 9 e faço a diferença de quadrados pego o resultado e corto os termos iguais $(x-3)(x+3) / (x-3)$ **corto e me resta (x+3) substituo o x e acho 3+3 = 6**
rogerio e alex

Figura 7.12
Nível de interação – descrição das operações realizadas.

16/09/2007 23:48:31

Bom pessoal, pode ser que minha idéia esteja errada.

Na questão 19 onde o Rafael responde a questão eu discordo quanto ao \"zero\" do divisor \"x²-1\" tornar o mesmo em: 0 positivo.
Já que este \"x²\" multiplica apenas um termo e não o seu resultado final.

A minha resposta seria que NÃO EXISTE limite para esta questão.

$\lim_{x \to 1} \frac{x}{x^2-1} = \frac{1}{1-1} = \frac{1}{0}$

$\lim_{x \to 1} \frac{1}{0+} = +\infty$

$\lim_{x \to 1} \frac{1}{0-} = -\infty$

Figura 7.13
Interação entre os colegas.

20/09/2007 17:59:18

Concordo com o Alberto.

Seguindo uma das regras das funções racionais que tendem a + ou menos infinito, para cálculo de seu limite são selecionados os maiores termos da razão (um do numerador e outro do divisor). Como os maiores termos da função racional possuem mesma potência, o valor do limite será o valor da razão dos multiplicadores da incógnita x. Neste caso, haverá divisão de 4/2 de resposta igual a 2 já que as potências x² serão eliminadas.

Figura 7.14
Avanço nas interações.

26/09/2007 14:49:57

Suponha que o custo da perfuração de x metros para um poço de petróleo seja
C = f(x) dólares.
- Quais são as unidades de f'(x)? Justifique sua resposta.
- Qual é o significado de f'(x)?

Figura 7.15
Questão sem solução.

solicitou encontrar os pontos de tangência horizontal de uma função. Tais pontos são caracterizados por pontos em que a derivada da função é nula. Provavelmente, grande parte dos alunos saberia resolver a questão se fosse solicitado, explicitamente, em quais pontos a derivada é nula. Entretanto, ao apresentar a questão de forma diferente, não houve solução apresentada.

As análises e a construção das categorias ainda estão em andamento. Porém, desde já pode-se afirmar que tais atividades não teriam sido viabilizadas sem a utilização do ROODA Exata, uma vez que exigem a edição de expressões complexas, difíceis de descrever apenas com língua natural (Figura 7.16). Os alunos que não conseguiram utilizar a ferramenta por problemas de conexão expuseram sua insatisfação e suas dificuldades na comunicação (Figura 7.17).

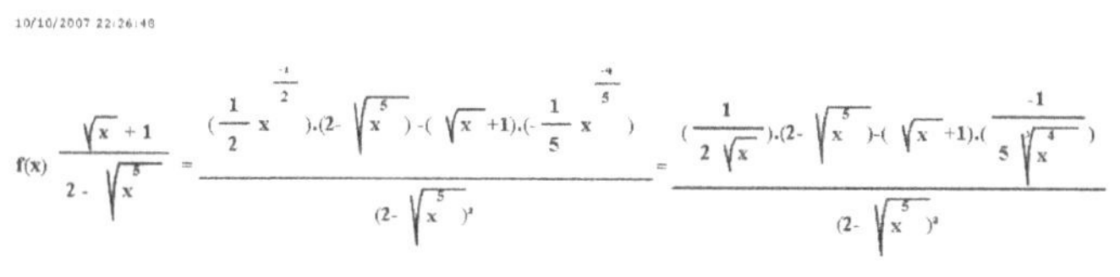

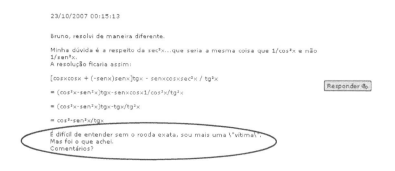

Figura 7.16
Edição de expressões complexas.

Figura 7.17
Dificuldade na comunicação.

CONSIDERAÇÕES FINAIS

A EAD está cada vez mais difundida no meio acadêmico. Diversas universidades vêm utilizando os recursos oferecidos pela internet em cursos a distância e na modalidade semipresencial como apoio aos cursos presenciais. As vantagens da utilização desses recursos são significativas do ponto de vista da aprendizagem, e pesquisas vêm sendo realizadas para aprimorar cada vez mais as ferramentas existentes, na tentativa de promover espaços cada vez mais interativos, colaborativos, que favoreçam a comunicação entre os participantes.

A área das ciências exatas vem usufruindo pouco desses recursos. Professores da área apresentam certa resistência às modalidades virtual e semipresencial, pois as ferramentas atuais não oferecem os recursos necessários para uma boa comunicação *on-line*. Dessa forma, desenvolveu-se o editor de fórmulas científicas ROODA Exata, para permitir que a comunicação por meio das redes de computadores fosse realizada também nas áreas exatas.

Sabe-se que a aprendizagem da matemática não se reduz à comunicação algébrica. Ambientes que possibilitem transitar entre as múltiplas representações de um mesmo objeto matemático, como tabelas, digramas e gráficos, são necessários, assim como a construção destes objetos de forma dinâmica. Entretanto, o foco principal do trabalho relatado neste capítulo foi viabilizar a comunicação em matemática, uma vez que a aprendizagem a distância é alicerçada pelas trocas ocorridas no meio virtual, trocas essas proporcionadas pela escrita.

Entretanto, como foi visto na presente experiência, a simples utilização do editor de fórmulas não garante o sucesso na aprendizagem da matemática a distância. Assim como nas demais áreas de conhecimento que fazem uso da linguagem natural e não necessitam de linguagem simbólica para a comunicação, um bom planejamento pedagógico, com objetivos bem definidos e metodologia clara, se faz necessário. Para que o processo de aprendizagem se desenvolva é fundamental pensar na integração das diversas ferramentas oferecidas pelo ambiente de aprendizagem, que favoreçam as interações dos participantes e diversifiquem as atividades realizadas ao longo do curso.

Além da experiência realizada na UNISINOS, o ROODA Exata também vem sendo utilizado em turmas de graduação da UFRGS, oferecidas pelos cursos de matemática, física, química e engenharias. Pretende-se analisar esses dados, para tornar a ferramenta mais consistente e obter mais dados que sustentem esse tipo de pesquisa.

REFERÊNCIAS

BEHAR, P. A. et al. ROODA/UFRGS: uma articulação técnica, metodológica e epistemológica. In: BARBOSA, R. (Org.). *Ambientes virtuais de aprendizagem*. Porto Alegre: Artmed, 2005a. p. 51-70.

DREYFUS, T. Advanced mathematical thinking processes. In: TALL, D. (Ed.). *Advanced mathematical thinking*. Norwell: Kluver, 1991. p. 25-40.

DUVAL, R. Registres de représen tation sémiotique et fonctionnement cognitif de la pensée. In: ANNALES de Didactiques et de Sciences Cognitives, 5, IREM de Strasbourg, 1993. p. 37-65.

ENGELBRECHT, J.; HARDING, A. *Technologies involved in the teaching of undergraduate mathematics on the web*. 2004. Disponível em: <http://ridcully.up.ac.za/muti/technologies.pdf>. Acesso em: 15 jun. 2006.

HARASIM, L. et al. *Redes de aprendizagem*: um guia para ensino e aprendizagem on-line. São Paulo: Senac, 2005.

KLUSENER, R. Ler, escrever e compreender a matemática, ao invés de tropeçar nos símbolos. In: NEVES, I. C. B. (Org.). *Ler e escrever*: compromisso de todas as áreas. Porto Alegre: Ed. UFRGS, 1998. p. 177-191.

LEVENTHALL, L. *Bridging the gap between face to face and online maths tutoring*. 2004a. Disponível em <http://dircweb.king.ac.uk/papers/Leventhall_L.H.2004_242915/leventhall_ICME10.pdf>. Acesso em: 31 jul. 2007.

_____. Requirements for online maths tutoring. In: EUROPEAN WORKSHOP ON MATHML AND SCIENTIFIC E-CONTENTS, 2., 2004, Kuopio. *Proceedings*...2004.

LÉVY, P. *Cibercultura*. São Paulo: Ed. 34, 1999.

MACHADO, N. J. *Matemática e língua materna*: análise de uma impregnação mútua. São Paulo: Cortez, 1990.

PALLOFF, R. M.; PRATT, K. *O aluno virtual*: um guia para trabalhar com estudantes on-line. Porto Alegre: Artmed, 2004.

PIAGET, J. *Abstração reflexionante*. Porto Alegre: Artmed, 1995.

SMITH, G.; FERGUSON, D. *Student attrition in mathematics e-leaning*. 2005. Disponível em <http://www.ascilite.org.au/ajet/ajet21/smith.html>. Acesso em: 31 jul. 2007.

SMITH, G. et al. *Math and distance learning threaded discussions*. 2006. Disponível em: <http://www.link-systems.com/ext_PNqUdT9CiqIAADkeBh4/GlennSmithEDMedia42902.pdf>. Acesso em: 14 abr. 2006.

TALL, D. The Psychology of advanced mathematical thinking. In: TALL, D. (Ed.). *Advanced mathematical thinking*. Norwell: Kluver, 1991. p. 3-21.

8

A busca pela dimensão afetiva em ambientes virtuais de aprendizagem

Magalí Teresinha Longhi
Patricia Alejandra Behar
Magda Bercht

INTRODUÇÃO

Educação não existe sem interação. As direções do ensinar e do aprender são fortemente fundamentadas nas relações e ações efetuadas entre professores, alunos e meio ambiente. As práticas pedagógicas apoiam-se cada vez mais na tecnologia e, com isso, o processo de aprendizagem está determinando o repensar da ação do ensinar. É mediante a avaliação da aprendizagem que se obtêm as informações relevantes sobre o aluno, de como ele se desenvolve e constrói conhecimento. Entretanto, a avaliação do processo de aprendizagem[1] deve ir além da verificação do alcance dos objetivos em relação ao conteúdo, procurando levar em consideração o afeto e os atributos afetivos subjacentes do aluno, uma vez que interferem profundamente nos processos mentais, como memorização, raciocínio, atenção, motivação, etc. (Piaget, 1962; Wallon, 1986; Vygotsky, 2001; Damásio, 2004).

Disso deriva uma nova abordagem para ambientes virtuais de aprendizagem (AVAs), constituídos por uma infraestrutura tecnológica (interface gráfica, comunicação síncrona/assíncrona e outras funcionalidades) e por todas as relações (afetivas, cognitivas, simbólicas, entre outras) estabelecidas pelos participantes (Behar et al., 2005). Tais relações se dão a partir da estratégia[2] aplicada pelo professor, de acordo com um determinado modelo pedagógico. Logo, elas se sustentam (ou não) conforme os elementos motivadores provocados pelos atores do processo educacional. Nesse sentido, as funcionalidades do AVA são fontes importantes para a busca dos aspectos afetivos dos alunos, nem sempre percebidos pelo professor durante esse processo.

---

[1] Capítulo 4.
[2] Capítulo 1.

Por outro lado, a Computação Afetiva[3] aplicada à educação tem contribuído para o desenvolvimento de "tutores virtuais", "companheiros virtuais de aprendizagem" ou outros assistentes virtuais que percebem as reações afetivas do aluno e alteram o seu próprio comportamento para apoiar o aprendizado. Esses agentes artificiais integram os sistemas tutores inteligentes (STI) apresentando-se visíveis, por meio de um personagem, ou invisíveis, sendo somente sua atuação observada. Os STIs, desenvolvidos para um determinado domínio educacional, baseiam-se nos modelos de conteúdo instrucional ("o que ensinar") e nas estratégias de ensino de acordo com o modelo de aluno ("como ensinar"). Em AVAs, as pesquisas da aplicabilidade da afetividade encontram-se em estágio exploratório.

Bercht (2001) distingue dois grandes grupos de pesquisas relacionados à Computação Afetiva: o que considera a emoção do sujeito que interage (emoção em máquina) e o que pressupõe a emoção do próprio sistema computacional (emoção de máquina). No primeiro, o ambiente computacional busca inferir, avaliar e tomar decisões sobre o estado cognitivo-afetivo do aprendiz. Para tanto, são feitas observações de como se processa a interação do aluno com o sistema, pelo monitoramento de sinais por sensores fisiológicos e pelo estudo das emoções por meio de sistemas. No segundo, o sistema simula (no sentido de replicar) os estados emocionais para regular as ações, a tomada de decisões e a aprendizagem de seu domínio de aplicação. Um exemplo é a construção de robôs com características humanas não apenas cognitivas, mas também afetivas.[4]

O termo "cognição" é empregado para identificar o conjunto de processos mentais que participam na aquisição de conhecimento, na percepção do mundo (e de nós mesmos) e de como este mundo é representado. Descobertas da neurociência indicam que cognição e afetividade constituem elementos indissociáveis. Redução ou excesso de afetividade resultam em problemas na cognição; e esta não se sobrepõe à afetividade. Pelo contrário, a afetividade pode auxiliar no raciocínio, principalmente em questões pessoais e sociais que envolvam conflitos, revelando sua importância na tomada de decisões (Damásio, 1996), assim como nos processos de aprendizagem. A motivação é, dentre os fenômenos cognitivos associados aos afetivos, fator fundamen-

---

[3] O termo "computação afetiva" foi criado por Rosalind Picard (1997).
[4] O robô KISMET, desenvolvido pelo Humanoid Robotic Group do MIT AI Lab, interage com seu interlocutor demonstrando atitudes afetivas por meio do posicionamento da cabeça, das expressões faciais e das nuanças vocais. Outras informações, incluindo vídeos e artigos técnicos, podem ser obtidos em http://www.ai.mit.edu/projects/humanoid-robotics-group/kismet/kismet.html

tal à aprendizagem. Para Vygotsky (2001), a motivação constitui a razão da ação. Impulsiona necessidades, interesses, desejos, atitudes particulares dos sujeitos e suas interações.

O termo afetividade, neste capítulo, é empregado no sentido da identificação de um conjunto de fenômenos psíquicos e físicos que incluem "o domínio das emoções propriamente ditas, dos sentimentos, das emoções, das experiências sensíveis e, principalmente, da capacidade em se poder entrar em contato com sensações" (Bercht, 2001 p.59). Segundo Damásio (2004, p.16), "compreender a neurobiologia das emoções e sentimentos é necessário para que se possam formular princípios, métodos e leis capazes de reduzir o sofrimento humano e engrandecer o [seu] florescimento". No âmbito educacional, trata-se de reconhecer a afetividade, visando reestruturar práticas e políticas educacionais de modo a não prestigiar apenas os aspectos cognitivos.

Os estudos apresentados por Bercht (2001) e por Jaques e Vicari (2005) demonstram que o reconhecimento dos fenômenos afetivos e sua aplicação em sistemas computacionais resultam em sistemas adaptativos e funcionalmente mais eficientes nas interações humanas mediadas por computador. Modelos computacionais para tratamento dos fenômenos afetivos, mais precisamente das emoções do usuário, vêm sendo desenvolvidos e empregados, principalmente em ambientes inteligentes de aprendizagem direcionados ao domínio de conhecimento, como os STIs.

Nos AVAs, em que os participantes atuam ao mesmo tempo, em um espaço de ordem e desordem, de forma linear e alinear,[5] de cooperação e colaboração (Behar et al., 2005), pouca atenção é conferida ao estudo da afetividade nas interações que se estabelecem.

Propõe-se, com este capítulo, uma nova fronteira de pesquisa, através do reconhecimento e da compreensão das dimensões afetivas envolvidas nas interações entre alunos em AVA. Em um primeiro momento, apresentam-se algumas noções, conceitos e teorias que embasam os estudos existentes, bem como as relações com outros campos do conhecimento. Depois, são relatadas experiências em desenvolvimento que incorporam dimensões afetivas no ROODA (Rede Cooperativa de Aprendizagem),[6] através da inferência dos estados de ânimo do aluno. Destaca-se que o reconhecimento de aspectos afetivos favorece ações pedagógicas, ao auxiliar o professor na tomada de decisão e na intervenção, sempre que necessária.

---

[5] Capítulo 6.
[6] Disponível em http://www.ead.ufrgs.br/rooda.

O AFETO E A COGNIÇÃO NA PESQUISA CIENTÍFICA

A discussão sobre o papel da afetividade na subjetividade humana está presente em Lao-Tzu, filósofo chinês do Século VI a.C., e em Sócrates, nos anos de 470 a 399 a.C. Platão (427-347 a.C.) realizou uma primeira tentativa de estudo dos aspectos afetivos ao estruturar a alma em uma tríade: razão, emoção e desejos. Para ele, as emoções constituíam obstáculos à racionalidade. Aristóteles (384-324 a.C.), por sua vez, distinguiu as virtudes derivadas da razão (bom senso, por exemplo) das virtudes derivadas da emoção,[7] valoradas como prazerosas ou dolorosas. A problemática das emoções, para este filósofo, era de caráter cognitivista, por acreditar serem manifestações causadas após avaliação de eventos. Os estoicos (entre 333 a.C. e 180 d.C.) tinham uma abordagem negativista das emoções, julgando-as prejudiciais à razão. Mais tarde, as emoções foram tratadas na esfera religiosa por Santo Agostinho (354-430 d.C.); carregavam uma conotação maniqueísta, formadas por forças antagônicas: o certo e o errado, o bem e o mal, a virtude e o pecado.

As abordagens negativista e maniqueísta prevaleceram por muitos séculos. Da Grécia Antiga à Modernidade, a razão está quase sempre dissociada da emoção. Descartes (1596-1650), considerado o pai da filosofia moderna, e Espinosa (1632-1677) revolucionaram o pensamento filosófico ao determinarem alguns dos processos mentais. Através de seu célebre enunciado "penso, logo existo", Descartes evidenciava a perspectiva dualista entre corpo e mente. Na sua obra *Tratado das paixões*, enumerou as "paixões"[8] e indicou que seis delas: admiração, amor, ódio, desejo, alegria e tristeza comporiam as demais. Por sua vez, Espinosa designava *afeto* como o conjunto das emoções, sentimentos, pulsões e motivações. Dizia que "sentimentos são ideias", ao afirmar que toda emoção e respectiva manifestação corporal tem uma ideia associada.

Com o Iluminismo do século XVIII, passou-se a refletir sobre as faculdades da mente humana. Locke (1632-1704) considerava a mente, no momento

---

[7] Na obra *Ética*, Aristóteles categoriza as emoções como desejo, raiva, medo, confiança, inveja, alegria, sentimento de amizade, ódio, ânsia, rivalidade, pena e todos os sentimentos acompanhados de prazer e dor.
[8] Enumeração das principais "paixões" de Descartes (1973): a admiração (art.53); a estima ou o desprezo, a generosidade ou o orgulho, e a humildade ou a baixeza (art.54); a veneração e o desdém (art.55); o amor e o ódio (art.56); o desejo (art.57); a esperança, o temor, o ciúme, a segurança e o desespero (art.58); a irresolução, a coragem, a ousadia, a emulação, a covardia e o pavor (art.59); o remorso (art.60); a alegria e a tristeza (art.61); a zombaria, a inveja e a piedade (art. 62); a satisfação de si mesmo e o arrependimento (art.63); o favor e o reconhecimento (art.64); a indignação e a cólera (art.65); a glória e a vergonha (art. 66); e o fastio, o pesar e o júbilo (art.67).

do nascimento, como uma tábula rasa, isto é, uma folha em branco ainda a ser escrita. Hume (1711-1776) declarava que a moral era um sentimento, um estado afetivo não racional, que contribuía para a felicidade da sociedade. Kant (1724-1804) dizia que a razão humana não deveria ultrapassar o âmbito da experiência verificável. Ao descrever os esquemas mentais, admitiu que haveria uma correlação entre a estrutura do conhecimento e a inteligência. Entretanto não haveria correlação entre afetividade e cognição.

A pesquisa científica moderna sobre a natureza das emoções tem como marco a publicação, em 1897, do livro *Expressão das emoções no homem e nos animais*, de Darwin. Ele acreditava que as expressões de emoções (faciais, por exemplo) constituíam respostas emocionais observáveis em todos os membros de uma espécie que, associadas a outros comportamentos, determinariam a evolução dessa espécie. Defendia que as expressões emocionais são vestígios herdados, portanto inatas. Porém, afirmava Darwin (2004), as expressões afetivas também poderiam ser aprendidas, inaugurando, assim, o estudo dos aspectos comportamentais.

A teoria fisiológica da emoção foi concebida de forma independente por William James[9] (1842-1910) e Carl Lange[10] (1834-1900) em fins do século XIX. James e Lange argumentaram que o comportamento corporal (batimentos cardíacos, enrubescimento, etc.) desencadeado pelo evento emocional (situação de tensão, de prazer, de tristeza, etc.) produzia o sentimento da emoção, não o contrário. Assim, as emoções seriam o produto da percepção mental de certas modificações fisiológicas. A frase de senso comum (James, 1905) "vi a onça, tive medo e corri" não tem sentido para esses teóricos. Não se corre porque se teve medo da onça; o medo e a corrida resultam da percepção mental do alto nível de adrenalina, do aumento dos batimentos cardíacos, etc., ocasionados pela visão da onça.

No começo do século XX, a teoria de Cannon-Bard[11] contestou a de James-Lange ao propor que a experiência emocional e o comportamento corporal constituem processos paralelos. Isto é, quando um evento emocional acontece ("vi o urso"), ao mesmo tempo em que a emoção é sentida ("sinto medo"), mudanças fisiológicas são produzidas ("preparo o corpo para correr o mais rápido possível"). Nessa época, os movimentos filosóficos e científicos

---

[9] William James foi um expoente filósofo e psicólogo norte-americano. Fundador do pragmatismo, contribui para o nascimento da psicologia científica, que o levou à formulação do conceito "fluxo de consciência" (*stream of consciousness*) para descrever o funcionamento da mente e da teoria das emoções.

[10] Carl Lange, médico e psicólogo dinamarquês, ao estudar as alterações de calibre dos vasos sanguíneos, declarou que as emoções nada mais são do que mudanças vasomotoras.

[11] Walter Cannon (1871-1945) e Phillip Bard (1898-1977), fisiologistas norte-americanos, estudaram a funcionalidade do sistema nervoso quando emocionalmente excitado.

impulsionaram os debates sobre pensamento, conhecimento, comportamento, razão, raciocínio e intelecto. Pouco se debateu sobre emoções. Entender de que maneira o conhecimento é adquirido e usado passou a ser o objetivo de uma nova ciência: a Ciência Cognitiva.

Com o advento dos computadores e da inteligência artificial (IA) e, por sua vez, de instrumentos para representar e simular processos mentais (Minsky, 1988), cientistas das mais diversas disciplinas (engenharia, matemática, física, computação, neurociência, antropologia, sociologia, filosofia e psicologia) partiram da hipótese de que a mente nada mais é que um mecanismo de processamento de informações. Desde então, a ciência cognitiva abarca vários ramos da ciência. Nos anos 1960, Simon[12] (1967), um dos precursores da IA, influenciado pela obra de William James, reconheceria a importância de dotar as teorias do processamento das informações cognitivas com aspectos de motivação e de emoção. Tal constatação fez-se em paralelo à consolidação de grandes teorias psicológicas – *gestalt*, psicanálise, behaviorismo, epistemologia genética, psicologia cultural e sócio-histórica –, em que a afetividade nas atividades cognitivas é especialmente enfatizada.

A psicogenética construtivista tem contribuído significativamente neste tema, por meio das perspectivas piagetiana, vygostskiana e walloniana. As abordagens genéticas passam a prestar atenção ao papel da afetividade na cognição ao perceberem que há integração dos aspectos afetivos e cognitivos no funcionamento da psique humana.

Ao formular a epistemologia genética, Piaget (1896-1980) reconheceu, principalmente no artigo "A relação da afetividade com a inteligência no desenvolvimento mental da criança", que a afetividade é o agente motivador da atividade cognitiva. Piaget (1962) considerou as relações entre afetividade e cognição de duas maneiras: na primeira, a afetividade "produz ou pode causar a formação de estruturas cognitivas"; e, na segunda, a afetividade "explica a aceleração ou retardamento da formação das estruturas; aceleração no caso de interesse e necessidade, retardamento quando a situação afetiva é obstáculo para o desenvolvimento intelectual". Das duas interpretações, Piaget escolheu a segunda para demonstrar geneticamente que a afetividade pode levar à aceleração ou ao retardamento na formação de estruturas cognitivas.

Na abordagem piagetiana, o sujeito constrói seu conhecimento por meio da ação constante e recíproca com seu meio. A inteligência é produto das interações entre sujeito-objeto[13], em que afetividade e cognição estão envol-

---

[12] Recebeu o prêmio *Turing Award* em 1975 por suas contribuições básicas à IA. Em 1978, foi agraciado com o Prêmio Nobel de Economia pela pesquisa precursora no processo de tomada de decisões dentro de organizações econômicas.
[13] Objeto é aqui entendido como o conjunto de tudo o que é não-sujeito: ideias e representações que podem conduzir a transformações individuais, como também o mundo das interações com o meio físico e social.

vidas. Tanto sujeito quanto objeto são projetos a serem construídos (Becker, 1992). O sujeito age sobre o objeto, assimilando-o. O objeto assimilado é transformado e transforma o sujeito, ao modificar suas estruturas mentais antigas para acomodar o novo conhecimento.

Ao revelar os processos de assimilação e de acomodação no funcionamento intelectual, Piaget demonstrou que o aspecto afetivo está no *interesse* em apreender o objeto ao *self* – o aspecto cognitivo é a compreensão; já na acomodação, a afetividade acha-se ligada ao *interesse pelo objeto novo* – o aspecto cognitivo apresenta-se no ajuste dos esquemas de pensamento ao fenômeno (Arantes, 2003).

O desenvolvimento cognitivo incorpora também o desenvolvimento social que envolve reflexões sobre as trocas entre os sujeitos e, dentre elas, os aspectos socioafetivos. Por meio da teoria de interação social, Piaget (1973) explicou que a interação é um processo complexo de trocas e significações que desencadeia uma sequência interna de estados de construção de conhecimento. É caracterizada pela existência de regras sociais, pelos valores coletivos e pelas formas de comunicação para transmitir tais regras e valores. Ao reconhecer o termo *valores de troca*, Piaget admitiu que as trocas intelectuais e afetivas efetuadas nas relações do sujeito com os objetos, outros sujeitos e consigo mesmo formam o sistema de valores deste sujeito. Os valores surgem da projeção dos sentimentos sobre os objetos que, posteriormente, com as trocas interpessoais e a intelectualização dos sentimentos, vão sendo cognitivamente organizados (Arantes, 2003).

Piaget concedeu especial atenção às dimensões sociais no desenvolvimento cognitivo (e afetivo) ao afirmar que, além da cognição, no desenvolvimento intelectual, estão presentes um componente moral ou ético, um componente social e um componente afetivo (Wadsworth, 2003). Porém, entre as décadas de 1960 e meados de 1980, a maioria dos piagetianos restringia-se aos estudos de Piaget no que diz respeito ao processo de evolução do conhecimento (epistemologia genética), de tal forma que sua teoria foi classificada como individualista. Só mais tarde viria a ser prestigiada sua abordagem como um processo de desenvolvimento cognitivo (psicologia genética) que abrange, além das funções cognitivas, as de representação, as de interação e as afetivas.

Vygotsky (1896-1934) concebia a linguagem e a interação humana com o ambiente físico e social como elementos fundamentais da consciência e do aprendizado. O desenvolvimento pessoal seria operado em dois níveis (Vygotsky, 1989): o do desenvolvimento real referente às conquistas realizadas ou o conjunto de funções que já amadureceram no indivíduo; e o desenvolvimento potencial, relacionado às capacidades a serem construídas ou em processo de maturação. A partir dessas duas grandezas, o autor definiu a zona de desenvolvimento proximal (ZDP) como um instrumento de medida de uma situação de desenvolvimento pessoal. A ZDP mede "a distância entre o nível de desenvolvimento real, que se costuma determinar através da solução independente de problemas, e o nível de desenvolvimento potencial, determinado através da solução de problemas sob a orientação de um adulto, ou em colaboração com companheiros mais capazes" (Vygotsky, 1989, p.112).

Nessa teoria, a linguagem (verbal, gestual e escrita) está estritamente relacionada ao pensamento com a função de viabilizar a comunicação e os modos de vida em sociedade. A aquisição da linguagem passa por três fases: a social, a egocêntrica e a interna. A linguagem social, a primeira a ser constituída, tem por função denominar e comunicar. A egocêntrica, empregada principalmente na fase infantil, está relacionada à fala com emissão de sons para si mesmo com o intuito de planejar ações, descobrir soluções. Na linguagem interna, as palavras são pensadas, não necessariamente formuladas.

O autor distingue dois componentes da palavra: o *significado* e o *sentido*. O *significado* refere-se ao sistema de relações objetivas, compartilhado por todas as pessoas que a utilizam. O sentido, relacionado às experiências individuais, diz respeito ao contexto de uso da palavra. Oliveira (1992, p.81), ao explanar acerca da relevância da linguagem nos estudos de Vygotsky, salienta que "o sentido da palavra liga seu significado objetivo ao contexto de uso da língua e aos motivos afetivos e pessoais dos seus usuários". Disto, continua Oliveira (1992, p.82), resulta na concretização da "perspectiva integradora dos aspectos cognitivos e afetivos do funcionamento psicológico humano".

A interação social é destacada por Vygostky (1989) como origem e motor da aprendizagem e do desenvolvimento intelectual. O sujeito toma consciência e aprende não só nas relações consigo mesmo (intrapessoal), mas também em nível social (interpessoal) como valores, linguagem e conhecimento. Por essa razão, a teoria é conhecida por sociointeracionista, sócio-histórica ou sociocultural. O sujeito não é resultado apenas de seu aparato biológico, mas de suas interações, de sua história e da forma como o mundo é representado em sua cultura.

Em conferência proferida sob o título *As emoções e seu desenvolvimento na idade infantil* (Vygotsky, 2001), em 1933, o autor fez um estudo histórico e relatou pesquisas fisiológicas (o processo emocional deixa de ser extracerebral para ser cerebral) e psicológicas (as emoções, em vez de processos isolados, passam a ser incorporadas a outros processos psíquicos). Sugeriu que os dois campos de investigação deveriam se unir, a fim de desenvolver uma teoria das emoções. Contestou o dualismo entre as dimensões afetivas e cognitivas no modo como a psicologia tradicional separava os aspectos intelectuais dos afetivos-volitivos (Oliveira, 1992). Explicou que

> a forma de pensar, que junto com o sistema de conceito nos foi imposta pelo meio que nos rodeia, inclui também nossos sentimentos. Não sentimos simplesmente: o sentimento é percebido por nós sob a forma de ciúme, cólera, ultraje, ofensa. Se dissermos que desprezamos alguém, o

fato de nomear os sentimentos faz com que estes variem, já que mantêm certa relação com nossos pensamentos. (Vygotsky, 2004 p.126)

Wallon (1879-1962), outro autor psicogenético e seguidor da corrente histórico-cultural, trouxe contribuições significativas sobre o tema afetividade. O estudo das emoções tem nítida inspiração darwinista ao reconhecer as expressões emocionais como o primeiro indício de sociabilidade (Galvão, 2007).

As emoções, segundo Wallon (1986, p.145), possuem um "incontestável valor plástico e demonstrativo" e são reconhecidas como "uma atividade proprioafetiva". Esses aspectos surgem desde os primeiros dias de vida, e mesmo que manifestações corporais e faciais não expressem um determinado estado afetivo, a interpretação de cada uma delas pode ser aceita ou recusada pelo meio. A partir de então, aceites e recusas constroem significados para as expressões, gerando emoções mais definidas e complexas, conectando o indivíduo ao mundo social, humanizando-o (Van der Veer, 1996).

Galvão (2007) salienta que, para Wallon, as emoções estão na origem da consciência e servem como condutores do mundo orgânico para o social, do fisiológico para o psíquico. Elas possuem caráter evolutivo, tornando-se mais complexas ao longo do desenvolvimento individual. Originalmente, são reações orgânicas de estímulos externos e internos; gradualmente adquirem um significado social por meio da interação, da linguagem e da cultura.

A análise walloniana sobre as emoções envolve o estudo dialético para determinar a natureza, assim como o estudo genético para determinar as alterações funcionais. A inteligência e a afetividade estão integradas. A consciência afetiva dá origem à atividade cognitiva; por outro lado, durante o desenvolvimento humano, existem fases em que predominam o afeto e, em outras, a inteligência. Dantas (1992, p.86) resume o pensamento de Wallon com o seguinte enunciado: "a razão nasce da emoção e vive da sua morte".

Desde sempre houve diferentes abordagens para definir, explicar e categorizar os fenômenos afetivos. Scherer (2000) apresenta as raízes das atuais teorias e pesquisas nos modelos psicológicos da emoção:

1. Platão e o debate entre cognição e emoção.
2. Descartes e o debate entre corpo e mente.
3. Darwin e o debate entre biologia e cultura.
4. James e o debate entre mudança interior e periférica.

A partir dessas raízes e da consolidação de grandes teorias psicológicas, as abordagens são classificadas em cinco grandes famílias: a de tradição darwinista, jamesiana, comportamentalista (behaviorista), cognitivista e social-construtivista (Scaratino, 2005). Independentemente da maneira como as tradições são nomeadas, todas têm um viés comum, havendo áreas em que as diversas perspectivas se sobrepõem. Essa sobreposição é evidenciada pela quantidade de autores associados a mais de uma família.

A perspectiva evolucionária (adaptativa ou darwinista) discute as emoções como universais e adaptativas. A teoria da evolução, com a seleção natural proposta por Darwin (2004), é base para entender os mecanismos que geram as expressões emocionais e, por sua vez, para explicar sua principal característica: a função de comunicação que os fenômenos afetivos apresentam. Tomkins (1995) sinaliza que as reações faciais são consideradas evidências primárias dos fenômenos afetivos, enquanto os movimentos e posicionamentos do esqueleto e as reações internas do corpo são evidências secundárias. Assim, a face humana serve como principal meio de transmissão das informações afetivas para outros e para si. Ekman (1999) tem envidado esforços para demonstrar a universalidade das expressões faciais humanas na representação das emoções. Acredita que as emoções são dispositivos importantes para a adaptação em determinadas situações ou em tarefas fundamentais da vida.

A perspectiva fisiológica (do sentimento ou jamesiana) tem como fundamento os estudos de Willian James. Interpreta as emoções como resultado de experiências fisiológicas. As mudanças corporais seriam a origem dos sentimentos que levam a uma emoção particular. Essa abordagem tem sido reformulada, principalmente pela neurociência (Damásio, 1996; 2004) e pela filosofia (Prinz, 2004).

A perspectiva comportamentalista (ou behaviorista) considera as emoções como disposições para um determinado comportamento com influências (ou não) do meio ambiente. As correntes psicológicas de Watson (1961) e de Skinner (1974) e a filosófica de Ryle (1949) estabelecem as versões dessa abordagem. Frijda (1986) pressupõe que uma experiência emocional pode ter seu significado relacionado à percepção do meio ambiente. Define emoções como "disposições para a ação ou tendências para estabelecer novas relações, manter relações existentes ou interromper relações indesejáveis com o meio ambiente" (p.71).

A perspectiva cognitivista sustenta que as emoções são o meio para conhecer o mundo que cerca o indivíduo, e que são reações corpóreas ou mentais aos fatos e eventos percebidos por eles. Assim, seriam baseadas na avaliação ou no significado cognitivo individual de um evento. Magda Arnold, em *Emotion and personality* (apud Scarantino, 2005), introduziu o termo "*appraisal*" para designar a avaliação de coisas (eventos, objetos e pessoas) que causam o fenômeno afetivo. Versões atualizadas dessa abordagem podem ser vistas nos trabalhos de Solomon (2003), Roseman, Jose e Spindel (1990), Lazarus (2001), Scherer (1999) e Ortony, Clore e Collins (1998).

Finalmente, a perspectiva social-construtivista admite que as emoções sejam dependentes da cultura ou das regras de cada grupo social. A construção dessa abordagem é desenvolvida nos trabalhos filosóficos de Harré (1986) e, em psicologia, por Averill (1993), que traduz as emoções como resultado de regras sociais estabelecidas pela cultura em que o sujeito está inserido.

A neurociência está nitidamente presente em algumas dessas abordagens e, em outras, de modo mais singelo. Propõe-se a investigar como sistemas cerebrais individuais se transformam em complexas atividades mentais. Assim, neurobiólogos, psicólogos e filósofos se associaram para tentar desvendar a relação existente entre o funcionamento cerebral e os processos cognitivos (percepção, memória, linguagem, atenção, etc.) tendo em conta as variáveis biológica, sociocultural e psicoemocional do ser humano.

Assim que os processos cognitivos puderam ser entendidos em termos fisiológicos e da organização neural do cérebro, pesquisadores empreenderam estudos para decifrar as emoções a partir de bases neurológicas. Alguns pesquisadores, no entanto, acreditam que processos cognitivos precedem a experiência emocional; outros sustentam que o processamento emocional seja um tipo de processamento cognitivo; e outros ainda questionam o emprego da cognição no processamento emocional (Le Doux, 2001).

Joseph Le Doux e Antônio Damásio apresentam fortes evidências quanto à indissociabilidade dos processos cognitivos e afetivos: o conjunto de fenômenos afetivos exerce influência nos processos mentais; e os sistemas cerebrais destinados à afetividade apresentam-se intrinsecamente ligados aos destinados à cognição.

Le Doux (2001) considera as emoções uma função biológica do sistema nervoso. Suas pesquisas, com fundamento na neurobiologia do comportamento, estão direcionadas a como o cérebro detecta e reage aos estímulos que despertam as emoções, e a como as bases neurais levam à formação de uma memória emocional (principalmente aquela relacionada a experiências emocionais primitivas, como o medo). Sugere que não há um único sistema emocional, mas vários, com finalidades funcionais diferentes, e que a influência das emoções sobre a razão é maior que a da razão sobre as emoções.

Damásio (1996) tem como tópicos de interesse o papel da emoção e do sentimento na tomada de decisões racionais, na construção do *self* e nas desordens mentais. Faz três importantes considerações:

1. a emoção exerce influência nos processos mentais;
2. os sistemas cerebrais destinados à emoção estão intrinsecamente ligados aos sistemas destinados à razão;
3. a mente não pode ser separada do corpo.

A partir dessas considerações, Damásio reescreve o postulado de Descartes: "Existo e sinto, logo penso".[14]

---

[14] Postulado de Descartes apresentado no *Discurso do método*, Quarta Parte, em 1637: "Penso, logo existo" (Descartes, 1973, p.54)

Dentre tantos outros pesquisadores das ciências cognitivas, Ortony, Clore e Collins (1988), Roseman, José e Spindel (1990), Scherer (2005) e Lazarus (2006) concordam que crenças e desejos influenciam a ação, que a interação com outros e com o ambiente pode originar novas crenças e que, por sua vez, novas necessidades podem provocar novos desejos. Dessa forma, crenças, desejos e intenções exercem influências sobre os processos cognitivos, os quais, por sua vez, ativam dimensões afetivas no sujeito (e vice-versa).

A maioria das investigações dos fenômenos cerebrais ainda é conduzida pela ideia cartesiana da mente separada do corpo, "deixando de lado o resto do organismo e o meio ambiente físico e social – e, por conseguinte, excluindo o fato da parte do próprio meio ambiente ser também um produto das ações anteriores do organismo" (Damásio, 1996, p.281). Para Damásio (2004), o sentimento se origina das emoções como a mente se origina do cérebro. O cérebro e as emoções são visíveis pelos outros, a mente e os sentimentos só podem ser vistos por seu dono. O cérebro e as emoções são de caráter público, expostos e objetivos. A mente e os sentimentos são de caráter privado, ocultos e subjetivos.

Considerando as várias perspectivas, parece haver concordância quanto à afetividade ser fundamental, seja no comportamento, seja na tomada de decisão, seja ainda na comunicação social. Contudo, o estudo da afetividade é dificultado pela confusão de significados dos termos a ela relacionados, impossibilitando o reconhecimento das diferenças entre os estados afetivos.

Os termos emoção, estados de humor/ânimo, motivação, sentimento, paixão, personalidade, temperamento e outros tantos são relacionados à afetividade. Já os termos razão, raciocínio, percepção, memória, compreensão, atenção, juízo, pensamento, linguagem, bom senso e inteligência são relacionadas à cognição. A definição de cada um deles ainda provoca confusão porque as dimensões afetivas e cognitivas são abordadas em áreas de conhecimento diversas, muito pouco em âmbito interdisciplinar. Um exemplo é o número de definições científicas para o termo *emoção*: até 1981, foram listadas mais de cem por Kleinginna e Kleinginna (1981). O desafio é o de unir os conceitos utilizados nas diversas áreas de estudo dos fenômenos afetivos e cognitivos (psicologia, filosofia, sociologia, neurologia, biologia, informática) de forma a homogeneizar e caracterizar as definições, visando construir categorias mais sólidas e formalizadas.

Ortony, Clore e Collins (1988) afirmam que a *emoção* é uma reação valorada a eventos, agentes ou objetos, cuja natureza particular é determinada pela situação que a desencadeou. A partir dessa definição, os autores construíram a teoria OCC[15] para explicar o surgimento das emoções, ao destacarem os proces-

---

[15] O modelo OCC é assim denominado por ter recebido as letras iniciais desses autores.

sos cognitivos que ativam cada uma delas como resultado de um processo de avaliação conhecido por *appraisal*. Bercht (2001, p.60) descreve suas propriedades:

> As emoções podem ser caracterizadas por reações expressivas, como sorrisos, cenho franzido, dentes trincados; por reações fisiológicas, como aumento dos batimentos cardíacos, produção de lágrimas, calores e vermelhidão no rosto; por comportamentos instrumentais, como correr, buscar "o conforto da mamãe", juntar as mãos; por comportamentos instrumentais situacionais, como digitar com força desmesurada uma tecla, gritar um impropério qualquer; por cognições, como pensamento de injustiça para si ou para outros, sensação de impotência frente a problemas; e por sentimentos que integram os fenômenos fisiológicos e cognitivos, como na tristeza (sensação de um aperto no peito, lágrimas nos olhos e a lembrança do evento que gerou tais sensações).

Scherer (2000) aponta que a confusão entre os diferentes tipos de fenômenos afetivos (emoção, sentimento, estado de ânimo/humor, atitude emocional, disposição afetiva, etc.) resulta da definição popular dos termos. Um exemplo clássico é o de tratar sentimento e emoção como se fossem sinônimos. O autor define sentimento como uma experiência emocional subjetiva. Reflete tanto os padrões de *appraisal* cognitivo quanto os padrões motivacionais e de respostas somáticas para o episódio emocional. Já Damásio (2004) define sentimento como um comportamento "invisível" aos outros, exceto ao proprietário, enquanto as emoções "são ações ou movimentos muitos deles públicos, que ocorrem no rosto, na voz ou em comportamentos específicos" (Damásio, 2004, p.35). "Os sentimentos constituem sombras das manifestações emocionais"; e é "falsa a ideia de que os sentimentos ocorrem primeiro e, em seguida, se exprimem em emoções" (Damásio, 2004, p.36-37), revelando a precedência da emoção sobre o sentimento.

A atual dificuldade de indicar critérios para diferenciar os fenômenos afetivos é similar à que aconteceu quanto ao entendimento das especificidades de uma linguagem.[16] Scherer (2005) sugere sete critérios utilizados para definir e diferenciar emoção de outros fenômenos afetivos:

---

[16] Scherer (2005) aponta o trabalho pioneiro do antropólogo e linguista Charles F. Hockett para exemplificar sua afirmação. Hockett (1960) elaborou um conjunto de treze critérios para verificar se determinado comportamento pode ser chamado de linguagem, a saber: canal de transmissão, forma de difusão e recepção, variações de volume, capacidade de alternar canais (escuta/fala), capacidade de retroalimentar-se, capacidade de especializar-se, capacidade para manter semântica, arbitrariedade na escolha da forma de comunicar-se, grau de emissão de sons discretos, capacidade de deslocamento – presente, passado e futuro, produtividade ou a capacidade de produzir sons/palavras nunca ditas antes, uniformidade na emissão de sons/palavras, e dualidade de padrões.

1. focado a eventos (internos ou externos);
2. orientado ao *appraisal* (intrínseco ou extrínseco);
3. sincronização da resposta;
4. agilidade na mudança;
5. impacto comportamental;
6. intensidade;
7. duração.

A partir destes critérios, o autor estabelece o perfil e define fenômeno afetivo como o conjunto das preferências (simpatia, antipatia), das atitudes (ódio, estima, desejo), dos estados de ânimo/humor (animado, melancólico, indiferente, deprimido, desanimado, esperançoso), das disposições afetivas (nervoso, ansioso, irritado, despreocupado, sombrio, hostil, invejoso, ciumento), das instâncias interpessoais/estilos afetivos (educado, reservado, frio, caloroso, incentivador, desdenhosos), das emoções utilitárias[17] (raiva, medo, alegria, tristeza, aversão, vergonha, culpa) e das emoções estéticas (admiração, êxtase, fascinação, harmonia, discórdia, solenidade, surpresa, persuasão).

Os termos *emoção* e *estado de ânimo*[18] (como outros, a exemplo de afetividade, sentimento, paixão, etc.) são usados de modo indiscriminado. A diferença entre eles não está bem delineada, em parte porque não se consegue chegar a um consenso dos seus significados e sentidos. Beedie, Terry e Lane (2005)[19] observam que, considerando-se iguais experiências individuais, podem existir dificuldades de linguagem para explicar as diferenças dos termos. As diferenças podem ser apenas semânticas. Todavia, a ansiedade (emoção) é diferente de ser/estar ansioso (estado de ânimo).

De qualquer modo, não restam dúvidas de que tanto emoção quanto estado de ânimo são fenômenos ou estados afetivos: a emoção tem uma causa evidente, um foco claro; o estado de ânimo tende a ser de causa não muito nítida, mais difusa. Está bem estabelecido (Scherer, 2005; Ellis e Moore, 1999; Ekman, 1999; Frijda, 1994; Nesse, 1991) que a emoção e o estado de ânimo (ou humor) podem ser inferidos pelo grau de intensidade em que se

---

[17] O conjunto de emoções utilitárias coincide com o conjunto de emoções básicas propostas por Ekman (1999).
[18] Na língua portuguesa, humor pode ser entendido como uma substância orgânica líquida ou semilíquida; a capacidade que o sujeito possui para perceber, apreciar ou expressar o que é cômico ou divertido; ou seu estado de humor no sentido de disposição de espírito/ânimo. Neste capítulo, usa-se o termo estado de ânimo como sendo o estado de humor baseado na disposição do espírito do sujeito.
[19] Os autores investigaram como o público não-acadêmico entendia as emoções e os estados de humor com o objetivo de correlacionar os significados e sentidos de senso comum com as teorias acadêmicas.

manifestam, pela duração e pelo objeto causador. A emoção é um episódio perceptível com um grau de intensidade variável, de resposta relativamente breve, sincronizada com a avaliação de um evento interno ou externo. Já o estado de ânimo é um episódio difuso, de baixa intensidade, mas de longa duração e sem causa aparente.

Os dois termos podem ser diferenciados com base em suas diferenças estruturais e funcionais. Na primeira, as características específicas do evento que desencadeou o fenômeno afetivo são avaliadas e sua duração é determinada. Os teóricos desta linha de estudo (Ekman, 1999; Frijda, 1994) afirmam que a emoção é um episódio relativamente breve, intenso e de caráter reativo como resposta sincronizada na avaliação de um evento interno ou externo. Os estados de ânimo, por sua vez, constituem fenômenos afetivos diferenciados das emoções por serem globais, difusos, de longa duração e constantes. Ao contrário, convém destacar, o estado de ânimo é um estado afetivo de baixa intensidade, às vezes com pouca sincronização de respostas que podem permanecer por horas ou dias, nem sempre desencadeado por eventos externos.

Os teóricos que estudam as diferenças funcionais entre emoções e estados de ânimo (Davidson, 2001; Scherer, 2005) acreditam que tanto emoções quanto estados de ânimo são caracterizados por processos cognitivos de valência positiva (estímulos atrativos) ou negativa (estímulos repulsivos) e por um conjunto estruturado de crenças sobre possíveis estados afetivos futuros (prazer ou dor). O que os diferencia é que as reações são instantâneas e com alvo específico para as emoções, e de longa duração (horas, dias, meses, anos) e alvo nem sempre conhecido para os estados de ânimo. Deve-se salientar que os estados de ânimo também dependem do temperamento do indivíduo (introvertido/extrovertido) e dos traços de personalidade (organizado, sociável, cortês, curioso, flexível, ativo, inseguro, depressivo, desconfiado, etc.).

Alguns autores retratam os estados de ânimo em dois tipos independentes (Morris, 1992; Burke, 2004):

1. dimensão positiva-negativa (bem-estar/mal-estar) com função reguladora dos comportamentos, isto é, os estados de ânimos positivos (de bem-estar) facilitam o movimento inconsciente do processamento mental, enquanto que os negativos (de mal-estar) facilitam o controle do processamento mental;
2. dimensão ativa/não-ativa (excitado/tensionado) com função biológica, isto é, a combinação dos níveis de energia e tensão do indivíduo (estar excitado ou tensionado) com seus pensamentos produzem informações (conscientes e inconscientes) sobre a sua saúde física e psicológica.

Scherer (2005), por outro lado, mescla os dois tipos e enumera os estados de ânimo em:

1. *animado* (no sentido de estar disposto, satisfeito, esperançoso, alegre, entusiasmado, exaltado);
2. *desanimado* (estar triste, abatido, deprimido, pessimista, desgostoso, melancólico);
3. *indiferente* (desatento, distraído, apático, desinteressado);
4. *ansioso* (preocupado, aflito, tenso);
5. *irritado* (impaciente, encolerizado, tensionado).

AFETIVIDADE EM AMBIENTES COMPUTACIONAIS PARA A APRENDIZAGEM

Apesar dos avanços proporcionados em diversas áreas do conhecimento no sentido de compreender a afetividade, a ciência da computação, por meio da IA, não a tinha como relevante para fins de aplicação em sistemas computacionais, mais precisamente em agentes inteligentes.[20] Somente ao final dos anos 1990, com a introdução do conceito de computação afetiva por Picard (1997), passou-se a considerar a afetividade em sistemas computacionais. Tal conceito discute a aplicabilidade da afetividade em sistemas não-biológicos, ou seja, o uso das emoções em diferentes aspectos nos sistemas computacionais, desde o reconhecimento, a representação e a simulação até pesquisas relacionadas aos diferentes fenômenos afetivos que se verificam nas interações homem-máquina.

Considerando-se o atual estágio da tecnologia digital, ainda são incipientes os meios para tratar a afetividade em sistemas computacionais, e, em especial, nos sistemas educacionais informatizados. Faz-se necessária a integração de estudos dos fenômenos afetivos associados nas ciências cognitivas, na educação e na informática, com o objetivo de determinar modelos que possam ser aplicados computacionalmente. A complexidade se dá principalmente porque cada indivíduo possui reações emocionais e fisiológicas diferentes para uma mesma situação. Influências culturais, sociais e genéticas também atuam na forma como fenômenos afetivos são expressos. Além disso,

---

[20] Entende-se como agente inteligente um sistema computacional que realiza ações racionais de forma autônoma e aprende ao interagir com o seu entorno. Também tem como características a capacidade de solucionar problemas e a de cooperar com outros agentes, configurando sistemas multiagentes.

não ocorrem isoladamente. Dependendo da situação, as pessoas têm reações geradas a partir de um conjunto deles.

Os atuais modelos computacionais que tentam representar os fenômenos afetivos em máquina baseiam-se em uma das cinco principais correntes psicológicas/filosóficas apresentadas na seção anterior. As teorias da abordagem cognitivista – teoria de Roseman (Roseman, Jose e Spindell, 1990), Teoria OCC (Ortony, Clore e Collins, 1988) e a teoria CPM[21] (Scherer, 2001), dentre outras – são utilizadas na implementação de emoções em computadores, conhecidas como teorias do *appraisal*. De acordo com essas formulações, os estados emocionais resultam de uma avaliação (*appraisal*) das crenças, dos desejos e das intenções do sujeito e das exigências ambientais que podem ocorrer consciente ou inconscientemente.

A teoria de Roseman (Roseman, Jose e Spindell, 1990) apresenta um modelo que distingue as emoções em positivas e negativas ao serem ocasionadas por eventos consistentes ou inconsistentes, respectivamente. Então, se o objetivo for atingido, uma emoção positiva será produzida; caso contrário, produz-se uma emoção negativa. O motivo causador do episódio é um evento provocado pelo próprio sujeito, por outrem, ou de modo circunstancial (sem controle humano). Eventos podem ocasionar desejos de recompensa ou punição e produzir um nível potencial para o tipo de emoção (forte ou fraca). O modelo de Roseman avalia os eventos somente de acordo com os objetivos e contempla o estado emocional surpresa, não apresentado em outros modelos de *appraisal*. Possui uma estrutura simples, facilmente traduzida em regras que permitam avaliar a causa do evento e, desse modo, determinar a emoção apropriada. Entretanto, o modelo apresenta problemas quando se trata de necessidade de avaliar mais de um evento para o mesmo sujeito.

A teoria OCC (Ortony, Clore e Collins,1988) é largamente utilizada para sintetizar emoções e afetos, conforme apresentado em Bercht (2001) e Jaques e Vicari (2005). O modelo OCC determina que uma emoção deriva da sua avaliação sob três aspectos: consequência dos eventos, ação dos agentes e aparência dos objetos. As percepções emocionais de um agente são valoradas a partir de seus objetivos, padrões e preferências. O cálculo da intensidade da emoção é derivado a partir de variáveis globais (senso de realidade, proximidade, etc.) e locais (probabilidade de um evento ocorrer, esforço para atingir o objetivo, possibilidade da realização do objetivo, etc.). Além dos objetivos, o modelo OCC avalia as preferências e os padrões, como gostar/não gostar, aprovar/desaprovar, ter prazer/desprazer. É, ao mesmo tempo, mais completo e fácil no seu entendimento em relação ao modelo de Roseman.

Scherer (2001) desenvolveu o modelo de *apprasial* CPM, em que a emoção resulta de uma sequência de verificações (SEC – *stimulus evaluation checks*) para determinar a qual grupo de fenômenos afetivos ela pertence. Tal

---

[21] CPM refere-se a *Component Process Model*.

modelo é aplicado especialmente em sistemas que analisam a expressão emocional no momento da comunicação. Aplicações em agentes conversacionais personificados conhecidos por ECA[22] estão incorporando a teoria de *appraisal* proposta por Scherer para sintetizar emoções por meio de expressões faciais. Malatesta e colaboradores (2007), por exemplo, usam o modelo CPM para determinar expressões faciais intermediárias que resultam nas emoções de fúria e medo. Já Grizard e Lisetti (2006) aplicam a teoria de Scherer no robô iCat, que fala e apresenta expressões faciais para as emoções básicas: tristeza, alegria, raiva e medo.

No modelo de *appraisal* CPM, a avaliação dos estímulos ocorre de forma hierárquica em três níveis (Sander, Grandjean e Scherer, 2005):

- no nível *sensório-motor* são verificadas características inatas (geneticamente instaladas), respostas emocionais primárias como reflexos;
- no nível *esquemático* são consideradas a história de aprendizado, as interações sociais, e representações abstratas de padrões emocionais já aprendidos;
- no nível *conceitual* é processado o significado cultural do indivíduo.

Em cada um dos níveis são identificados os quatro *objetivos de appraisal*:

1. a relevância do evento;
2. as implicações do evento no bem-estar e no alcance dos objetivos do indivíduo;
3. o potencial de *coping*[23];
4. o significado do evento considerando as normas e os valores do indivíduo e da sociedade.

Pesquisas empreendidas no âmbito da computação afetiva orientadas à informática na educação envolvem principalmente a construção de agentes afetivos pedagógicos em STI (Paiva e Machado, 1998; Rickel e Johnson, 1998; Jaques e Vicari, 2005). Basicamente, as emoções são reconhecidas pelo comportamento observável do aluno. A análise é feita aplicando-se modelos computacionais baseados na teoria do *Appraisal*, em que são avaliados os eventos antecedentes aos estados afetivos.

---

[22] Um *embodied conversational agent* (ECA) incorpora, além dos padrões tradicionais de um agente inteligente, a capacidade de comunicação com usuário. É um agente que se comporta como um humano na forma como mantém um diálogo, como reage emocionalmente às questões apresentadas e, muitas vezes, como usa o corpo virtual durante uma conversação.

[23] O conceito de *coping*, ou a capacidade de superação (ou de enfrentamento), tem sido definido como "o conjunto de estratégias utilizadas pelas pessoas para adaptarem-se a circunstâncias adversas ou estressantes" (Antoniazzi, Dell'Aglio e Bandeira, 1998).

Nos sistemas computacionais afetivos (disponibilizados para as diversas áreas do conhecimento), as emoções utilitárias – ou emoções básicas de Ekman (1999) – podem ser inferidas por outras informações, que vão além do comportamento observável, como gestos, expressões faciais, linguagem (textual, oral e de sinais), tensão muscular, condutividade da pele, respiração, ritmo cardíaco, temperatura e movimentos oculares (Picard et al., 2004). O uso de equipamentos com sensores visuais (videocâmeras), de áudio (microfones) e fisiológicos (cadeiras sensíveis à pressão do corpo, luvas que captam a condutividade da pele, *mouse* sensível à "qualidade" de pressão, EEG, ECG, ERP, termógrafos, aparelhos para verificar pulsação, respiração, dilatação da pupila) em sistemas educativos informatizados ainda são onerosos e de difícil utilização, além de desconfortáveis e passíveis de interferir no reconhecimento dos estados emocionais.

Os poucos sistemas educativos informatizados que se propõem a tratar dos aspectos afetivos têm como foco principal as emoções utilitárias. Pouca atenção tem sido conferida aos estados de ânimo do aluno no processo de aprendizagem. Os *frameworks* de Rousseau e Hayes-Roth (1998) e Kshirsagar e Magnenat-Thalmann (2002) tratam dos estados de ânimo examinando apenas o estado bipolar: positivo ou negativo.

Os estados de ânimo desempenham papel importante na aquisição, codificação, consolidação (armazenamento) e recuperação de informações na memória.[24] O estudo das relações entre estados de ânimo e memória é mostrado em Pergher e colaboradores (2006). Os autores sugerem que os materiais,[25] em fase de codificação ou armazenagem na memória, serão mais rapidamente codificados e consolidados na memória se o indivíduo estiver em um estado de ânimo consistente com a valência afetiva que esses materiais lhe proporcionam. As chances de acesso a um material na memória será maior se o estado de ânimo particular do indivíduo for de mesma valência afetiva quando de sua armazenagem. É com base nessas codificações e recuperações que o indivíduo fundamenta suas expectativas sobre o futuro e sobre o discernimento que tem do mundo.

Durante a aprendizagem, a informação é aprendida (isto é, adquirida, codificada e consolidada) conforme o nível de congruência da sua valência afetiva com o estado de ânimo do sujeito (Pregher et al., 2006). Na fase de recuperação, o acesso à informação aprendida será efetivado quase de maneira instantânea se a codificação da informação contiver o mesmo tom afetivo do estado de ânimo atual do sujeito.

---

[24] Desde a década de 1990, Le Doux (2001) e seu grupo de pesquisadores da New York University vêm estudando as relações entre emoção e memória.
[25] Entende-se por materiais tudo aquilo – objetos, situações, eventos, etc. – que pode ser retido na memória.

Presume-se que o modelo de Scherer é um modelo consistente para a construção de agentes afetivos (e comunicativos) que avaliem os estados de ânimo dos participantes do AVA, uma vez que possuem recursos que favorecem a interação síncrona e assíncrona entre eles.

RECONHECIMENTO DOS ESTADOS DE ÂNIMO EM AMBIENTES VIRTUAIS DE APRENDIZAGEM

Um dos pressupostos da computação afetiva é o de que os computadores têm a capacidade de reconhecer e a de inferir aspectos afetivos como se fossem observadores em terceira pessoa (Picard, 1997). Desse modo, podem entender as formas de manifestação da afetividade humana (expressões corporal, verbal, escrita, etc.) e, quando necessário, sintetizá-las.

Os fenômenos afetivos (tanto quanto os pensamentos) são expressos voluntária ou involuntariamente na forma de sons (palavras faladas, cantadas, cantaroladas ou deixas), de grafia (palavras escritas, desenhos, pinturas, etc.), de gestos (faciais, corporais), de comportamento (agitação, tranquilidade, rubor, etc.) e de outras formas criativas para exprimir a comunicação. A comunicação afetiva é captada por meio dos sentidos em ambiente real ou de instrumentos mediadores (papel, telefone, vídeo, etc.). Pode ser visível ou subentendida. Em qualquer caso, a comunicação afetiva é realizada por meio de um padrão de informação que pode ser representado no computador. Assim, o reconhecimento dos estados afetivos passa a constituir um problema de reconhecimento de padrões (Picard, 1997).

Os padrões afetivos podem ser reconhecidos aplicando-se um dos métodos de inferência apresentados na literatura (Liao et al., 2006): inferência por prognóstico (*top-down*), inferência por diagnóstico (*bottom-up*) ou inferência híbrida (combinação de prognóstico e diagnóstico). No primeiro caso, o reconhecimento dos aspectos afetivos é baseado em fatores que influenciam ou causam o estado afetivo. Esta abordagem é apoiada por teorias psicológicas.[26] Na segunda abordagem, inferência por diagnóstico, o reconhecimento é feito por meio de medidas comportamentais e fisiológicas.

Vários trabalhos estão sendo desenvolvidos para capturar padrões afetivos. Kapoor e Picard (2005) apresentam uma proposta multissensorial para reconhecer e avaliar o interesse (ou desinteresse) de uma criança durante um jogo educacional por computador. Para tanto, são obtidas informações sobre as expressões faciais e sobre os movimentos da cabeça, como também a postura dos alunos nas cadeiras. Zeng e colaboradores (2004) e Ji e Hu (2002) extraem características afetivas das feições por meio de imagens de vídeos,

---

[26] A teoria OCC (Ortony, Clore e Collins, 1988) é a mais utilizada.

e Kapur e colaboradores (2005) utilizam a técnica de *motion capture*[27] para capturar os movimentos corporais nos diferentes estados afetivos. Scherer (1995) recorre a teorias sociopscicológicas para explicar e determinar o potencial emocional da voz durante a fala e o canto. O agente pedagógico PAT (Jaques e Vicari, 2005) infere as emoções do aluno em função de seu comportamento observável, isto é, pelas ações do aluno na interface do sistema (por exemplo, tempo de execução de uma atividade, sucesso ou falha na execução de um exercício, pedido de ajuda, etc.).

Os métodos de prognóstico e diagnóstico podem ser combinados, originando a abordagem híbrida, cujo resultado são inferências afetivas mais precisas do reconhecimento realizado. Conati e Maclaren (2004) recorrem a métodos probabilísticos para combinar traços de personalidade com métodos de diagnóstico por meio de sensores biométricos. Já Liao e colaboradores (2006) concebem um sistema integrado para reconhecer, em tempo real, os estados afetivos fadiga e estresse combinando inferências probabilísticas com medidas afetivas e grau de assistência. As inferências probabilísticas são obtidas pelas evidências geradas nas diversas modalidades de captura de sinais afetivos. As medidas afetivas são efetuadas por sensores que identificam, durante um período de tempo, as medidas dos sinais afetivos do usuário (medidas fisiológica, comportamental, de performance e aparência física). Por fim, o grau de assistência determina a necessidade de auxílio ao usuário em estado de estresse ou fadiga.

A maioria dos trabalhos desenvolvidos com base na computação afetiva está vinculada à abordagem em que a inferência dos estados afetivos é feita por prognóstico ou por diagnóstico. A abordagem híbrida para o reconhecimento dos estados de ânimo é a adotada na pesquisa em desenvolvimento pelas autoras deste capítulo. Na primeira fase do projeto, pretende-se capturar as medidas comportamentais, as autorregistradas e as observáveis. A partir das evidências geradas nas três medidas referidas, será efetuada a inferência probabilística do estado de ânimo do usuário.

Nesta pesquisa, a busca pela dimensão afetiva em ambientes virtuais de aprendizagem vem sendo efetuada no ambiente ROODA. O ROODA, desenvolvido com base em princípios construtivistas, tem implícita a concepção epistemológica interacionista (Piaget, 1973; Vygotsky, 1989), e possui como meta a mudança de paradigma educacional a partir da interação e cooperação dos usuários em AVA. Por isso, é orientado a valorizar o processo de cooperação.

O diferencial desse ambiente, conforme Behar e colaboradores (2007), reside em uma plataforma multicursos centrada no aluno, evitando que ele

---

[27] *Motion capture* é uma técnica usada para capturar e registrar digitalmente os movimentos do corpo e da face por meio de sensores aplicados em regiões próximas às juntas ou pontos de grande movimentação dos músculos.

tenha que se conectar ao ambiente cada vez que vai para um curso, disciplina ou turma diferente. Os conceitos-chave que direcionaram o projeto pedagógico do ambiente ROODA são:

- aprendizagem, destacando-a como uma mudança estrutural que ocorre na convivência, no encontro entre os usuários;
- troca e interação, que se tornam indispensáveis para a construção de conhecimento;
- cooperação, que pode originar, por vezes, conflitos sociocognitivos dentro de um grupo (pensar no ponto de vista de outro, se perturbar, descentrar, se equilibrar e re-equilibrar);
- autonomia do usuário, de modo que se possa avaliar o resultado de suas escolhas, reforçando o seu papel de agente ativo no processo de aprendizagem;
- liberdade de acesso, no sentido de que todos estão autorizados a dispor de toda produção disponível no ambiente;
- avaliação, a ser realizada durante todo o processo de aprendizagem, com o objetivo de acompanhar e orientar o aluno;
- participação do aluno no processo de avaliação;
- não-planificação dos objetivos a serem atingidos pelos alunos.

A conveniência do uso do ROODA se dá porque este AVA apresenta recursos que favorecem a interação síncrona/assíncrona, a cooperação e a individualização da aprendizagem, além de valorizar a produção em grupo, possibilitando a construção do conhecimento mediante trocas efetivadas entre usuários. As ferramentas de interação síncrona (bate-papo e A2) e assíncrona (enquete) sustentam o movimento de negociações, discussões e coordenações que fazem parte da construção de conhecimento pelo ROODA (Behar et al., 2005), permitindo a identificação de subsídios importantes que se prestem ao reconhecimento dos estados afetivos, no caso, os estados de ânimo. A base para os estudos dos estados de ânimo no ambiente ROODA compreende:

a) os textos produzidos pelos alunos ao utilizarem os recursos de interação síncrona (bate-papo e A2) e assíncrona (fórum e diário de bordo), por representarem as interações no ambiente virtual;
b) a funcionalidade InterROODA, que registra os acessos qualitativos e quantitativos individuais e os acessos entre os alunos.

Nesse contexto insere-se o protótipo AnimA (Longhi, Bercht e Behar, 2007), experimento para validar os parâmetros necessários ao desenvolvimento de um agente afetivo para inferir os estados de ânimo do aluno e que será integrado no ambiente ROODA.

No esforço de elaboração do protótipo AnimA, decidiu-se ter como ensaio o domínio da *construção de algoritmos computacionais*. Trata-se de reconhecer diferentes estados de ânimo durante uma atividade que envolve a utilização de metodologia adequada para resolver problemas computacionais, a partir da formulação de soluções e da construção do algoritmo. O AnimA considera as seguintes categorias afetivas, baseadas nas definições de Scherer (2005), para os estados de ânimo:

- Estar animado – implica demonstrar comportamento alegre, boa disposição, motivação, interesse, satisfação para enfrentar os desafios da aprendizagem; e colaborar e cooperar com os colegas.
- Estar desanimado – implica demonstrar descontentamento, comportamento triste, sem disposição, desinteresse, sem motivação, insatisfação, frustração (ou sentir-se penalizado) para continuar o aprendizado; ou, ainda, sentir-se coagido, por acreditar que a vontade do colega prevalece.
- Estar indiferente – implica demonstrar apatia, displicência, negligência, descaso e falta de motivação pelos conteúdos da aprendizagem.

O reconhecimento dos estados de ânimo no protótipo AnimA compreende as etapas de identificação, interpretação e inferência. A identificação envolve os meios e os métodos por meio dos quais o sistema reconhecerá características referentes aos estados afetivos em análise. Para tanto, podem-se utilizar indicadores *aparentes* (expressão facial, entonação de voz, gestos corporais, postura, etc.), *semiaparentes* (expressão textual), não-aparentes (respiração, batimentos cardíacos, pressão sanguínea, temperatura corporal, etc.) e *de avaliação* (inventários, questionários, etc.). Esses sinais passam por sistema de reconhecimento de padrões (de fala, de escrita, de faces, de sinais, de dados, etc.) submetidos a modelos estatísticos e a processamento de imagens e de dados.

A interpretação diz respeito à análise automática das informações extraídas pelos métodos de reconhecimento de padrões. Nela são aplicados métodos estatísticos de correlação e variância para selecionar as características dos estados de ânimo em estudo.

Já a etapa de inferência diz respeito à construção de modelos dinâmicos e probabilísiticos, de modo a selecionar o estado de ânimo correspondente evidenciado ao longo da aprendizagem.

Em sua primeira versão, o AnimA reconhece os estados de ânimo considerando os indicadores *semiaparentes* e os de *avaliação*, os modelos estatísticos de linguagem para identificação dos estados de ânimo na escrita e, finalmente, o tratamento de dados para classificação e categorização advindos dos inventários e questionários de pesquisa.

Os indicadores *semiaparentes* são extraídos por meio de informações obtidas do comportamento de interação do aluno com o aplicativo (a saber: tempo de execução de uma atividade, número de vezes que retornou/desistiu da atividade, sucesso ou falha na execução da atividade e pedido de ajuda) e da expressão textual do aluno, mediante palavras-chave na escrita e *emoticons*[28] nos fóruns, diários de bordo e *chat* no ambiente ROODA. Assim, os estados de ânimo podem ser observados em dois cenários distintos:

1. o aluno interage com o conteúdo, com os exercícios e com as atividades não-colaborativas do ambiente – o sistema baseia-se nas ações do aluno (acertar ou errar um exercício ou tarefa; tempo passado no ambiente; demora em efetivar uma resposta, etc.);
2. o aluno expressa suas ideias e colabora com colegas por meio das ferramentas de comunicação assíncronas, a exemplo do fórum e do diário de bordo.

Nos cenários descritos, considerar a afetividade do usuário envolve duas importantes etapas: a inferência dos estados de ânimo do aluno e a determinação do modelo do aluno, visando à avaliação e à aplicação de táticas afetivas.

Em diversos momentos de desenvolvimento da atividade (início, etapas intermediárias e finalização do algoritmo), o sistema convida o aluno a registrar as percepções de seus estados de ânimo, seu processo de aprendizagem e suas considerações e colaborações nas ferramentas do ambiente ROODA: diário de bordo e fórum.

O instrumental metodológico abrange tanto a autoavaliação do aluno quanto a avaliação do sistema e dos observadores. No início do período letivo, aplicam-se instrumentos de autoavaliação e avaliação pelo professor. Durante a apresentação, o desenvolvimento e a finalização da atividade, os alunos realizam a autoavaliação do processo, enquanto o sistema faz sua própria inferência e os observadores as suas. No final do período letivo, a autoavaliação e a observada são reaplicadas.

Os instrumentos de autoavaliação e avaliação pelo professor do início e final do período letivo constituem inventários disponibilizados no ambiente ROODA. A avaliação do sistema é baseada na captura de medidas comportamentais considerando-se as variáveis confiança, esforço, independência (conforme Bercht, 2001), satisfação e desafio (conforme Vicente e Pain, 2002) no desenvolvimento da atividade; e, cooperação, colaboração, e coação (conforme Macedo, 2005) nas interações sociais.

O resultado dessas investigações subsidiará o desenvolvimento de um agente afetivo a ser incorporado no ROODA, de modo a avaliar as ações pedagógico-afetivas associadas ao comportamento do aluno durante as atividades de aprendizagem.

---

[28] *Emoticons* (ou *smiley*) é palavra derivada da junção de *emotion* (emoção) e *icon* (ícone) e formada por uma sequência de caracteres (tais como::**)** ou **^-^** e **:-)** ;) ou pequenos ícones que traduzem ou transmitem o estado psicológico, emotivo, de quem os emprega.

CONSIDERAÇÕES FINAIS

O desafio das tecnologias digitais de informação e de comunicação para a educação não está apenas na sua inserção no cotidiano do ensino-aprendizagem como meio de registro e transmissão de informações, mas em uma educação centrada na construção (e reconstrução) do conhecimento e da ampliação de consciência em processo de aprendizagem (Behar et al., 2005).

Os AVAs oferecem possibilidades tecnológicas por meio de recursos como *chat*, fórum, diário de bordo, webfólio, entre outros. Dessa forma, permitem que os participantes possam construir um trabalho cooperativo, envolvendo interações virtuais e sociais. A cooperação pode transformar o modo de pensar, a partir da convivência e das trocas realizadas. Nessas trocas aparecem fatores como estar ou não motivado, estar ou não aborrecido, estar ou não indiferente, estar ou não frustrado, etc., que devem ser considerados no processo de ensino.

O papel do professor é o de desenvolver estratégias, por meio de AVAs para acompanhar, sistematizar e construir novas possibilidades no processo de aprendizagem, intervindo sempre que necessário no desenvolvimento cognitivo do aluno.

É neste contexto que são discutidos e propostos novos modelos pedagógicos[29] em educação a distância. Logo, nesta abordagem se enfatiza o repensar de métodos e, principalmente, a introdução de novas ferramentas tecnológicas como, por exemplo, os agentes computacionais que auxiliam no reconhecimento de fenômenos afetivos. Trata-se de desenvolver instrumentos que permitam ao professor uma percepção mais acurada a respeito dos estados afetivos e sua relação com a motivação do aluno nos AVAs.

Para tanto, está sendo desenvolvido o sistema AnimA, que se vale da abordagem híbrida – inferências por prognóstico e por diagnóstico –, para obtenção de dados a serem analisados. Estes serão relevantes para determinar a qualidade das variáveis escolhidas no delineamento das categorias de estado de ânimo.

REFERÊNCIAS

ANTONIAZZI, A. S.; DELL'AGLIO, D. D. E BANDEIRA, D. R. O conceito de coping: uma revisão teórica. *Estudos de Psicologia*, v. 3, n. 2, p. 273-294, 1998.

ARANTES, V. A. Afetividade e cognição: rompendo a dicotomia na educação. VIDETUR, \ Porto, n. 23. Porto, 2003.

AVERILL, J. Putting the social in social cognition, with special reference to emotion. In: WYER JR., R. S.; SRULL, T. K. (Ed.). *Perspectives on anger and emotion*. Hillsdale, NJ: Lawrence Erlbaum, 1993. p. 47-56.

BEEDIE, C. J.; TERRY, P. C.; LANE, A. M. Distinctions between emotion and mood, *Cognition and Emotion*, v. 19, n. 6, p. 847-878, 2005.

---

[29] Capítulo 1.

BECKER, F. O que é construtivismo? *Revista de Educação – AEC*, Brasília, DF, v. 21, n. 83, p. 7-15, 1992.

BEHAR, P. A. et al. Avaliação de ambientes virtuais de aprendizagem: o caso do ROODA na UFRGS. *Revista Avances en Sistemas e Informática*, Bogotá, v. 4, p. 81-100, 2007.

BEHAR, P.A. et al. Refletindo sobre uma metodologia de pesquisa para AVA's. In: CONGRESSO INTERNACIONAL DE QUALIDADE DE EDUCAÇÃO A DISTÂNCIA, 2005, São Leopoldo. *Anais...* São Leopoldo: Unisinos, 2005. v. 1.

BERCHT, M. *Em direção a agentes pedagógicos com dimensões afetivas*. 2001. 152 f. Tese (Doutorado) – Programa de Pós-Graduação em Computação, Instituto de Informática, Universidade Federal do Rio Grande do Sul, Porto Alegre, 2001.

BURKE, P. J. Identities, events, and moods. Advances in Group Processes, 21, 25-49. 2004.

CONATI, C.; MACLAREN, H. Evaluating a probabilistic model of student affect, ITS'04. In: INTERNATIONAL CONFERENCE ON INTELLIGENT TUTORING SYSTEMS, Maceió, 2004.

DAMÁSIO, A. *Em busca de Espinosa*: prazer e dor na ciência dos sentimentos. São Paulo: Cia das Letras, 2004.

_____ . *O erro de Descartes*: emoção, razão e o cérebro humano. São Paulo: Cia das Letras, 1996.

DANTAS, H. A afetividade e a construção do sujeito na psicogenética de Wallon. In: LA TAILLE, Y. (Org.). *Piaget, Vygotsky, Wallon*: teorias psicogenéticas em discussão. São Paulo: Summus, 1992. p. 75-98.

DARWIN, C. *A expressão das emoções no homem e nos animais*. São Paulo: Cia das Letras. 2004.

DAVIDSON, R. J. Toward a biology of personality and emotion. *Annals of the NY Academy of Sciences*, v. 935, p.191-207. 2001.

DESCARTES, R. *Discurso do método*. São Paulo: Abril Cultural, 1973. (Os pensadores)

EKMAN, P. Basic emotions. In: DALGLEISH, T.; POWER, T. (Ed.). *The handbook of cognition and emotion*. Sussex: John Wiley & Sons, 1999. p. 45-60.

FRIJDA, N. H. Emotion experience. *Cognition and Emotion*, v. 19, n.4, p. 473-497, 2005.

_____ . *The emotions*: studies in emotion and social interaction. Cambridge: Cambridge University, 1986.

_____ . Varieties of affect: emotions and episodes. Moods and sentiments. In: EKMAN, P.; DAVIDSON, J. (Ed.). *The nature of emotion*. Oxford: Oxford University, 1994. p. 59-67.

GALVÃO, I. *Henri Wallon*: uma concepção dialética do desenvolvimento infantil. 16. ed. Petrópolis: Vozes, 2007.

GRIZARD, A.; LISETTI, C. L. Generation of facial emotional expressions based on psychological theory. In: WORKSHOP ON EMOTION AND COMPUTING, 1, 2006, 29th Annual Conference on Artificial Intelligence, June, 14-19, Bremen, Germany. 2006.

HARRÉ, R. *The social construction of emotions*. Oxford: Blackwell, 1986.

HOCKETT, C. F. 'The origin of speech. *Scientific American*, v. 203, p. 88-96, 1960.

JAQUES, P. A.; VICARI, R. Considering student's emotions in computer mediated learning environments. In: MA, Z. (Ed.). *Web-based intelligent e-learning systems*: technologies and applications. Hershey: Information Science, 2005. p. 122-138.

JAMES, W. *The principles of psychology*. New York: H. Holt, 1905. v. 2. Cópia digitalizada.

JI, Q.; HU, R. 3D face pose estimation and tracking from a monocular camera. *Image and Vision Computing*, v. 20, n. 7, p. 499-511, 2002.

KAPOOR, A.; PICARD, R. E. Multimodal affect recognition in learning environments, *ACM MM'05*, Singapore, Nov. 6-11 2005.

KAPUR, A. et al. Gesture-based affective computing on motion capture data. In: INTERNATIONAL CONFERENCE ON AFFECTIVE COMPUTING AND INTELLIGENT INTERACTION (ACII), Beijing, 2005. Proceedings... Beijing, 2005.

KLEINGINNA, P. R.; KLEINGINNA, A. M. A categorized list of emotion definitions, with suggestions for a consensual definition. *Motivation and Emotion*, v. 5, n.4, p.345-379, 1981.

KSHIRSAGAR, S.; MAGNENAT-THALMANN, N. A multilayer personality model. In: SYMPOSIUM ON SMART GRAPHICS, Hawthorne, 2002. p. 107-115.

LAZARUS, R. S. Emotions and interpersonal relationships: toward a person-centered conceptualization of emotions and coping. *Journal fo Personality*, v. 74, p.1, fev. 2006.

_____ . Relational meaning and discrete emotions. In: SCHERER, K.; SCHORR, A.; JOHNSTONNE, T. (Ed.). *Appraisal processes in emotion*: theory, methods, research. Oxford: Oxford University, 2001. p. 37-91.

LE DOUX, J. *O cérebro emocional*: os misteriosos alicerces da vida emocional. Trad. Terezinha Batista dos Santos. Rio de Janeiro: Objetiva, 2001.

LIAO, W. et al. Toward a decision-theoretic framework for affect recognition and user assistance. INTERNATIONAL JOURNAL OF HUMAN-COMPUTER STUDIES, v. 64, n. 9, p. 847-873, 2006.

LONGHI, M. T.; BERCHT, M. E BEHAR, P. A. Reconhecimento de estados afetivos do aluno em ambientes virtuais de aprendizagem. *RENOTE:* Revista Novas Tecnologias na Educação, Porto Alegre, v. 5, n. 2, 2007.

MACEDO, A. L. *Aprendizagem em ambientes virtuais*: o olhar do aluno sobre o próprio aprender. Dissertação (Mestrado em Educação) – Programa de Pós-Graduação em Educação, Faculdade de Educação, Porto Alegre, Universidade Federal do Rio Grande do Sul, 2005.

MALATESTA, L. et al. MPEG-4 facial expression synthesis. *Personal and Ubiquitous Computing*, London, 2007. Número especial: Emerging Multimodal Interfaces.

MINSKY, M. *The society of mind*. New York: Simon & Schuster, 1988.

MORRIS, W. N. A functional analysis of the role of mood in affective systems. In: CLARK, M. S. (Ed.). *Emotions.* Newbury Park: Sage, 1992. p. 256-293.

NESSE, R. What is mood for? *Psycoloquy*, 1991.

OLIVEIRA, M. K. O problema da afetividade en Vygostsky. In: LA TAILLE, Y. (Org.). *Piaget, Vygotsky, Wallon*: teorias psicogenéticas em discussão. São Paulo: Summus, 1992. p. 75-84.

ORTONY, A.; CLORE, G.; COLLINS. A. *The cognitive structure of emotions*. Cambridge: Cambridge University, 1988.

PAIVA, A.; MACHADO, I. Vincent, an autonomous pedagogical agent for on-the-job training. In: CONFERENCE ON INTELLIGENT TUTORING SYSTEMS, 4., San Antonio. *Proceedings...* Berlin: Springer-Verlag, 1998.

PERGHER, G. et al. Memória, humor e emoção. *Revista de Psiquiatria do Rio Grande do Sul*, v. 28, n. 1, p. 61-68, 2006.

PIAGET, J. *Estudos sociológicos*. Rio de Janeiro: Forense, 1973.

_____ . The relation of affetivity to intelligence in the mental development of the child. *Bulletin of the Menninger Clinic*, v. 26, n. 3, 1962.

PICARD, R. W. *Affective computing*. Cambridge: MIT, 1997.

PICARD, R. W. et al. Affective learning: a manifesto. *BT Technical Journal*, v. 22, n. 4, p. 253-269, Oct. 2004.

PRINZ, J. Which emotions are basic? In: EVANS, D.; CRUISE, P. (Ed.). *Emotion, evolution and rationality*. Oxford: Oxford University, 2004. p. 89-105.

RICKEL, J.; JOHNSON, L. Steve: a pedagogical agent for virtual reality. In: INTERNATIONAL

CONFERENCE ON AUTONOMOUS AGENTS, 2. 1998, Minneapolis. *Proceedings...* New York: ACM, 1998. p. 165-172.

ROSEMAN, I. J.; JOSE, P.; SPINDEL, M. S. Appraisals of emotion-eliciting events: testing a theory of discrete emotions. *Journal Personality and Social Psychology*, v. 5, n. 59, p. 899-915, 1990.

ROUSSEAU, D.; HAYES-ROTH, B. A social-psychological model for synthetic actors. In: AUTONOMOUS Agents. Minneapolis, 1998. p. 165-172.

RYLE, G. *The concept of mind.* Chicago: University of Chicago, 1949.

SANDER, D.; GRANDJEAN, D.; SCHERER, K. A systems approach to appraisal mechanisms in emotion. *Neural Networks*, v. 18, p. 317-352, 2005.

SCARANTINO, A. *Explicating emotions.* 2005. Dissertação (Ph. D) – University of Pittsburgh, 2005.

SCHERER, K. R. Appraisal considered as a process of multilevel sequential checking. In: SCHERER, K.R.; SCHORR, A.; JOHNSTONE, T. (Ed.). *Appraisal processes in emotion*: theory methods, research. Oxford: Oxford University, 2001. p. 92-129.

_____ . Appraisal theories. In: DALGLEISH, T.; POWER, M. (Ed.). *Handbook of cognition and emotion.* Chichester: Wiley, 1999. p. 637-663.

_____ . How emotion is expressed in speech and singing. *ICPhS 95*, v. 3, p. 90, 1995.

_____ . Psychological models of emotion. In: BOROD, J. (Ed.). *The neuropsychology of emotion.* Oxford: Oxford University, 2000. p. 137-166.

_____ . What are emotions? And how can they be measured? *Social Science Information*, v. 44, n. 4, p. 695-729. 2005.

SIMON, H. Motivational and emotional controls of cognition. *Psychological Review*, v. 74, p. 29-39, 1967.

SKINNER, B. F. *Sobre o behaviorismo.* São Paulo: Cultrix, 1974.

SOLOMON, R. C. Emotions, thoughts and feelings: what is a cognitive theory of the emotions and does it neglect affectivity? In: HATZIMOYSIS, A. (Ed.). *Philosophy and the emotions.* Cambridge: Cambridge University, 2003. p. 1-18.

TOMKINS, S. S. What and where are the primary affects? Some evidence for a theory. In: DEMOS, E. V. (Ed.). *Exploring affect:* the selected writings of Silvan S. Tomkins. Cambridge: Cambridge University, 1995. p. 217-262.

VAN DER VEER, R. Henri Wallon´s theory of early child development: the role of emotions. *Developmental Review*, v. 16, p. 364-390, 1996.

VICENTE, A.; PAIN, H. Informing the detection of the students' motivational state: an empirical study. INTERNATIONAL CONFERENCE ON INTELLIGENT TUTORING SYSTEMS, 6., 2002. *Proceedings...*2002. p. 933-943.

VYGOTSKY, L. S. *A formação social da mente.* São Paulo: Martins Fontes, 1989.

_____ . *Obras escogidas*: problemas de psicología general. Madrid: A. Machado Libros, 2001. v. 2.

_____ . *Teoria e método em psicologia.* São Paulo: Martins Fontes, 2004.

WADSWORTH, B. J. *Inteligência e afetividade da criança na teoria de Piaget.* 5. ed. São Paulo: Pioneira Thomson Learning, 2003.

WALLON, H. A atividade proprioplástica. In: NADEL-BRULFERT, J.; WEREBE, M. J. G. (Org.). *Henri Wallon*: psicologia. São Paulo: Ática, 1986.

WATSON, J. B. *Behaviorism.* Chicago: Phoenix Books, 1961.

ZENG, Z. et al. Bimodal HCI-related affect recognition. INTERNATIONAL CONFERENCE ON MULTIMODAL INTERFACES, 6., 2004. *Proceedings...* 2004. p.137-143.

Experiências de aplicação de modelos pedagógicos em Cursos de Educação a Distância

Patricia Alejandra Behar
Alexandra Lorandi Macedo
Maira Bernardi

INTRODUÇÃO

Este capítulo relata experiências relevantes no que tange à pesquisa e à aplicação de modelos pedagógicos em educação a distância (EAD), com o apoio de objetos de aprendizagem (OAs) em cursos de graduação, pós-graduação e extensão. Esses modelos foram construídos e aplicados considerando a demanda de cada modalidade de ensino (presencial, semipresencial ou totalmente a distância), enfocando uma prática apoiada na tecnologia, voltada para a construção do conhecimento e privilegiando a interação entre os sujeitos.

Entende-se que o uso de conteúdos organizados em forma de materiais educacionais digitais (no caso, objetos de aprendizagem), como um dos elementos do modelo pedagógico em questão, proporcionaram condições para o papel ativo do estudante frente à proposta a ser trabalhada. Essa ação possibilitou a adaptação do conteúdo, no intuito de concatenar requisitos técnicos (recursos tecnológicos), metodológicos (visando a diferentes práticas educacionais), epistemológicos (relacionados ao processo de aprendizagem propriamente dito) e visuais (articulando o *design* de interface com o conteúdo e sua adequação ao uso de uma plataforma educacional).

Portanto, a fim de ilustrar esse processo de aplicação de modelos pedagógicos em EAD, são apresentadas experiências de construção e aplicação destes e dos diferentes elementos da arquitetura pedagógica (AP) nos cursos citados[1].

---

[1] Os referenciais acerca do modelo pedagógico estão fundamentados no Capítulo 1.

DESENVOLVIMENTO E APLICAÇÃO DE MODELOS PEDAGÓGICOS

Um modelo pedagógico comporta, em forma e conteúdo, uma totalidade organizada que apresenta a elaboração, a construção e a aplicação de um ou mais eixos teóricos. Tais eixos devem estar relacionados entre si com o objetivo de atender a demanda de determinado grupo educacional (Behar, Passerino e Bernardi, 2007). Dentro de cada grupo, podem existir níveis diferenciados de necessidades. O modelo pedagógico deve ser suficientemente bem articulado a fim de poder se adequar a essas diferenças, mudando a estratégia de aplicação conforme a demanda identificada em cada grupo. Dificilmente um modelo e seus elementos podem ser replicados com a mesma proposta em diferentes situações de aprendizagem. Logo, foi a partir deste entendimento que os modelos para os cursos em questão foram desenvolvidos e aplicados em disciplinas de graduação e pós-graduação, nas modalidades semipresencial e a distância, e em cursos de extensão. A seguir, são descritas tais experiências.

O modelo pedagógico da disciplina Oficinas Virtuais de Aprendizagem

A experiência que trata do modelo pedagógico construído para a disciplina Oficinas Virtuais de Aprendizagem[2], contemplou materiais produzidos por um grupo de alunos em uma atividade conclusiva de outra disciplina[3] que previa, como projeto final, a construção de oficinas virtuais. Concretizou-se a proposta dessa nova disciplina pela relevância dos temas tratados e pela possibilidade de aplicá-los como conteúdo e de avaliá-los pela sua aplicação em um contexto real. Dessa forma, seria possível verificar se os objetivos idealizados na proposta pedagógica de cada material elaborado realmente seriam atingidos com a aplicação em um grupo de alunos do curso de pós-graduação. Logo, o intuito da disciplina manteve-se focado na produção de materiais educacionais digitais que poderiam ser utilizados nesta ou em outras institui-

---

[2] Ministrada nos programas de pós-graduação em Educação e em Informática na Educação da Universidade Federal do Rio Grande do Sul (PPGEDU/PGIE/UFRGS), com carga horária de 60 horas/aula. Disponível em http://homer.nuted.edu.ufrgs.br/oficinas_2007

[3] A disciplina intitulada Ambientes Virtuais de Aprendizagem foi ministrada no PPGEDU/PGIE/UFRGS em 2002 e deu origem aos primeiros materiais desenvolvidos pelos alunos e aplicados, em 2003, junto com a professora responsável, nos cursos de pós-graduação, na disciplina de Oficinas Virtuais de Aprendizagem.

ções de ensino e que seriam disponibilizados na *web* ou em um repositório. Assim, poderiam também ser agregados a outros materiais atendendo às demandas de diferentes grupos, abordando temáticas sob outras perspectivas voltadas para o uso das tecnologias na educação.

Assim, partiu-se para a construção da AP, iniciando pelo planejamento da proposta da disciplina. O enfoque teórico respondia a uma perspectiva interacionista, a partir da qual o processo de elaboração do planejamento considerou tanto o perfil do público-alvo quanto a compreensão do nível de ensino em que se debruçariam as estratégias metodológicas na referida disciplina. A partir disso, foram estabelecidos os eixos temáticos, a organização destes em termos de tempo e espaço para a realização das atividades, os momentos síncronos e assíncronos, o cronograma de leituras, as discussões e postagens das produções e atividades individuais e/ou em grupo. A organização desta proposta previu a montagem do cronograma com o levantamento detalhado dos conteúdos abordados e descrição dos procedimentos a serem adotados. Também foram explicitadas as atividades a serem realizadas pelos alunos na página da disciplina e os materiais utilizados. No ano de 2007,[4] os conteúdos da disciplina Oficinas Virtuais de Aprendizagem foram:

1. Tecnologias de Suporte ao Trabalho Coletivo.[5]
2. COMVIA – Comunidades Virtuais de Aprendizagem.[6]
3. Construção de Objetos de Aprendizagem.
4. Construção de Oficinas Virtuais.

O mapeamento geral da disciplina (*storyboard*), na Figura 9.1, ilustra o conjunto de atividades e de estratégias planejadas. Ele consiste na produção documental que comporta de forma detalhada todo o conteúdo e os procedimentos pertinentes ao material produzido em cada temática prevista na disciplina. A estrutura organizacional do modelo pedagógico construído preza pelo alinhamento e pelo envolvimento do grupo como um todo, em que estudantes e professores entrelaçam suas ações.

Cada eixo temático foi composto pelos seguintes itens: apresentação, objetivo, metodologia, material de apoio, desafios e avaliação. A elaboração dos itens foi desenvolvida por cada subgrupo responsável pela aplicação da oficina, procurando manter uma unidade sequencial em relação aos demais. Dentre as orientações encaminhadas na disciplina, recomendou-se aos alunos que atentassem para os recursos e para as metodologias apresentadas em cada oficina ministrada, a fim de iniciar a pesquisa para a construção de

---

[4] São utilizados os dados da disciplina de 2007 por conter resultados já validados.
[5] Apresentado no Capítulo 3.
[6] Apresentado no Capítulo 3.

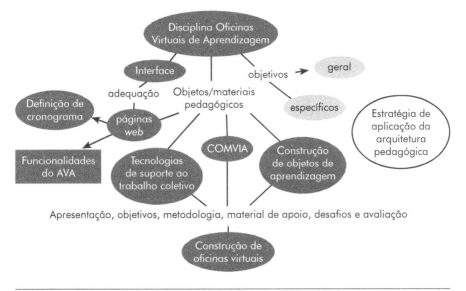

Figura 9.1
Storyboard da disciplina Oficinas Virtuais de Aprendizagem.

elementos que servissem de suporte para sua própria oficina, como projeto final.

A realização da disciplina contou com o uso do ambiente virtual de aprendizagem (AVA) ROODA[7] para apoiar o desenvolvimento das atividades e também a comunicação e a interação síncrona e assíncrona entre os alunos. Por meio da página *web* da disciplina e dos *links* no ambiente, teve-se acesso ao conjunto de materiais de cada eixo teórico, bem como às orientações gerais e às leituras sugeridas ao longo do semestre. Uma das estratégias utilizadas para o acompanhamento da aprendizagem dos alunos foi a participação/registro nas funcionalidades do ROODA. Dentre elas, foram feitas contribuições no fórum, diário de bordo, bate-papo, *webfólio* individual e de grupo, além da execução das atividades das oficinas. Por fim, foi realizado o desenvolvimento da atividade final (em grupo) que previa a construção de uma oficina virtual de aprendizagem, como já foi citado. Esta última atividade foi pensada em uma perspectiva de avaliação formativa e continuada.[8]

---

[7] ROODA (Rede Cooperativa de Aprendizagem) é uma das plataformas de educação a distância utilizadas na UFRGS. Disponível em: http://www.ead.ufgs.br/rooda
[8] Detalhes sobre avaliação formativa e continuada no Capítulo 4.

A Figura 9.2 apresenta a página da web da disciplina. A partir dela, foi possível acessar a organização curricular (ementa, objetivos, créditos dos autores, contatos), o calendário, os materiais, o cronograma dos encontros presenciais e virtuais, o agendamento de discussões, a realização de atividades síncronas virtuais, o suporte teórico e os critérios de avaliação.

A seguir são exemplificados alguns objetos da disciplina, seus objetivos, planejamento das aulas e a forma como foram utilizados e integrados ao ROODA.

Figura 9.2
Página principal de acesso à disciplina Oficinas Virtuais de Aprendizagem – edição 2007.

Modelos pedagógicos em educação a distância **237**

Como dito, os materiais (conteúdo) para esta disciplina foram elaborados em forma de Objetos de Aprendizagem (OAs). Um deles foi o COMVIA, que trata sobre Comunidades Virtuais de Aprendizagem; o outro foi Tecnologias de Suporte ao Trabalho Coletivo. Ambos estão ilustrados na Figura 9.3.

O COMVIA foi aplicado em formato de oficina em quatro encontros, sendo três presenciais e um virtual, totalizando 20 horas/aula. Dentre os principais objetivos do objeto, aponta-se:

1. propiciar um espaço para discussão conceitual acerca das comunidades virtuais de aprendizagem (CVAs), relacionando-as às vivências dos alunos;

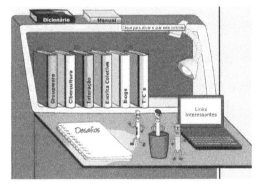

Figura 9.3
Interface dos objetos COMVIA e Tecnologias de Suporte ao Trabalho Coletivo.

2. explorar a diversidade de ferramentas que as comunidades de aprendizagem utilizam;
3. orientar o aluno na compreensão e utilização das CVAs em sua prática pedagógica;
4. relacionar comunidades e práticas pedagógicas.

Fez parte da proposta da oficina do COMVIA a realização de atividades que oportunizassem a utilização de diferentes recursos tecnológicos e que pudessem ser empregados em outros campos de atuação, visando à instrumentalização teórica e prática acerca do tema. Dessa forma, os alunos foram convidados a explorar os recursos deste OA, como teorias de base, conteúdos, biblioteca e glossário. A cada aula foi incentivado o estabelecimento das interações entre os alunos durante discussões sobre as temáticas trabalhadas. Entende-se que, com essas interações, seria possível percorrer caminhos diferenciados rumo à construção de novos conhecimentos.

Durante as aulas presenciais, foram discutidos aspectos referentes à concepção, criação e à implicação pedagógica das CVAs nos diferentes contextos educativos. Os alunos puderam expor suas impressões, reflexões e dúvidas nas funcionalidades fórum, bate-papo, diário de bordo do ROODA, reconhecendo o potencial das CVAs como recurso a serviço da educação, principalmente na educação a distância.

Como resultado da aplicação deste OA por meio do ambiente ROODA, foi constituído pelos alunos (juntamente com a equipe ministrante) um momento de reflexão e produção de conhecimento sobre o conceito CVAs. Este conceito foi desenvolvido, por meio do COMVIA, com a promoção da autonomia, iniciativa e criatividade de cada grupo, de forma que houvesse uma sensação de pertencimento a uma comunidade de aprendizagem pelos participantes da disciplina. Observou-se que os alunos apropriaram-se das informações disponibilizadas pelo objeto, com as trocas vivenciadas. Todas as produções desenvolvidas foram publicadas no webfólio individual e de grupo do ROODA (Behar, Bernardi e Souza, 2007).

Já no objeto Tecnologias de Suporte ao Trabalho Coletivo foi proporcionada a exploração de diferentes ferramentas e recursos que apoiam a escrita coletiva. Tais recursos foram agregados ao objeto a fim de ampliar as possibilidades de interação e interatividade. Dentre as ferramentas utilizadas na oficina estão *blogs*, o *software* Cmap Tools para construção de mapa conceitual, o editor de texto coletivo ETC[9] desenvolvido pelo NUTED, além de outras ferramentas livres na *web* para apoio ao trabalho coletivo. Ao longo da

---

[9] Disponível em: http://homer.nuted.edu.ufrgs.br/etc. Detalhes podem ser encontrados em Behar e colaboradores (2006).

disciplina foram discutidas temáticas relacionadas ao eixo teórico do objeto, entre eles CSCL *(computer supported cooperative learning)*, CSCW *(computer supported cooperative work)*, interação, interatividade, cooperação, colaboração, *groupware*, cibercultura, tecnologias da informação e comunicação aplicadas à educação, *blog* e escrita coletiva, relacionadas aos contextos reais de educação (Behar, Macedo e Mazzocato, 2007).

As aulas foram permeadas pelo incentivo às trocas interindividuais entre os estudantes, favorecendo o confronto de diferentes pontos de vista. Nos momentos presenciais discutiu-se o potencial da escrita coletiva quando apoiada em recursos digitais e suas implicações pedagógicas. Os alunos expuseram suas perspectivas sobre o tema, discutiram particularidades, ganhos e possíveis limitações que podem ser encontrados ao longo do processo. Eles se encontraram virtualmente por meio das ferramentas bate-papo, fórum, grupos e A2 do ROODA, onde discutiram os conteúdos e desenvolveram os desafios. As produções construídas foram postadas no webfólio do grupo, que permitiu o compartilhamento de pesquisas entre os integrantes. Além disso, foi possível que cada participante tivesse acesso ao corpo do trabalho, realizando sucessivas edições. As características de um processo coletivo no uso do ETC aproximam-se das do ROODA, com a particularidade de o primeiro destacar-se por oferecer suporte à produção textual coletiva (atividade prevista em um dos desafios que compõem o objeto).

Assim, pode-se dizer que integrar o AVA ROODA aos objetos COMVIA e Tecnologias de Suporte ao Trabalho Coletivo mostrou-se de fundamental importância para permitir não só a construção propriamente dita das produções individuais/coletivas, mas também para oferecer suporte à troca síncrona e assíncrona entre os alunos. Tais recursos viabilizaram a interação e a coletividade, oportunizando momentos de colaboração e cooperação.

Logo, no modelo pedagógico descrito nesta seção, professores e alunos (que desenvolveram o material aplicado) participaram conjuntamente do planejamento, da construção e da validação da AP trabalhada na disciplina. Tal processo compreendeu desde a definição do seu enfoque teórico à construção dos objetivos, definição dos recursos técnicos, levantamento de material de pesquisa e fundamentação teórica, seleção das atividades propriamente ditas e momentos de interação. Compreende-se também que, na definição de um modelo pedagógico, pode ser necessária a reorganização da proposta inicial de trabalho, de acordo com o ritmo e as necessidades do público-alvo.

A avaliação do modelo pedagógico desenvolvido nesta disciplina apontou para um alto índice de aproveitamento dos alunos, uma vez que as suas produções mostraram-se em condições de serem imediatamente aplicáveis em contextos reais de educação, atendendo, assim, aos objetivos propostos no planejamento pedagógico.

O modelo pedagógico da disciplina Educação e Tecnologias da Comunicação e Informação

Nesta seção é relatada a experiência da aplicação de um modelo pedagógico na disciplina Educação e Tecnologias da Comunicação e Informação.[10] Diferentemente do modelo apresentado na seção anterior, este partiu do conteúdo programático pré-estabelecido pelo currículo do curso. A tarefa que cabia aos professores coordenadores da disciplina foi adaptar tal conteúdo ao formato de materiais educacionais digitais. Este material foi disponibilizado aos professores responsáveis pelos cinco polos do curso, assim como as orientações para o grupo de tutores presenciais e tutores virtuais responsáveis pelo suporte e pela mediação das atividades da disciplina. Os detalhes de toda a estrutura do curso (voltada para professores em serviço) e de sua organização podem ser encontrados em Nevado e colaboradores (2007).

O enfoque da disciplina foi a instrumentalização do professor-aluno para o uso de ferramentas e metodologias de comunicação, negociação, coordenação, compartilhamento, habilitando-o a apoiar grupos de alunos na tarefa de aprendizagem. Para isso, a definição e a organização dos conteúdos foram calcadas em conceitos e práticas relacionadas à colaboração e à cooperação na formação de redes e comunidades.

A proposta de trabalho contemplou o seguinte conjunto de conteúdos:

1. introdução ao desenvolvimento de páginas na *web*;
2. informática na educação – situação atual e discussão da temática (formação de professores, programas de apoio do governo, etc.);
3. papel do professor na utilização do computador na educação e como mediador em atividade de *groupware*, dentro de um paradigma interacionista;
4. ferramentas de apoio ao processo de ensino-aprendizagem e de apoio à colaboração/cooperação via internet – ferramenta wiki;
5. fundamentação teórica CSCW – conceitos e teorias – aprendizagem cooperativa/colaborativa;
6. construção de mapas conceituais (*software* Cmap Tools);
7. qualidade de *software* educacional – uso, planejamento e avaliação;
8. *blogs* pedagógicos;
9. usabilidade na *web*;
10. visita de campo – uso da informática em escolas (objeto de aprendizagem).

---

[10] Disciplina do 1º semestre do curso de Licenciatura em Pedagogia na modalidade a distância (PEAD) da Faculdade de Educação da Universidade Federal do Rio Grande do Sul (PEAD/FACED/UFRGS), com carga horária de 90 horas/aula.

Para cada conteúdo foi definida a utilização de um recurso informático ou OA.

Foram realizados momentos presenciais no início das atividades e no final da disciplina para a realização da avaliação, conforme exigência da SEED/MEC.[11] Na avaliação considerou-se a participação nos fóruns no decorrer do semestre, a realização dos desafios/atividades, a publicação dos trabalhos no webfólio do ROODA (sendo esta a plataforma utilizada como o principal recurso tecnológico do curso) e, ainda a apresentação de trabalho final integrando os conteúdos com a prática docente.

As informações relativas a objetivos, cronograma, materiais de apoio, apresentação das atividades e bibliografia foram disponibilizadas por meio das funcionalidades da plataforma ROODA: gerência da disciplina, aulas, fórum, biblioteca, entre outros. Na Figura 9.4 visualiza-se a tela da gerência da

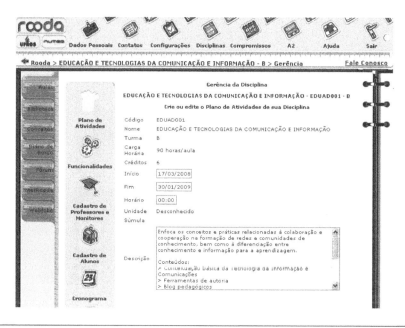

Figura 9.4
Plano de trabalho disponibilizado por meio da funcionalidade gerência da disciplina do AVA ROODA.

---

[11] Secretaria de Educação a Distância – Ministério de Educação (MEC), http://portal.mec.gov.br/seed/

disciplina do ambiente ROODA com as informações gerais e ainda, na aba à esquerda, as funcionalidades habilitadas pelo professor no AVA.

Dentre as atividades propostas foram trabalhados conceitos-chave relacionados à informática na educação e sua aplicação neste contexto, por meio de textos disponibilizados no ROODA. Além disso, discutiu-se sobre o uso pedagógico dos *blogs*, explorando as potencialidades deste recurso que estava sendo usado em outras disciplinas do curso. Para essa temática também foi proposta a pesquisa de exemplos de *blogs* educacionais. Foram ainda desenvolvidas atividades como produção de apresentações de *slides* sobre assuntos relacionados às temáticas trabalhadas e construção de páginas *web*. Dentre as funcionalidades utilizadas do AVA ROODA, destacam-se aulas, biblioteca, fórum e webfólio.

Na disciplina foi utilizado também o OA Visita à Escola,[12] mostrado na Figura 9.5. Este objeto é muito simples, se comparado aos apresentados anteriormente, mas como foi o primeiro a ser utilizado pelos professores em serviço, que não tinham muita familiaridade com a tecnologia, foi de grande rele-

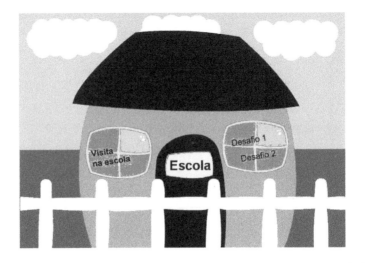

Figura 9.5
Objeto de aprendizagem Visita à Escola.

---

[12] Desenvolvido pelo NUTED e disponível em http://homer.nuted.edu.ufrgs.br/ObjetosPEAD2006/visita_escola/visita_escola.swf

vância na formação deles. O OA faz uma introdução do uso da tecnologia na educação no âmbito escolar. Apresenta uma proposta de trabalho baseada na observação de práticas voltadas para o uso da tecnologia em contextos reais de educação e propõe o desenvolvimento de uma análise crítica dos aspectos observados. Traz referenciais e *links* contemplando aspectos quanto ao uso da tecnologia e suas vantagens para o processo educacional. Também apresenta contribuições teóricas e relatos de experiência sobre o uso do computador na educação e desafios para os alunos, levantando situações-problema quanto aos objetivos do uso de um laboratório de informática em uma escola. Compreende-se, assim, que o objeto abriu espaço para a construção de uma nova proposta pedagógica visando atender às necessidades detectadas na observação de campo, tratando-se, especificamente, de professores em serviço. Ou seja, foram trazidas as suas vivências em relação ao uso da informática na educação e o estudo da teoria para suporte à prática. Tais atividades com o uso do OA foram realizadas e disponibilizadas em forma de relatório no webfólio do AVA ROODA.

Destaca-se que o uso de um OA no modelo pedagógico proposto visou atingir os pressupostos da temática com maior interatividade. O OA Visita à Escola pôde contribuir com a proposta metodológica por organizá-la em uma estrutura que permitiu a aplicação de forma mais direcionada, baseada na leitura, na troca, na interação e, principalmente, na construção de um trabalho de campo.

Modelo pedagógico da disciplina Tecnologias da Informação e Comunicação aplicada à Educação

O modelo pedagógico descrito a seguir trata da disciplina Tecnologias da Informação e Comunicação aplicada à Educação,[13] desenvolvida na modalidade totalmente a distância. Ela tem como objetivo a instrumentalização teórico-prática de alunos advindos de diferentes áreas do conhecimento, no que se refere a temas relacionados às tecnologias da informação e da comunicação (TICs) na educação.

---

[13] Ministrada no Curso de Especialização em Informática na Educação, Pós-Graduação Lato Sensu a Distância (ESPIE), vinculado ao Centro Interdisciplinar de Novas Tecnologias (CINTED/UFRGS). Informações quanto ao curso disponíveis em http://www.cinted.ufrgs.br/espie2007/espie2007.htm

Todo material utilizado para esta disciplina partiu de uma organização estrutural objetiva, incluindo os seguintes itens para exposição do assunto: o que fazer, para que fazer, como fazer, além da disposição de material de apoio para a realização da disciplina, tendo como suporte tecnológico o uso do AVA TelEduc[14]. A cada *link* acessado, o aluno encontraria um detalhamento organizacional da disciplina e também das demais temáticas propostas.

Dentre as atividades propostas na disciplina, destaca-se, na Figura 9.6, somente uma das temáticas como forma de ilustração, que se destinava à classificação e à avaliação de recursos digitais aplicados à educação.

Ressalta-se que o modelo pedagógico desta proposta está centrado em princípios interacionistas, por oportunizar aos alunos atividades de construção teórica associadas a atividades de reflexão sobre situações ou materiais que fazem parte do cotidiano educacional. Nas atividades também se procurou adequar os conteúdos e as metodologias ao público-alvo, à proposta do curso como um todo, à ementa da disciplina e aos recursos tecnológicos disponíveis.

Nessa disciplina, o enfoque teórico também foi definido levando em consideração o perfil do curso e da modalidade de aula. Os conteúdos foram adaptados e organizados para um público do curso de especialização, que é

Figura 9.6
Estrutura organizacional disponibilizada na disciplina Tecnologias da Informação e Comunicação Aplicadas à Educação.

---

[14] O TelEduc é um ambiente de ensino a distância pelo qual se pode realizar cursos pela internet. Este AVA foi desenvolvido conjuntamente pelo Núcleo de Informática Aplicada à Educação (Nied) e pelo Instituto de Computação (IC) da Universidade Estadual de Campinas (Unicamp), sendo utilizado por várias instituições de ensino. Disponível em http://teleduc.cinted.ufrgs.br/

um dos pontos diferenciais desta experiência. Aqui, as propostas avaliativas estiveram embasadas no modelo de avaliação processual.[15]

O modelo pedagógico de um curso de extensão

Nesta seção é abordada uma experiência diferente das anteriores, desenvolvida em um curso de extensão a distância, promovido pelo convênio do Centro Interdisciplinar de Novas Tecnologias na Educação da UFRGS (CINTED) e a Universidade Virtual do Maranhão (UNIVIMA).[16]

O aspecto inovador deste curso está centrado no atendimento de um público com características bastante heterogêneas em termos de conhecimento de informática na educação, de cultura, de realidades profissionais de trabalho, entre outras. O curso foi ministrado para 11 polos localizados em diferentes cidades do estado do Maranhão.

A construção do modelo pedagógico do curso precisou considerar, além dos fatores relacionados ao público, suas vivências e, principalmente, os recursos tecnológicos disponibilizados.

Um diferencial que pode ser apontado em relação às outras experiências apresentadas está no fato de o planejamento pedagógico do curso precisar se basear em uma estrutura técnica bastante diferente. As aulas síncronas virtuais foram ministradas ao vivo por videoconferência via satélite e assistida pelos alunos nos polos do curso através de aparelhagem como projetores e televisores, sendo acompanhados pelos professores tutores por meio do *software* IPTV.[17] Para a apresentação da proposta do curso e desenvolvimento das atividades de cada disciplina na modalidade a distância, foi utilizado o ambiente virtual de aprendizagem TelEduc e um *site*[18] que possibilitou o acesso às informações sobre o curso e aos vídeos produzidos e editados com a gravação das aulas.

A seguir, apresenta-se, na Figura 9.7, a tela de interface do *software* IPTV utilizado nos momentos de videoconferência do curso descrito. Para os

---

[15] Capítulo 4.
[16] A proposta do convênio era iniciar como um curso de especialização *lato sensu*. Por uma questão de legislação, o curso iniciou como uma atividade de extensão, tendo edital acessado pelo *site* da UNIVIMA. No ano de 2008 iniciou o Curso de Pós-Graduação *Lato Sensu* (especialização) em Tecnologias da Informação para Educadores.
[17] O IPTV é uma plataforma totalmente baseada em *software* de tv interativa e videoconferência que opera em redes IP. Dentre um de seus diferenciais está a integração de recursos numa mesma plataforma. Mais informações em: http://www.ip.tv/iptv_site/ptb/index.htm.
[18] Página com informações e referências do curso disponível em http://penta3.ufrgs.br/univima/TIE/

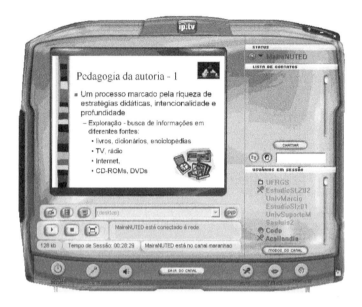

Figura 9.7
Interface do *software* IPTV.

momentos síncronos transmitidos simultaneamente em 11 polos do estado do Maranhão, toda comunicação assíncrona e postagens das atividades previstas se deu pelo ambiente TelEduc.

A coordenação do curso ficou responsável pela gerência dos aspectos administrativos e orientou os professores coordenadores de cada disciplina. Estes eram responsáveis pela elaboração do material, das atividades e orientações metodológicas. Essas informações eram repassadas aos professores tutores de cada polo, sendo a eles atribuídas as tarefas de aplicação, mediação e avaliação das atividades de cada disciplina.

Destaca-se deste curso a experiência da disciplina Tecnologias de Informação e Comunicação Aplicadas à Educação.[19] Nesta, os encontros semanais eram realizados virtualmente pelas videoconferências. Dentre as temáticas, foram trabalhadas:

1. apresentação da disciplina e construção de página por meio do programa Composer;

---

[19] Esta disciplina foi desenvolvida entre os meses de abril e julho de 2007, com carga horária de 40 horas/aula.

2. uso do programa Composer – pesquisa sobre experiência pessoal, situação atual da informática na educação, entre outros;
3. uso do objeto de aprendizagem TIC – discussão no fórum;
4. composer (avaliação de recurso digital, *software*, *site*, portal...);
5. CSCW/CSCL/interação/interatividade;
6. aprendizagem cooperativa (produção de texto na funcionalidade GRUPOS do TelEduc);
7. mapa conceitual – rede de conceitos – uso do *software* CMap Tools;
8. uso do OA Visita à Escola – observação do uso da informática nas escolas;
9. fechamento das atividades – publicação do relatório de observação;
10. aplicação de prova presencial.

Na disciplina foram utilizados conteúdos em forma de páginas *web* e OAs já aplicados em outros cursos.[20] Ressalta-se que, no entanto, a modalidade de ensino (curso de extensão), a metodologia adotada, as formas de interação/comunicação, o ambiente virtual de aprendizagem (TelEduc) e suas funcionalidades são o diferencial que definiram a configuração do modelo pedagógico desta proposta de curso.

Um outro aspecto que pode ser apontado sobre o modelo pedagógico do curso conhecido como UNIVIMA, destaca a importância de disponibilizar bibliotecas digitais, dicas para consulta em material impresso, vídeos, apresentações, *links* de apoio e material extra para ampliar a investigação sobre os temas abordados em cada disciplina. Desta forma, percebe-se que o modelo pedagógico pode agregar diferentes ferramentas digitais que suportam momentos tanto de pesquisa e de comunicação quanto de produção, procurando, assim, atender as demandas de um público mais heterogêneo.

Com base nos pressupostos teóricos apresentados neste capítulo, foram descritas até o momento algumas experiências da aplicação de modelos pedagógicos bastante diferenciados e que permitiram que os aspectos organizacionais, tecnológicos, metodológicos e os conteúdos fossem adequados a diferentes necessidades educacionais.

Destaca-se assim, que um modelo pedagógico encontra se apoiado em uma determinada concepção epistemológica, mas sua real aplicação dependerá da ação pedagógica que norteará o desenvolvimento do material e sua estratégia metodológica. Logo, mesmo um modelo pedagógico desenvolvido com base em uma perspectiva interacionista, que preza pela discussão, pela

---

[20] http://homer.nuted.edu.ufrgs.br/edu3051_2008_1 e http://homer.nuted.edu.ufrgs.br/edu3375_2007_2

construção coletiva, pelo desafio, poderá ser completamente ressignificado se baseado em uma perspectiva epistemológica apoiada dentro de um paradigma instrucionista.

A ADAPTAÇÃO DE OBJETOS DE APRENDIZAGEM A PARTIR DE DIFERENTES CURSOS DE EDUCAÇÃO A DISTÂNCIA: UM OLHAR NO MODELO PEDAGÓGICO

Esta seção tem por objetivo apresentar e descrever a forma de utilização de um material educacional digital em diferentes contextos, adaptando-o a modelos pedagógicos diferenciados. Trata-se do OA Usabilidade que será descrito a seguir. O público-alvo a que este material foi destinado é, a princípio, diversificado. Logo, foi usado tanto para o contexto de um curso de Especialização em Informática na Educação do CINTED (ESPIE/UFRGS)[21] quanto para turmas do Curso de Pós-Graduação em Educação (PPGEDU/UFRGS) e Informática na Educação (PGIE/UFRGS), nos níveis de mestrado e doutorado.[22] Na Figura 9.8 é mostrada a interface do objeto quando foi utilizado no curso de especialização.

Figura 9.8
Interface do objeto de Usabilidade utilizado no ESPIE.

---

[21] Disciplina ministrada em 2005.
[22] Disciplina ministrada em 2006.

Modelos pedagógicos em educação a distância **249**

O objeto Usabilidade destaca o conceito sobre este tema e seus critérios, tratando de aspectos ligados à alfabetização visual, incluindo material de apoio com indicação de leitura em fontes digitais e livros impressos, além da proposição de desafios (atividades).

Este OA foi aplicado no ESPIE e integrado ao AVA TelEduc para apoiar as discussões sobre os textos disponibilizados e para postagem dos desafios no portfólio do ambiente. Para este curso, os desafios compreendiam a análise de um *software* educacional considerando os critérios de usabilidade abordados no objeto, além da construção de um roteiro com apontamentos sobre como o *software* analisado poderia ser re-estruturado e sua performance melhorada.

O mesmo objeto foi utilizado no Curso de Pós-Graduação em Educação (PPGEDU/UFRGS) e Informática na Educação (PGIE/UFRGS), em turmas de mestrado e doutorado. Mas, para este público, além de o modelo pedagógico ter sido desenvolvido para o atendimento das suas particularidades, a interface do objeto também foi totalmente modificada, como pode ser verificado na Figura 9.9.

O grupo desenvolvedor do objeto (da Figura 9.8) entendeu que, para o nível de especialização, a interface seria mais impactante se sua linguagem visual fosse adequada a uma metáfora, desenvolvendo um conteúdo mais simples e objetivo e, ainda, com a presença de um personagem de ET. Assim,

Figura 9.9
Alteração da interface do objeto de Usabilidade.

o foco do modelo pedagógico para o público da especialização apoiou-se nos dados coletados e analisados a partir da observação de experiências acerca da usabilidade de *softwares* educativos voltados para o ensino fundamental e médio. Foram privilegiados espaços de discussão e troca de ideias no ambiente TelEduc.

Já na utilização do objeto nas turmas de mestrado e doutorado,[23] por ter sido usado após a experiência no curso de especialização, viu-se a necessidade de adequá-lo ao nível de ensino e ao perfil dos alunos e, assim, foi constituída uma nova interface (Figura 9.9). Além disso, foram ainda disponibilizados materiais de apoio no objeto e adicionados outros referenciais de maior rigor científico. Na aplicação do objeto nessas turmas, o ambiente utilizado foi o ROODA e suas funcionalidades. Foram desenvolvidas atividades que se centraram mais na perspectiva de análise da questão voltada para o contexto da usabilidade em EAD, em vez do estudo do *software* em si, como foi focado na especialização.

Nesse sentido, destaca-se que um mesmo tema (nesse caso um objeto de aprendizagem), aplicado em diferentes públicos e níveis de ensino, pode exigir uma adaptação de sua interface, de conteúdos mais complexos e de produção de atividades mais elaboradas. Essa reestruturação não invalida o objeto, pois, em princípio, ele teria a característica de reusabilidade,[24] prevendo esse tipo de ação.

Desta forma, vê-se a possibilidade de reconfiguração tanto do conteúdo quanto dos aspectos metodológicos do modelo pedagógico, mais especificamente de sua arquitetura pedagógica (AP). Assim, mostra-se a flexibilidade, o grau de adaptabilidade em termos de aprofundamento teórico e de aplicação do objeto em diferentes realidades.

Portanto, o modelo pedagógico pode ser rearticulado, na medida em que são buscadas alternativas didático-pedagógicas para as diferentes demandas no decorrer do processo educacional. Logo, as considerações destacadas nesta seção apontaram para diferentes abordagens em cursos de EAD com um mesmo OA. Entende-se que os OAs por si só não agregam qualidade ao processo educacional, mas as relações destes com modelos pedagógicos bem estruturados poderão viabilizar intensos momentos de construção do conhecimento, alcançando assim, níveis qualitativos no processo de aprendizagem a distância.

---

[23] Equipe do NUTED m parceria com um grupo de alunos da disciplina Oficinas Virtuais de Aprendizagem do PGIE/PPGEDU/UFRGS (edição 2006).

[24] Detalhes sobre características de Responsabilidade no Capítulo 3.

CONSIDERAÇÕES FINAIS

Neste capítulo, foram relatadas diferentes experiências de elaboração e aplicação de modelos pedagógicos, desenvolvidos e utilizados em disciplinas de cursos de graduação, pós-graduação e atividades de extensão da UFRGS. Destaca-se que, em cada situação descrita, foi construída uma AP específica que contemplou elementos tecnológicos (uso dos ambientes ROODA, TelEduc, IPTV, entre outros), metodológicos, organizacionais e OAs dos mais diversos. Para construção, adaptação e aplicação dos modelos pedagógicos, foram consideradas as diferentes modalidades de ensino (presencial, semipresencial e totalmente a distância) e, principalmente, as estratégias pedagógicas desenvolvidas pela equipe de professores e tutores das respectivas ações apresentadas.

Este capítulo traz contribuições relevantes para professores e alunos sobre a importância de elaborar modelos pedagógicos, a partir da identificação e da análise de critérios rigorosos, como o perfil do público, suas condições de aprendizagem e necessidades tecnológicas específicas. Portanto, para finalizar, é possível constatar as implicações pedagógicas diretamente relacionadas com a aplicação do modelo pedagógico em diferentes níveis de ensino.

REFERÊNCIAS

BEHAR, P. A.; BERNARDI, M.; SOUZA, A. P. F. C. Objeto de Aprendizagem integrado a uma plataforma de educação a distância: a aplicação do COMVIA na UFRGS. *RENOTE:* Revista Novas Tecnologias na Educação, Porto Alegre, v. 5, p. 30-40, 2007.

BEHAR, P. A.; MACEDO, A. L.; MAZZOCATO, S. B. Tecnologias de suporte ao trabalho coletivo: planejamento e aplicação de um objeto de aprendizagem. In: XVIII SIMPÓSIO BRASILEIRO DE INFORMÁTICA NA EDUCAÇÃO, 18., 2007, São Paulo. *Anais...*São Paulo: Sociedade Brasileira de Computação, 2007.

BEHAR, P. A.; PASSERINO, L.; BERNARDI, M. Modelos pedagógicos para educação a distância: pressupostos teóricos para a construção de objetos de aprendizagem. *RENOTE:* Revista Novas Tecnologias na Educação, Porto Alegre, v. 5, p. 25-38, 2007.

BEHAR, P.A. et al. Constituindo a coletividade na web. In: Fórum Internacional Software Livre, 7., 2006, Porto Alegre. FISL7.0 Porto Alegre: Nova Prova, 2006. p. 121-126.

MARANHÃO. Secretaria de Estado da Ciência e Tecnologia, Ensino Superior e Desenvolvimento Tecnológico (SECTEC). Universidade Virtual do Estado do Maranhão (UNIVIMA). *Edital 001/PROEN/2007, de 03 de dezembro de 2007.* São Luís, 2007. Universidade Virtual do Maranhão – UNIVIMA. São Luís, MA. Disponível em: <http://www.univima.ma.gov.br/infoedu/Edital_ufrgs_2007.pdf>. Processo seletivo para ingresso no curso de especialização em tecnologias da informação para educadores.

NEVADO, R. A. de; CARVALHO, M. J. S.; MENEZES, C. S. de. *Aprendizagem em rede na educação a distância*: estudos e recursos para formação de professores. Porto Alegre: Ricardo Lenz, 2007.

UNIVERSIDADE FEDERAL DO RIO GRANDE DO SUL. Centro Interdisciplinar de Novas Tecnologias na Educação. Curso de Especialização em Informática na Educação – Modalidade a Distância (ESPIE). Porto Alegre, 2007. Disponível em: <http://espie.cinted.ufrgs.br>.

UNIVERSIDADE FEDERAL DO RIO GRANDE DO SUL. Faculdade de Educação. Curso de Licenciatura em Pedagogia – Modalidade a Distância (PEAD). *Homepage*. Porto Alegre, 2008. Disponível em: <http://pead.pbwiki.com>.

Trabalho com projetos: práticas pedagógicas de professores em formação continuada

10

Patricia Alejandra Behar
Silvia Ferreto Moresco

INTRODUÇÃO

Neste capítulo é apresentada uma experiência de formação continuada para professores de diferentes áreas do conhecimento que atuam no ensino fundamental e médio da rede pública estadual. Ela foi realizada por meio de um curso de extensão cuja temática foi o trabalho com projetos.

Para isso foi desenvolvido um modelo pedagógico baseado na teoria interacionista de Jean Piaget. A arquitetura pedagógica do modelo foi constituída pelo Objeto de Aprendizagem Trabalho com Projetos[1] (OATP), integrado a uma plataforma de educação a distância (EAD) denominada Rede Cooperativa de Aprendizagem (ROODA).[2] Os objetivos do curso foram disponibilizar informações, promover a construção do conhecimento e investigar o processo de tomada de consciência dos professores sobre o tema projetos educacionais e sua prática educativa em formação continuada.

Este modelo pedagógico foi utilizado tanto na modalidade presencial quanto a distância, pois a plataforma ROODA disponibiliza ferramentas síncronas e assíncronas da *web* para interação e comunicação entre os sujeitos.

A metodologia empregada no curso de extensão da UFRGS "Trabalho com Projetos: uma proposta de formação continuada em espaços digitais" consistiu em desafiar os professores a resolver situações-problema relacionadas com o tema projetos educacionais e sua prática pedagógica.

Logo, a fim de possibilitar uma visão mais ampla desta experiência, é apresentado o OATP e seus aspectos técnicos e pedagógicos. Além disso, é descrita a teoria que norteia o modelo pedagógico e os elementos da arquitetura peda-

---

[1] Disponível em http://homer.nuted.edu.ufrgs.br/instrumentalizacao_em_ead/trabalho_com_projetos.
[2] Disponível em https://www.ead.ufrgs.br/rooda/.

gógica (AP). Depois, é relatado o curso de extensão e a estratégia de aplicação da AP. Seguem os indicadores que foram construídos para analisar e discutir os dados coletados e, por fim, as considerações finais e o referencial adotado.

OBJETO DE APRENDIZAGEM TRABALHO COM PROJETOS

O OATP é um material educacional em formato digital que pode ser acessado e reutilizado por qualquer usuário. Ele pode ser usado como módulo único em diferentes cursos ou agregado a outros módulos para constituir uma unidade maior, sem que sua base tecnológica necessite ser reprojetada ou recodificada.[3]

Este objeto encontra-se disponível em http://homer.nuted.edu.ufrgs.br/instrumentalizacao_em_ead/trabalho_com_projetos e cadastrado no repositório CESTA[4] (Coletânea de Entidades de Suporte ao Uso de Tecnologia na Aprendizagem). Foi desenvolvido em Flash e disponibiliza animações, artigos, um glossário, atividades e *links* para *web,* como será mostrado a seguir. As atividades propostas podem ocorrer de forma presencial ou a distância, e os professores podem trabalhar de forma individual ou em grupo.

A interface do objeto apresenta similaridade com uma sala de professores, pois, por meio dessa metáfora,[5] a equipe desenvolvedora do objeto[6] procurou fazer uma transferência de significados do meio presencial para o meio virtual. A Figura 10.1 ilustra a página principal do OATP.

O objeto de aprendizagem OATP é constituído por 12 recursos pedagógicos: banco de desafios, desenvolvimento de projetos, interdisciplinaridade, concepções teóricas, biblioteca virtual, videoteca, *sites* interessantes, bate-papo, mural, *feedback,* glossário e ajuda.

O recurso pedagógico desafios, constituído por 11 situações-problema, busca possibilitar o processo de tomada de consciência e a formação de sujeitos autores, com atuação autônoma e responsável no que diz respeito ao trabalho com projetos, tanto no ambiente de formação como em sala de aula.

A proposta desse recurso é desafiar os professores em formação continuada a resolver problemas abertos,[7] aqui nomeados como desafios. Eles

---

[3] Mais detalhes sobre objetos de aprendizagem no Capítulo 3.
[4] http://www.cinted.ufrgs.br/CESTA/cestadescr.html
[5] A metáfora é "a transferência de significado de uma zona para a outra que lhe é estranha desde o início". Site da TV Cultura – Fundação Padre Anchieta – ALÔ ESCOLA – Glossário de Termos Técnicos. Disponível em http://www.tvcultura.com.br/aloescola/literatura/poesias/glossario.htm. Acessado em: 13/10/2006.
[6] Equipe do NUTED.

Modelos pedagógicos em educação a distância **255**

Figura 10.1
Interface principal do OATP.

representam uma atividade cognitiva e motivacional, constituindo um meio ou recurso instrumental para alcançar um objetivo. A Figura 10.2 ilustra o recurso pedagógico desafios.

O recurso pedagógico desenvolvimento de projetos foi especialmente elaborado para dar suporte teórico à criação, organização e edição de projetos educacionais. Pode-se observar este recurso na Figura 10.3.

O recurso pedagógico interdisciplinaridade, como o nome sugere, apresenta material de suporte aos estudos interdisciplinares, abrindo um espaço para discussões e reflexões relacionadas com este tema. Aborda-se esse assunto porque atualmente, no plano prático, surgem projetos educacionais que reivindicam uma visão interdisciplinar no campo curricular. Com base nos estudos realizados por Fazenda (1979), o material disponibilizado propõe a

---

[7] Os problemas abertos se caracterizam por se apoiar amplamente na resolução literal e não fornecer dados. Implicam a realização de um estudo qualitativo da situação em questão, com emissão de hipóteses acerca dos fatores de que pode depender a incógnita solicitada e a formulação de estratégias de resolução a partir do repertório teórico (Pietrocola, 2001, p.111).

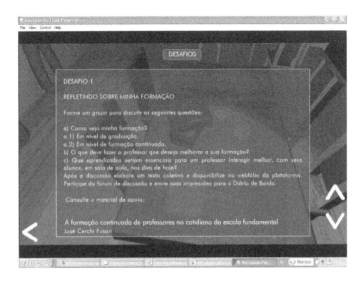

Figura 10.2
Desafios do OATP.

Figura 10.3
Desenvolvimento de projetos do OATP.

construção do conhecimento globalizante, rompendo com as fronteiras das disciplinas. Ele traz a ideia de que somente integrar conteúdos curriculares não seria suficiente para desenvolver um projeto educacional interdisciplinar; o professor precisa ir além e adotar uma postura interdisciplinar. A Figura 10.4 ilustra o recurso pedagógico interdisciplinaridade.

O recurso pedagógico concepções teóricas foi elaborado com o objetivo de disponibilizar informações sobre a vida e a obra de Jean Piaget, David Paul Ausubel e Paulo Freire. Esses três estudiosos contribuíram para a pedagogia contemporânea, rompendo com a educação tradicional e apontando para a construção de novos paradigmas educacionais. Seus exemplos, suas descobertas e suas perspectivas teóricas podem apoiar o planejamento, a implementação e a avaliação de projetos educacionais, bem como o fazer docente em sala de aula. A Figura 10.5 representa esse recurso.

Os sujeitos envolvidos no curso de formação continuada, além dos materiais pedagógicos já apresentados, poderão contar, ainda, com uma biblioteca virtual. Ela apresenta uma coletânea de referenciais que reúnem e organizam informações sobre projetos educacionais e assuntos relacionados com este tema. Esses materiais estão disponíveis no ambiente *web*. A Figura 10.6 apresenta a interface desse recurso.

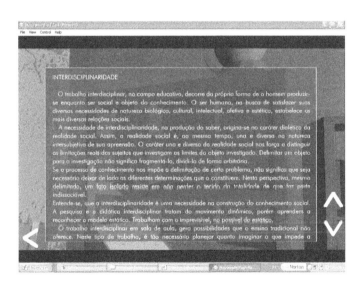

Figura 10.4
Interdisciplinaridade do OATP.

Figura 10.5
Concepções teóricas do OATP.

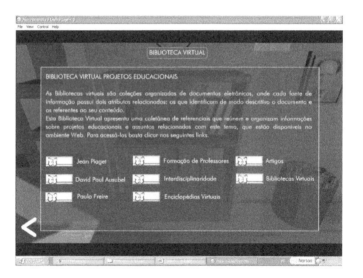

Figura 10.6
Biblioteca virtual do OATP.

Modelos pedagógicos em educação a distância **259**

O OATP dispõe de uma videoteca que visa atuar como apoio pedagógico na formação de professores, tanto em nível de graduação como de formação continuada. Ela apresenta uma seleção de vídeos e áudios relacionados com o tema projetos educacionais. A Figura 10.7 ilustra a videoteca.

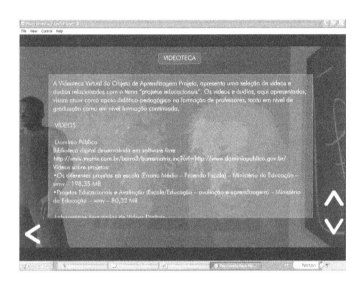

Figura 10.7
Videoteca do OATP.

Pode-se encontrar também, neste objeto de aprendizagem, um espaço virtual chamado *sites* interessantes. Este espaço apresenta uma seleção de *sites* relacionados com o tema projetos educacionais e seus respectivos *links*, visando proporcionar apoio e leituras complementares durante as atividades propostas. Este espaço é organizado conforme ilustra a Figura 10.8.

Com a finalidade de disponibilizar a terminologia do curso aos professores participantes, desenvolveu-se um glossário para o objeto. Em caso de dúvidas, basta que o sujeito acesse o glossário, selecione a letra inicial do termo desejado e, em seguida, faça a busca em ordem alfabética. Sua interface pode ser visualizada na Figura 10.9.

O objeto dispõe de um Mural, onde os participantes encontram lembretes e dicas que podem ajudar durante as atividades propostas. A Figura 10.10 mostra esse recurso.

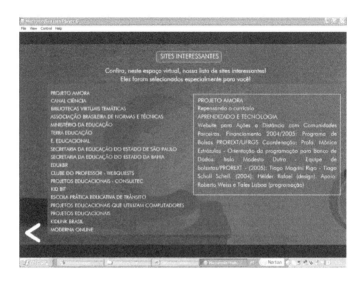

Figura 10.8
Sites interessantes do OATP.

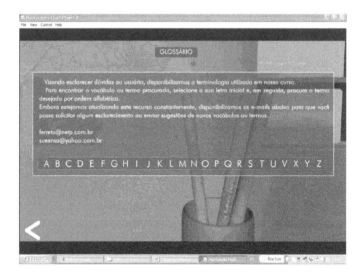

Figura 10.9
Glossário do OATP.

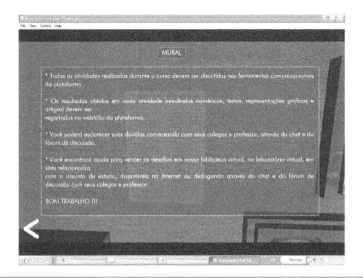

Figura 10.10
Mural do OATP.

O termo *feedback*[8] está relacionado com o autocontrole de um sistema pela análise dos resultados obtidos. Nessa perspectiva, desenvolveu-se o recurso *feedback* para que os usuários do OATP possam expressar sua opinião sobre o objeto.

Com a finalidade de levantar parâmetros para avaliar o uso do OATP, elaborou-se, com base em Silva (2004), Valente (2006) e Barros (2002), um instrumento de coleta de dados composto de 17 questões, como, por exemplo: O OATP apresenta uma interface que se adapta ao usuário, permitindo uma navegação fácil e intuitiva? A interface apresenta mais de um caminho para se realizar uma determinada tarefa? Justifique.

A Figura 10.11 ilustra este recurso.

Finalmente, apresenta-se o recurso Ajuda, onde o professor em formação pode encontrar dicas de usabilidade do OATP. Esse recurso pode ser muito útil, pois permite ao usuário uma visão global do objeto. A Figura 10.12 ilustra a ajuda.

---

[8] Retroalimentação. Termo técnico da cibernética (cybernetics) relacionado com o autocontrole de um sistema pela análise dos resultados obtidos. Agora usado na EAD para qualquer forma de fluxo de informações do tutor ao aluno, ou de um gabarito de respostas prepreparadas. Disponível em http://www.escolanet.com.br/dicionario/dicionario_f.html. Acessado em: 24/10/2006.

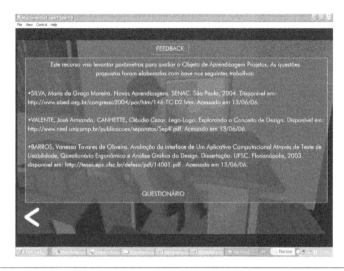

Figura 10.11
Feedback do OATP.

Todos os recursos pedagógicos apresentados foram idealizados e desenvolvidos com o objetivo de promover a articulação entre a formação conti-

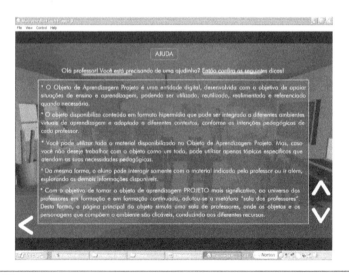

Figura 10.12
Ajuda do OATP.

nuada de professores e os projetos educacionais. Busca-se, assim, possibilitar dinâmicas de autoformação participada que perpassem a pesquisa, a construção de saberes, a cooperação/colaboração, a tomada de consciência sobre o assunto abordado e, consequentemente, sobre a prática educativa.

Após a descrição dos recursos pedagógicos do OATP, é apresentada a teoria em que foi baseado o modelo pedagógico a fim de dar subsídios para a coleta e análise dos dados. Cabe enfatizar que o objetivo do curso foi investigar o processo de tomada de consciência dos professores sobre a temática trabalho com projetos e a relação com sua prática pedagógica. Por essa razão, deu-se ênfase a este estudo na próxima seção.

TEORIA QUE NORTEIA O MODELO PEDAGÓGICO

A tomada de consciência

A pesquisa de Piaget sobre a tomada de consciência realizou-se no início de 1970 e teve a primeira publicação em 1974. Os psicólogos da época tinham um grande interesse em investigar quando havia ou não tomada de consciência, mas não se preocupavam em estudar como ela acontecia. Foi a partir de como ocorre o processo de tomada de consciência que Jean Piaget deu início às suas pesquisas.

Para esse estudioso, a passagem do inconsciente à consciência requer reconstruções, e não se reduz simplesmente a um processo de iluminação, que não transforma nem acrescenta nada. A tomada de consciência de um esquema de ação o transforma em um conceito, constituindo-se, essencialmente, numa conceituação (Piaget, 1977, p.197).

Piaget (1977) observou as razões funcionais da tomada de consciência e concluiu que ela é desencadeada pelo fato de que as regulações automáticas, que podem ser causadas por correções parciais, negativas ou positivas, de meios que estão sendo utilizados para resolver um problema, não são mais suficientes, fazendo com que o sujeito necessite buscar novos meios mediante uma regulação mais ativa para resolver a questão e, consequentemente, fonte de escolhas deliberadas, o que indica a consciência. Nesse caso, existe, com certeza, uma inadaptação, mas, para Piaget, o processo automático e ativo das readaptações tem a mesma importância das inadaptações.

As regulações permitem constatar que o processo de tomada de consciência não se constitui somente nos casos de inadaptações. Piaget constatou a existência de tomadas de consciência tardias, mas não menos efetivas, em certos casos, sem que tenham ocorrido necessariamente inadaptações nas ações. Ela pode ser um processo sobre o pensar e explicar o sucesso de uma ação. Quando o sujeito se propõe a atingir um objetivo, ele é consciente e obtém sucesso imediato ou após diferentes tentativas; contudo, não se tem garantia de que a escolha ou aceitação, por sugestão, de um novo objetivo a ser alcançado é necessariamente o indício de uma inadaptação.

O autor situa as razões funcionais da tomada de consciência em um contexto mais amplo do que o das inadaptações, mas que as compreende a título de caso particular que não pode ser desprezado. Considerando, primeiramente, as ações materiais e passando, em seguida, ao pensamento como interiorização das ações, Piaget afirmou que a lei geral da tomada da consciência procede da periferia para o centro. Ele define a periferia como sendo a reação mais imediata e exterior entre o sujeito e o objeto. Essa reação localiza-se na zona inicial de interação da ação e dos objetos. Já o centro é definido, pelo mesmo autor, como sendo os mecanismos centrais da ação do sujeito. O centro se situa nas fontes orgânicas do comportamento e das estruturas operatórias.

O fato de o sujeito determinar um objetivo para a sua ação envolve mais fatores internos a ele do que externos, apesar de estar ligado, em parte, à natureza do objeto. A primeira delas é que os fatores internos da ação do sujeito escapam inicialmente à sua consciência. A segunda é que o conhecimento procede da interação entre o sujeito e o objeto, caracterizando a zona periférica. A partir disso, a tomada de consciência orienta-se para os mecanismos centrais C da ação do sujeito, enquanto o conhecimento do objeto orienta-se para as suas propriedades intrínsecas. Nesse processo, existe o reconhecimento dos meios empregados, das razões da escolha ou da modificação durante a ação e outros aspectos significativos.

O esquema a seguir (Figura 10.13) ilustra o mecanismo da tomada de consciência, onde S: sujeito; O: objeto; C: mecanismos cerebrais da ação do sujeito; C': propriedades centrais (intrínsecas) do objeto; P: periferia ou ponto de interação entre sujeito e o objeto.

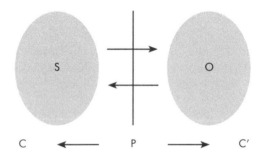

Figura 10.13
Mecanismo da tomada de consciência.

O processo de tomada de consciência da ação própria pode acontecer durante a busca de um objetivo, tanto nas situações em que ocorreu êxito como nas em que ocorreu fracasso. Nesse contexto, ao constatar um fracasso, o sujeito pode verificar as suas causas e isso pode levá-lo à tomada de consciência de regiões centrais da ação.

> a partir do dado de observação relativo ao objeto (resultado falho), o sujeito vai, portanto, procurar os pontos em que houve falha de adaptação do esquema ao objeto; e, a partir do dado de observação relativo à ação (sua finalidade ou direção global) ele vai concentrar a atenção nos meios empregados e em suas correções ou eventuais substituições. Assim, por meio de um vaivém entre o objeto e a ação, a tomada de consciência aproxima-se por etapas do mecanismo interno do ato e estende-se, portanto, da periferia P para o centro C. (Piaget, 1977, p.199).

A tomada de consciência progressiva pode constituir-se sem inadaptações. Isso significa dizer que o sujeito pode atingir o seu objetivo inicial sem fracasso algum. Nesse caso, como o progresso da consciência não se encontra mais vinculado às adversidades da ação, ele só pode resultar do próprio processo assimilador. Quando o sujeito determina para si mesmo um objetivo em função do objeto, ele já está assimilando esse objeto a um esquema prático. E, na medida em que o objetivo e os resultados da ação permitem o surgimento da consciência, mesmo permanecendo generalizável em ações, o esquema de ação se torna conceito, e a assimilação torna-se representativa ou passível de evocações em extensão.

O processo assimilador passa a ser um instrumento de compreensão e terá, ao mesmo tempo, como conteúdo os objetos e a ação, em um movimento de idas e vindas entre as duas classes de dados de observação. Não existe razão alguma para que o mecanismo de tomada de consciência do objeto não se estenda às tomadas de consciência da ação, já que existe dependência recíproca entre a ação e o objeto. A partir dessa fase, as inadaptações só desempenham sua função a título momentâneo ou local, e as causas dos insucessos tornam-se o essencial com a regulação ativa no centro das tentativas. Pode-se dizer que a lei da tomada de consciência não se restringe à tomada de consciência da ação material, porque, embora já ocorra passagem da consciência do objetivo e do resultado alcançado à dos meios empregados, essa interiorização da ação conduz ao plano da ação refletida, consciência dos problemas a resolver e dos meios cognitivos empregados na resolução.

Mas como acontece a tomada de consciência? Em seus estudos, Piaget (1977) define a tomada de consciência, desde as fases iniciais, como sendo uma conceituação ou a passagem da assimilação prática a uma assimilação através de conceitos.

O processo de assimilação implica a incorporação de um elemento novo em um esquema sensório-motor ou conceitual do sujeito. Piaget fala também de assimilação recíproca quando dois esquemas ou dois subsistemas se aplicarem aos mesmos objetos, como quando um sujeito olha e pega o mesmo objeto. Acontece, ainda, quando dois esquemas ou subsistemas se coordenarem sem mais necessidade de conteúdo atual. As relações entre um sistema total, caracterizado por leis próprias de composição, e os subsistemas que ele engloba em sua diferenciação podem ser consideradas como assimilação (Piaget, 1976, p.13).

A tomada de consciência implica a coordenação de ações. Podem existir constatações equivocadas que são deformadas por uma inferência. Quanto mais o sujeito limitar-se às reações elementares, maiores as chances de que ele deforme conceitualmente os dados observados. Essa deformação inferencial tem origem na própria inconsciência que o sujeito apresenta anteriormente em relação aos meios empregados para atingir seu objetivo. Nesse caso, o sujeito passa a se questionar a partir do interrogatório de outra pessoa (Piaget, 1977).

O processo de tomada de consciência é compreendido, por Piaget, como uma reconstrução. Contudo, essa reconstrução é tão trabalhosa quanto uma construção nova e totalmente desconhecida do sujeito, pois corre os mesmos riscos de omissão e de deformações do processo em que o sujeito explica a si próprio um sistema exterior de conexões físicas. Esses riscos de omissão e deformação provêm do fato de que antes de chegar a corrigir esse esquema anterior consciente, o sujeito encontra uma solução menos trabalhosa, que é deformar os dados observados e "recalcar" a fonte de conflito.

Do ponto de vista da afetividade, ocorre o recalque quando um desejo inconsciente entra em contradição com um sistema consciente. Nesse caso, o desejo inconsciente, mesmo sem ser supresso em consequência, não aflora à consciência. O sujeito recusa-se a aceitar o dado de observação que o perturba e acredita de boa vontade em outra explicação para o fato. Convém salientar que o dado de observação contestado pelo sujeito não é um fato físico exterior a ele, mas resulta da sua ação, sendo conhecido por ele somente em atos inconscientes e não em nível de conceituação consciente. A semelhança com os dados físicos não registrados é ainda mais notável, como se a tomada de consciência procedesse à semelhança de um conhecimento qualquer. Sendo a conceituação um processo, podem-se encontrar diferentes graus de consciência.

Com base em seus estudos, Piaget (1977, p.204) define o processo de tomada de consciência da seguinte forma:

> o mecanismo de tomada de consciência aparece em todos esses aspectos como um processo de conceituação que reconstrói e depois ultrapassa, no plano da semiotização e da representação, o que era adquirido no plano dos esquemas de ação.

Após o estudo e a explanação sobre da teoria de Piaget a respeito da tomada de consciência, apontam-se outros conceitos trazidos por esse mesmo pesquisador que interferem neste processo.

A interação como zona periférica

Em sua obra, Piaget (1973, p.34) define as interações como sendo ações se modificando umas às outras, conforme determinadas leis de organização ou de equilíbrio.

Segundo o mesmo autor, além dos fatores orgânicos, que condicionam do interior os mecanismos da ação, toda conduta supõe duas espécies de interações que a modificam de fora e são indissociáveis uma da outra. Há, portanto, a interação entre o sujeito e os objetos e a interação entre o sujeito e outros sujeitos. É desse modo que a relação entre o sujeito e o objeto modifica o sujeito e o objeto ao mesmo tempo, porque ocorre assimilação de um ao outro e a acomodação do sujeito ao objeto. Esse processo acontece em todo trabalho coletivo humano, pois cada relação social constitui uma totalidade nela mesma, capaz de criar características novas que transformam o indivíduo em sua estrutura mental.

A partir da interação entre dois indivíduos, surge uma totalidade que é constituída pelo conjunto das relações interindividuais de uma mesma sociedade. Esta totalidade não constitui a soma dos indivíduos, nem a soma de uma realidade superposta aos indivíduos, mas a de um sistema de interações modificando os sujeitos em sua própria estrutura.

O conhecimento humano é essencialmente coletivo, e a vida social constitui um dos fatores essenciais da formação e do crescimento dos conhecimentos preccientíficos e científicos. Tais conhecimentos não partem nem do sujeito nem do objeto, mas da interação indissociável entre eles, para avançar a partir deste ponto na dupla direção de uma exteriorização objetivante e de uma interiorização reflexiva.

A seguir apresenta-se o conceito de cooperação e a sua importância no processo de tomada de consciência.

A cooperação e o processo de tomada de consciência

Na evolução cognitiva do sujeito, existem patamares sucessivos de estruturação lógica ou de inteligência prática, intuitiva ou operatória. Cada um desses patamares é caracterizado por um determinado tipo de cooperação ou de interação social. As interações são constituídas por ações, e a cooperação consiste em um sistema de operações, de tal modo que as atividades do sujeito se exercendo sobre os objetos, e as atividades do sujeito agindo sobre outros sujeitos se reduzem, na realidade, a um único sistema de conjunto, em que o aspecto social e o aspecto lógico são indissociáveis, tanto na forma como no conteúdo (Piaget, 1973). O mesmo autor define cooperação da seguinte forma:

> cooperar na ação é operar em comum, isto é, ajustar por meio de novas operações (qualitativas ou métricas) de correspondência, reciprocidade ou complementaridade, as operações executadas por cada um dos parceiros. (Piaget, 1973, p.105)

Em sua obra, Piaget (1998) discute o papel da cooperação para o desenvolvimento da objetividade. Para ele, a cooperação é necessária para conduzir o sujeito à objetividade, porque, por si só, o sujeito permanece prisioneiro de sua perspectiva particular. Ela é condição do verdadeiro pensamento, pois permite que o sujeito renuncie a seus interesses próprios para pensar em função da realidade social. A capacidade de o sujeito colocar-se do ponto de vista dos outros leva a inteligência a adotar uma atitude própria ao espírito científico, desde suas formas menos complexas, que consistem em dissociar o real das ilusões antropocêntricas. A objetividade supõe a coordenação das perspectivas, que implica a cooperação.

A cooperação é essencialmente uma fonte de regras para o pensamento. A lógica constitui um conjunto de regras cognitivas. Essas não são inatas, pois desde o funcionamento inicial da inteligência prática existe a necessidade de coerência quase orgânica, que antecede à coerência formal do pensamento, uma elaboração de esquemas que se equivalem, no plano da ação, aos conceitos no plano do pensamento formal e uma construção de relações práticas que perpassam as relações seguintes.

As relações próprias à lógica diferem das relações práticas da inteligência elementar por implicarem normas especificamente sociais, como a reciprocidade. Assim, a cooperação age sobre a tomada de consciência do sujeito, sobre seu senso de objetividade, e culmina na constituição de toda uma estrutura normativa que completa o funcionamento da inteligência, no sentido da reciprocidade, norma fundamental que conduz ao pensamento formal.

Com base nos estudos de Piaget apresentados, pode-se concluir que, para existir cooperação, é necessário *co-operar* na ação e *co-operar* em comum, *co* no sentido de juntos, *operando*. A cooperação só existe se houver interação, colaboração, objetivos comuns, atividades de ações conjuntas e coordenadas. Ela é efetivamente criadora de formas e constitui condição necessária para o desenvolvimento da razão. Por outro lado, para haver colaboração, o indivíduo deve interagir com o outro de forma que exista ajuda mútua ou unilateral, sem ser necessário um objetivo comum.

Descrita a teoria de base do modelo pedagógico do curso de extensão, é necessário apresentar alguns elementos de sua AP.

ELEMENTOS DA ARQUITETURA PEDAGÓGICA

Como foi citado anteriormente, o modelo pedagógico foi desenvolvido a partir da teoria interacionista de Jean Piaget, em que o conhecimento é construído por meio da interação entre sujeito e objeto. Nesta concepção epistemológica, o objeto é definido como tudo que não for o próprio sujeito, bem como o que ele considerar como tal. Neste paradigma a aquisição de conhecimentos está relacionada com as estruturas cognitivas do sujeito em relação ao objeto (Piaget, 1973).

Logo, um dos elementos que compõe a AP são os aspectos organizacionais que, neste caso, visam:

a) proporcionar, ao professor em formação continuada, uma aprendizagem significativa sobre os diferentes tipos de projetos que podem ser desenvolvidos no ambiente escolar;
b) promover discussões e reflexões sobre diferentes aspectos que envolvem o trabalho com projetos em educação, visando a possibilitar a tomada de consciência sobre o fazer pedagógico;
c) promover a elaboração e a execução de projetos educacionais por parte dos professores participantes;
d) possibilitar uma formação continuada crítica e reflexiva, criando condições para o pensamento autônomo;
e) proporcionar um espaço de autoformação participada que invista no professor como produtor de saberes.

Quanto aos aspectos metodológicos, as atividades estão explicitadas no próprio objeto, organizadas em forma de problemas abertos ou *situações-problema*. O propósito é desafiar o professor e potencializar o processo de aprendizagem. Segundo Pozo (1998), esse tipo de atividade possibilita o pensamento produtivo, que consiste na produção de novas soluções a partir de uma organização ou reorganização dos elementos do problema.

Em relação aos aspectos tecnológicos, o OATP foi integrado ao ambiente ROODA a fim de permitir o registro das discussões, dúvidas e descobertas dos professores, bem como a publicação dos trabalhos realizados.

A seguir são apresentadas as características do curso propriamente dito para, logo depois mostrar a estratégia de aplicação da AP.

CURSO DE EXTENSÃO – TRABALHOS COM PROJETOS: UMA PROPOSTA DE FORMAÇÃO CONTINUADA EM ESPAÇOS DIGITAIS

Após a idealização e desenvolvimento do OATP, em 2007/1, partiu-se para a sua validação, por meio de um curso de extensão promovido pela UFRGS, denominado "Trabalhos com Projetos: uma proposta de formação continuada em espaços digitais". O processo empírico iniciou em maio de 2007 e foi concluído em outubro do mesmo ano, totalizando 12 encontros presenciais e, ainda, atividades feitas a distância. O curso foi realizado no Instituto Estadual de Educação Ernesto Alves, de Rio Pardo, RS, com duração de 60 horas, sendo 40 horas presenciais e 20 horas a distância.

A partir da análise dos dados coletados, foi possível constatar que a aplicação deste modelo pedagógico atingiu os resultados esperados. Os professores em formação continuada encontraram um espaço criado com ênfase no processo de aprendizagem, um local rico em recursos e informações, onde puderam construir os seus conhecimentos sobre projetos educacionais e outros aspectos que envolvem esse assunto.

Este novo espaço caracterizou-se pela valorização do trabalho em grupo, interação, cooperação, individualização da aprendizagem e a possibilidade de escolher diferentes caminhos para acessar o mesmo recurso e conteúdo, bem como para resolver os desafios.

A metodologia empregada motivou os professores a vencer os obstáculos que surgiram durante as aulas e promoveu a construção do conhecimento, possibilitando o processo de tomada de consciência em relação a essa AP.

Foi possível constatar resultados positivos registrados nas postagens que os participantes fizeram no fórum de discussão, no diário de bordo e no webfólio do ROODA. Recorreu-se também aos dados coletados em entrevistas orais semiestruturadas, com base no método clínico piagetiano. A seguinte postagem, feita no fórum de discussão da plataforma ROODA por um participante do curso, ilustra essa constatação:

> Bom dia, Silvia. Ah, estou amando este curso! Sinto-me aprendendo a cada dia, pois estou levando e trazendo saberes/aprendizagens através da informática. Além disso, percebo que o planejamento das aulas está muito bem estruturado, um desafio prepara para o outro. Percebo que nas aulas presenciais o astral é alto, todos estão dispostos e com vontade de aprender. Estou ainda concluindo o desafio 3 e tenho que participar mais na modalidade a distância, mas ainda assim, me sinto incluída, como se as colegas estivessem presentes no meu dia-a-dia e a prof. Também. Sabe, que já estão surgindo ideias para o trabalho que faço com os professores nas escolas, incluindo os alunos, na educação em saúde? Vamos em frente! Abraços!(2007-08-04 09:25:34)

Logo, desenvolveu-se uma estratégia em relação à AP apresentada anteriormente, que foi aplicada no curso de extensão "Trabalho com Projetos: uma proposta de formação continuada em espaços digitais".

Estratégia de aplicação da arquitetura pedagógica

A estratégia de aplicação da AP, composta do OATP (conteúdo), integrado à plataforma ROODA (aspectos tecnológicos), consistiu na aprendizagem provocada por situações-problema ou desafios, que foram desenvolvidas e propostas pelo professor em cada aula. Os desafios basearam-se no conteúdo disponibilizado no objeto (projetos educacionais), na teoria piagetiana e na prática pedagógica dos professores em formação continuada.

Foram oferecidas aos professores em formação continuada 11 situações-problema que abordaram o conteúdo teórico e prático sobre projetos educacionais. Cabe enfatizar que os itens descritos a seguir não se encontram especificados no objeto de aprendizagem, e sim fazem parte da estratégia de como ele foi aplicado durante o curso.

A solução dos problemas exigiu dos participantes conhecimentos dos conceitos estudados, discussões, análises e reflexões. Foi necessário que eles mobilizassem uma série de habilidades e competências para obterem sucesso nas ações. Como resultado desse processo de aprendizagem, os professores elaboraram textos, *blogs*, mapas conceituais, apresentações e um projeto educacional interdisciplinar para ser aplicado no seu contexto escolar.

Durante as aulas, os professores interagiram com o OATP, o ROODA e seus pares, discutindo os problemas propostos e construindo conhecimentos. Os registros de suas discussões, dúvidas, descobertas, trabalhos e sensações foram feitos pelas ferramentas comunicacionais do ROODA.

Os encontros ocorreram da seguinte forma:

- a partir de um desafio proposto, os professores buscaram a informação, refletiram, analisaram e discutiram sobre ele em pequenos grupos e, posteriormente, em grande grupo;
- o resultado foi apresentado na forma de textos, apresentações em Power Point, *blogs* e mapas conceituais, com a finalidade de permitir uma discussão coletiva e uma solução final que estivesse de acordo com todos os participantes, com base nas propostas dos grupos.

A metodologia de identificação e resolução de problemas proposta aos professores em formação continuada abrange:

- apresentação e construção do problema (desafio, pesquisa, vídeos, artigos);
- análise do contexto em que o desafio está inserido (fórum de discussão do ROODA e discussões orais);

- organização das ideias e conhecimento prévio do assunto de forma individual ou em pequenos grupos (fórum de discussão do ROODA, diário de bordo do ROODA, discussões orais e mapas conceituais);
- proposição de questões de aprendizagem sobre aspectos relevantes do problema por meio de discussão (fórum de discussão e debates orais);
- análise e definição da estratégia para resolver o desafio (fórum de discussão do ROODA, diário de bordo do ROODA e discussões orais);
- discussão dos recursos necessários para a resolução dos desafios (fórum de discussão do ROODA, diário de bordo do ROODA e discussões orais);
- escolha das questões de aprendizagem que serão desenvolvidas pelo grande grupo e as que serão atendidas individualmente;
- exploração do conhecimento obtido a partir das pesquisas e integração do novo conhecimento construído ao contexto do problema, com a finalidade de gerar novas questões (fórum de discussão do ROODA, diário de bordo do ROODA e discussões orais);
- interpretação dos resultados e formulação das soluções (fórum de discussão do ROODA, diário de bordo do ROODA e discussões orais);
- apresentação das soluções por meio dos recursos digitais (hipertexto, apresentações, *blogs*, mapas conceituais e ferramentas do ROODA);
- avaliação das soluções encontradas e apresentação para o grande grupo (fórum de discussão do ROODA, diário de bordo do ROODA, discussões orais, webfólio do ROODA);
- desenvolvimento de uma solução coletiva (projeto educacional a ser aplicado na escola).

Com base na teoria piagetiana, na formação continuada de professores e na coleta de dados por meio das entrevistas e registros no ambiente ROODA, é apresentada a metodologia de análise de dados utilizada e os indicadores construídos para a sua discussão.

CONSTRUINDO INDICADORES PARA ANÁLISE DE DADOS

A prática educativa é a maneira de configurar as sequências das atividades docentes, que são constituídas por um conjunto ações ordenadas, estruturadas e articuladas para a realização de certos objetivos educacionais, que têm um princípio e um fim conhecidos tanto pelos professores como pelos alunos (Zabala, 1998, p.18).

Para tanto, pautou-se nos parâmetros de Moraes (1999) para a realização da análise de dados. Esse autor apresenta uma metodologia de análise de dados qualitativa denominada análise de conteúdo.

A análise de conteúdo constitui uma metodologia de pesquisa usada para descrever e interpretar o conteúdo de toda classe de documentos e textos. Essa análise conduz a descrições sistemáticas, qualitativas ou quantitativas e ajuda a reinterpretar as mensagens, com o objetivo de atingir uma compreensão de seus significados em um nível que ultrapassa a leitura comum.

Essa metodologia de pesquisa é bem mais do que uma simples técnica de análise de dados, pois se trata de uma abordagem metodológica com características e possibilidades particulares, que pode ser aplicada no campo das ciências sociais.

A análise de conteúdo é uma técnica para ler e interpretar os dados que, analisados adequadamente, são capazes de revelar aspectos e fenômenos da vida social.

Os dados coletados chegam ao investigador em estado bruto e necessitam ser processados, com o objetivo de facilitar o trabalho de compreensão, interpretação e inferência exigido pela análise e conteúdo. Não é possível uma leitura neutra, pois a análise de conteúdo é uma interpretação pessoal por parte do pesquisador relativa à percepção que se tem dos dados. A compreensão do contexto é indispensável para a compreensão do que está informando o material. É também fundamental considerar, além do conteúdo explícito e implícito, o autor, o destinatário e as formas de codificação e transmissão da mensagem.

Em uma abordagem qualitativa, a construção dos objetivos e das categorias de análise pode ocorrer no decorrer do tempo, à medida que a investigação avança. Porém, os objetivos devem estar bem claros até a conclusão da pesquisa. A sua clara explicitação ajuda a delimitar os dados que realmente têm significado e podem esclarecer o problema em questão.

Podem ser encontradas diferentes formas para categorizar possíveis objetivos de pesquisa utilizando análise de conteúdo. Porém, no decorrer do tempo, esses objetivos têm sido definidos em seis categorias, que levam em consideração os aspectos intrínsecos da matéria-prima dessa análise, o contexto em que está inserida a pesquisa e as inferências desejadas. Essa classificação se baseia nas seguintes questões:

1. Quem fala?
2. Para quem diz o quê?
3. A quem?
4. De que modo?
5. Com que finalidade?
6. Com que resultados?

A categorização dos objetivos da análise de conteúdo pode ser feita de acordo com a orientação que segue em relação a essas questões. As pesquisas poderão orientar-se, ao mesmo tempo, em duas ou mais dessas questões.

A categorização é a atividade de classificar os elementos de uma mensagem, seguindo aspectos específicos. Ela torna mais fácil a análise dos dados e deve fundamentar-se no problema, nos objetivos e nos elementos envolvidos na análise de conteúdo.

A análise de dados ocorre de forma cíclica e circular, e não de forma sequencial e linear. É necessário extrair, do material bruto, os significados, pois eles não falam por si sós. Por isso, torna-se necessário retornar periodicamente aos dados e realizar o refinamento progressivo das categorias de análise, para buscar significados cada vez mais explícitos e atingir novas formas de compreensão.

As categorias podem ser definidas *a priori*, e sua validade pode ser construída a partir da fundamentação teórica. As categorias também podem emergir dos dados coletados e seus argumentos de validade, construídos progressivamente. Para que a categorização seja válida, ela deve ser significativa em relação aos conteúdos dos dados de análise, constituindo-se em uma reprodução adequada e pertinente desses conteúdos.

Com base na metodologia apresentada por Moraes (1999), utiliza-se, neste capítulo, a análise de conteúdo que se dirige à questão "para dizer o quê?", pois se trata de uma análise temática, em que o estudo se direciona para as características da mensagem, seu valor informacional, as palavras, os argumentos e as ideias expressas por ela.

Orienta-se, também, para a questão "com que finalidade?", pois o pesquisador pode questionar-se sobre os objetivos explícitos ou implícitos de uma determinada comunicação, com a finalidade de orientar-se para o sujeito de pesquisa, no sentido de captar as finalidades que se manifestam ou estão ocultas nas mensagens.

Durante o curso, foi possível levantar e sistematizar informações relativas aos objetivos propostos e apontar alguns indicadores. Esse levantamento foi realizado por meio das informações postadas pelos participantes do curso nos fóruns de discussões, diários de bordo e webfólios da plataforma ROODA e, também, de uma entrevista oral semiestruturada, inspirada no método clínico piagetiano (Delval, 2002), composta de questões abertas, com o objetivo de levantar dados para a solução do problema de pesquisa, abordando os seguintes temas:

1. a participação dos sujeitos de pesquisa, nos últimos anos, em seminários ou cursos de formação continuada;
2. as formas como os estudos de formação continuada acontecem;
3. como os cursos de formação continuada têm contribuído ou não para a aprendizagem de novos saberes;
4. a opinião dos participantes sobre o curso de extensão "Trabalho com Projetos: uma proposta de formação continuada em espaços digitais";

5. a forma como aconteceu o processo de aprendizagem durante o curso de extensão;
6. se houve construção de novos saberes que possam ser incorporados à prática docente do professor e quais foram;
7. como cada participante caracteriza sua participação no curso;
8. a convivência com os colegas de curso;
9. como o professor vê a participação dos colegas no curso;
10. as questões mais significativas durante o curso e por quê;
11. as transformações que aconteceram, em relação aos saberes docentes, durante o curso;
12. as modificações que ocorreram no fazer pedagógico dos professores participantes;
13. a opinião dos participantes sobre o OATP;
14. a opinião dos participantes sobre a plataforma ROODA;
15. a opinião dos participantes sobre o que caracteriza um bom professor.

Além dessas formas de levantamento de dados, foram feitas observações durante os encontros presenciais no sentido de melhor contribuir na coleta, na sistematização e na interpretação dos dados.

A partir dos estudos da teoria piagetiana sobre o processo de tomada de consciência da compreensão da ação, dos estudos sobre a formação continuada de professores e da leitura, releitura e mapeamento dos dados coletados, procederam-se às análises das informações. Como resultado desse processo, chegou-se à definição de alguns indicadores a fim de investigar se o OATP, integrado ao ambiente virtual de aprendizagem ROODA, pode promover o processo de tomada de consciência sobre o tema projetos educacionais e sua prática educativa em formação continuada. E, ainda, em caso positivo, verificar como isso acontece. Os indicadores são os seguintes:

1. OATP, integrado a plataforma ROODA, como:
    1.1. espaço de construção e reconstrução de conhecimentos;
    1.2. meio de inclusao social e digital.
2. O trabalho desenvolvido por meio de desafios como forma de construção ativa de conhecimentos, possibilidade de reflexão e potencialização do processo de tomada de consciência da prática educativa.
3. O trabalho cooperativo e as trocas como forma de desenvolvimento profissional.
4. A interação como catalisadora do processo de tomada de consciência das concepções que norteiam a prática educativa.
5. As representações conceituais dos professores sobre o trabalho com projetos educacionais interdisciplinares.

Com base nesses indicadores construídos, realizou-se a análise dos dados coletados, detalhado em Moresco (2009). Uma breve amostra dessas análises é apresentada na seção que se segue.

ANÁLISE E DISCUSSÃO DE DADOS

A partir da metodologia explicitada anteriormente, foi possível realizar as seguintes análises.

Categoria A

OATP, integrado a plataforma ROODA, como:

A_1) Espaço de construção e reconstrução de conhecimentos.

Extrato 1 – Entrevista oral semiestruturada com a professora ML

> (ML): *"Foi extremamente interessante e gratificante. Aprendi com prazer, senti-me estimulada a pensar; acho que não pude corresponder como gostaria, mas a cada desafio novas questões práticas eram postas e se inseriam em meu dia-a-dia. O objeto de aprendizagem foi bem estruturado, desperta a curiosidade, joga muito bem aspectos teóricos e práticos; possibilita o aprofundamento."*

Extrato 2 – Entrevista oral semiestruturada com a professora MS.

> (MS): *"positivo e construtivo encontrar a prática lado a lado com a teoria nos desafios, pois são especiais estes momentos do fazer e pensar."*

Com as opiniões expostas pelas professoras ML e MS citadas nos extratos 1 e 2, constata-se que os professores em formação continuada consideraram o OATP um excelente espaço de construção e reconstrução de conhecimentos. Os professores descrevem uma aprendizagem prazerosa, em que os desafios possibilitavam o fazer e o pensar sobre este fazer. Percebe-se, ainda, que os novos conhecimentos práticos e teóricos construídos a partir do uso do objeto de aprendizagem passavam a fazer parte da prática docente diária desses professores.

A2) Meio de inclusão social e digital.

Extrato 3 – Postagem feita no diário de bordo da professora Z.

> (Z): *"Estamos na última aula, infelizmente! O curso foi ótimo. Proporcionou muitos momentos agradáveis de interação. Os desafios propostos oportuni-*

zaram trocas e a construção de novos saberes para o aperfeiçoamento da prática pedagógica. O grupo se traduziu pelo interesse, amizade e desejo de aprender. A professora foi ótima, amiga, parceira e incentivadora! Parcerias surgiram e certamente não se perderão ao término das atividades. Os professores que se disponibilizaram para participar do curso ganharam muito e a escola terá um grupo mais fortalecido e interessado em melhorar o dia-a-dia do processo de aprendizagem. Quero registrar o pedido de novas oportunidades, um novo curso ou até mesmo uma proposta de continuidade de nossos estudos relativos aos espaços digitais e a educação. Tudo foi muito significativo!"

Nesse extrato 3, coletado no diário de bordo da plataforma ROODA, a professora Z relata momentos agradáveis de amizade, de interação e trocas de conhecimentos entre os participantes do curso, durante o processo de aprendizagem, do OATP. Ela aponta o surgimento de parcerias duradouras que provavelmente continuarão atuando no contexto escolar. Como consequência, constituiu-se um corpo docente mais unido e comprometido com o processo de ensino-aprendizagem. Percebe-se que os professores sentiram-se acolhidos e integrados no grupo social.

A professora Z demonstra claramente o desejo de dar continuidade aos estudos referentes às tecnologias digitais aplicadas à educação. Entende-se, com isso, que ela sentiu-se integrada ao mundo digital e necessita ampliar seus conhecimentos.

Categoria B

O trabalho desenvolvido por meio de desafios como forma de construção ativa de conhecimentos, possibilidade de reflexão e potencialização do processo de tomada de consciência da prática educativa.

Extrato 4 – Postagem feita no diário de bordo da professora X.

(X): *"Olá profe e colegas! Para variar me perdi dentro do computador! Finalmente consegui acessar esta ferramenta que o curso disponibiliza. Confesso humildemente que tive que pedir socorro. Acredito, no entanto, que o erro nos oportuniza mais e maiores condições de aprendizagem, pelo simples fato de que temos que 'buscar', reformular ações, socializar o conhecimento com outros colegas, construir o conhecimento. Porém, no momento que finalmente conseguimos realizar a tarefa com sucesso, é muito bom dizer: consegui!... Para realizar o desafio 2, enfrentei dificuldades, pois até chegarmos aí, nos deparamos com uma infinidade de logins e senhas. Como professor de Química, confesso que fiz algumas misturas e os dados não casavam entre si, de forma que fiquei vagando à procura do meu blog. Mas, como um típico ariano teimosamente finalmente achei!"*

A escrita do professor X no diário de bordo aponta para uma experiência de aprendizagem ativa, em que o sujeito constrói seus conhecimentos na interação com o meio físico e social, com o simbolismo humano e por força da sua própria ação (Becker, 2001). O sujeito piagetiano é essencialmente ativo, mas a ação a que se reporta Piaget não é uma ação qualquer, mas uma ação de segundo nível. Trata-se de uma ação própria da tomada de consciência, da experiência lógico-matemática, da abstração reflexionante (Becker, 1993).

Segundo Piaget (1978), as ultrapassagens dos conflitos constituem um fator essencial do desenvolvimento humano, visto que se tratam de desequilíbrios e de reequilibrações. Para o autor (1976), os desequilíbrios desempenham um papel fundamental no progresso do desenvolvimento dos conhecimentos, pois em uma perspectiva da equilibração constituem uma de suas fontes. São os desequilíbrios que obrigam os sujeitos a ultrapassar seu estado atual e a procurar novas soluções em novas direções.

Pode-se constatar um processo de aprendizagem ativa, de reflexão e de tomada de consciência sobre a importância do erro no processo de aprendizagem e no trabalho com projetos educacionais.

Categoria C

O trabalho cooperativo e as trocas como forma de desenvolvimento profissional.

Extrato 5 – Postagem feita no diário de bordo pela professora X.

> (X): *"Oi! Estou achando esta oportunidade de trabalhar em equipe tudo de bom, pois essa modalidade de trabalho não é muito comum em nosso dia-a-dia como docentes. Normalmente, estamos sozinhos em sala de aula para realizar o nosso trabalho. Quando não nos deparamos com nenhum problema de ordem pedagógica ou de relacionamento, só podemos contar com o nosso apoio mesmo e acreditar que estamos trilhando o caminho certo. Essa rica troca de conhecimentos e experiências é uma oportunidade que realmente não podemos desperdiçar."*

Extrato 6 – Postagem feita no fórum de discussão pela professora X.

> (X): *"A metodologia de projetos é uma forma muito estimulante de se trabalhar, é, no entanto, uma forma muito exigente de se desenvolver uma ideia, pois cobra dos indivíduos envolvidos interesse, comprometimento, curiosidade e perseverança. O grupo tem que andar junto. É imprescindível a parceria e o comprometimento de cada um para que os resultados possam ser atingidos com sucesso. Trabalhando com projetos, não se trabalha sozinho, nada se conquista sozinho (14/07/2007, 8h53)."*

Durante o curso de extensão "Trabalho com Projetos: uma proposta de formação continuada em espaços digitais", os professores em formação continuada realizaram ações conjuntas e trocaram informações, com a finalidade de atingir objetivos comuns e vencer os desafios.

O extrato 5 nos revela que a professora X gostou muito do trabalho em equipe, apesar de não estar habituada a essa forma de trabalho em seu dia-a-dia. Ela aponta a importância de aproveitar essa oportunidade.

No extrato 6, pode-se verificar que o trabalho com projetos educacionais exigiu, dos professores em formação continuada, o estabelecimento de parcerias com a finalidade de comparar diferentes pontos de vista e, a partir daí, desenvolver ideias para resolver os problemas e atingir os objetivos propostos com sucesso.

Para a professora X o trabalho com projetos educacionais exige parceria, comprometimento, interesse, curiosidade e perseverança dos envolvidos, pois sem esses fatores não se obtém sucesso. Constata-se a tomada de consciência da professora X em relação à importância do trabalho cooperativo no desenvolvimento de projetos educacionais.

Contudo, a cooperação não age somente sobre a tomada de consciência do indivíduo e sobre o seu senso de objetividade; culmina na constituição de toda uma estrutura normativa que determina o funcionamento da inteligência individual, completando-a no sentido da reciprocidade, única norma fundamental que conduz ao pensamento racional. Portanto, conclui-se que a cooperação é condição indispensável para a constituição da razão (Piaget, 1998).

Com base em Piaget (1973), pode-se concluir que a cooperação consiste em um sistema de operações em que as atividades do professor em formação continuada agindo sobre os outros colegas se reduzem a um único sistema de conjunto, em que os fatores sociais e cognitivos são indissociáveis, tanto na forma como no conteúdo.

A cooperação só existe quando o professor em formação continuada operar em comum, ajustando por meio de novas operações de correspondência, reciprocidade ou complementaridade as operações executadas por seus colegas. A cooperação supõe interação, colaboração, objetivos comuns, ações conjuntas e coordenadas. Ela é criadora de formas e é condição necessária para o desenvolvimento cognitivo do professor, tanto em cursos de formação continuada como no próprio ambiente escolar.

Categoria D

A interação como catalisadora do processo de tomada de consciência das concepções que norteiam a prática educativa.

Extrato 7 – Postagem feita no diário de bordo da professora Y.

(Y): *"Hola! Soy yo, Y. Estou eu, parece mentira, sentada frente a la computadora, dentro do ROODA, me movimentando devagarzinho para não subir a pressão. Já reli o que escrevi, fiz alterações e/ou inclusões de ideias, só não consigo ler o que as outras gurias escrevem pois não sei onde entrar ou sair. Quem me ajuda?...cansei da minha ignorância e por essa razão vou calar o dedo, não a boca..."*

Extrato 8 – Postagem feita no diário de bordo da professora Y.

(Y): *"Só hoje resolvi falar. As dificuldades foram e são astronômicas e quase intransponíveis. O ser humano é generoso e discreto. Por essa razão tive ajuda, muita ajuda da professora e de duas colegas, em especial. Uso a oportunidade para agradecer publicamente... pelo desprendimento e conhecimento que incansavelmente tentaram e, a bem da verdade, ainda tentam fazer-me aprender. Graças por não desistirem de mim... Eu ainda estou presa ao ensino tradicional. Não consigo me desprender e voar."*

No extrato 7 a professora Y aponta sua dificuldade no uso da ferramenta diário de bordo. Ela consegue escrever e alterar seus comentários, mas não consegue acessar o que os outros professores postam. Ela toma consciência do problema e pede ajuda publicamente.

Já no extrato 8, a mesma professora afirma ter obtido ajuda de forma generosa e discreta e, aproveita o espaço virtual no diário de bordo para agradecer o auxílio. Ela relata o incansável desprendimento e perseverança dos colegas ao possibilitarem a sua aprendizagem e toma consciência sobre suas concepções pedagógicas. A tomada de consciência é externada pelo desabafo feito no diário de bordo, onde admite publicamente ainda estar presa ao ensino tradicional e não conseguir se desprender dele para voar.

Pode-se verificar que as interações entre a professora Y e os demais professores em formação continuada possibilitaram a Y a tomada de consciência de suas concepções pedagógicas e despertaram nela o desejo de voar ou ir além.

Com base nos extratos apresentados e nos estudos de Piaget (1973), conclui-se que a interação entre a professora Y e seus pares modificou-a, ao mesmo tempo em que modificou também os que interagiram com ela. Esse processo acontece porque ocorre assimilação de um ao outro e a acomodação do sujeito ao objeto. Esse processo é observado em todo trabalho coletivo humano, pois cada relação social constitui uma totalidade nela mesma, capaz de criar características novas que transformam o indivíduo em sua estrutura mental. A objetividade supõe a coordenação de perspectivas, e esta implica a cooperação. A cooperação não age somente sobre a tomada de consciência do indivíduo e sobre seu senso de objetividade, mas é efetivamente criadora de formas e constitui a condição indispensável para o desenvolvimento pleno da razão (Piaget, 1998).

Constata-se, ainda, como consequência do processo de interação entre os professores em formação continuada, o surgimento de uma comunidade virtual[9] de aprendizagem, que pode ser compreendida como uma rede[10] de comunicação autodefinida e organizada em torno de um objetivo compartilhado.

Categoria E

As representações conceituais dos professores sobre o trabalho com projetos educacionais interdisciplinares.

Extrato 9 – Postagem feita no fórum de discussão pela professora ML.

> (ML): *"Penso que os projetos educacionais sejam interessantes, sejam feitos coletivamente e devam partir da observação da vida (centrado no que interessa aos aprendizes). Sua estrutura deve ser flexível, sempre considerando os problemas apresentados pelos alunos e propor novas práticas, novos modos de interação (cognitiva, afetiva, social), através de uma perspectiva de trabalho interdisciplinar, mesmo sendo desenvolvido por um professor, 'ligar os diferentes saberes'. Penso também que é preciso ter clareza da finalidade do projeto, qual o seu sentido mais amplo enquanto educação e qual o papel que pretende cumprir na instituição de ensino onde será realizado; além disso, precisa estar sustentado em princípios de como se aprende, e como se ensina. E aí vem algo fundamental: se centramos no ensino, como vamos desenvolver a autonomia do aluno? Como fica a construção da subjetividade, se já está posto que tem que fazer como o professor quer? Me parece que só vamos submeter os alunos, dessa forma, a impedi-los de pensar... Num projeto voltado a aprendizagem do aluno, é preciso que o professor seja um incentivador da dinâmica de trocas entre os diferentes saberes trazidos pelos alunos, ao mesmo tempo em que traga um aporte de conhecimentos para questionar, provocar perturbações no sistema de significações do aprendiz (provocar o interesse do aluno), que tenha habilidade para a organização e que possa propiciar ambiente seguro o suficiente para*

---

[9] As comunidades virtuais são agregações culturais que emergem quando um número suficiente de pessoas encontra-se no ciberespaço. Hoje, as comunidades formam-se ao redor de questões de identidade e de valores comuns, não dependendo de um lugar (Palloff, 2002, p.45).
[10] Rede é a palavra que descreve os espaços compartilhados formados por computadores interligados em todo o mundo por sinais de telefone ou satélite. Com o auxílio das redes, os educadores podem criar ambientes de aprendizagem eficazes, em que professores e alunos em locais diferentes constroem juntos o entendimento e as competências relacionadas a um assunto particular (Harasim, 2005, p.20).

> *que o aluno pense, se 'arrisque' a produzir mudanças (em seus conceitos, em seus conhecimentos...)... Então, as concepções teóricas que me parecem coerentes com o projeto pedagógico centrado na aprendizagem seriam as que provêm de autores como: Piaget, Vygotsky, Paulo Freire, Morin; autoras que trazem uma grande contribuição para as questões de aprendizagem com: Sara Paim, Alicia Fernandez, além de Madalena Freire, que também contribui para a compreensão de grupos."*

Nesse extrato, pode-se verificar a representação conceitual da professora ML sobre o trabalho com projetos educacionais interdisciplinares. Adota-se, neste estudo, o conceito de representação conceitual piagetiano:

> Assim, chamaremos doravante "representação conceptual" à representação em sentido lato e "representação simbólica ou imaginada", ou "símbolos" e "imagens", simplesmente, à representação no sentido estrito. Notemos ainda – e isso é fundamental – que, de acordo com a terminologia dos linguistas, devemos reservar o termo "símbolo" para os significantes "motivados", isto é, que apresentam uma relação de semelhança com o significado, em contraste com os "signos", que são "arbitrários" (quer dizer, convencionais ou socialmente impostos). Ora, além dos conceitos e símbolos, também se registra nessa mesma fase um princípio de emprego de "signos", visto que, no momento aproximado em que a inteligência sensório-motora se prolonga em representação conceitual e em que a imitação se converte em representação simbólica, o sistema de signos sociais também aparece, sob as espécies da linguagem falada (e imitada). O problema envolve, pois, três e não apenas dois termos, ao mesmo tempo: conceitos, símbolos ou imagens e signos verbais. (Piaget, 1978, p.88)

A escrita da professora ML deixa claro que ela considera o trabalho com projetos educacionais uma atividade coletiva, interdisciplinar e flexível, que deve basear-se no interesse dos alunos. Para ela os projetos educacionais devem considerar tanto os fatores cognitivos como afetivos e sociais. Sobre o aspecto interdisciplinar, considera importante estabelecer relações entre os diferentes saberes e reforça a ideia de clareza quanto ao objetivo a ser alcançado.

Ela salienta a importância da concepção teórica adotada nos projetos educacionais e aponta dois pontos de vista importantes: os projetos educacionais que apresentam uma concepção teórica centrada no ensino e os que se fundamentam em concepções centradas na aprendizagem.

Com base nessas concepções, ML se posiciona de forma contrária aos projetos centrados no ensino, pois afirma que estes não desenvolvem a autonomia e nem constroem a subjetividade do aluno. Ela justifica seu ponto de vista dizendo que nessa concepção pedagógica o aluno recebe tudo pré-estabelecido, sem a necessidade de buscar o conhecimento e refletir sobre ele.

Por outro lado, ML considera importes as trocas cognitivas e define o professor como um problematizador, aquele que desafia o aluno com o objetivo de provocar perturbações no seu sistema de significações e possibilitar a busca, a reflexão e a construção do conhecimento. Ela confirma essa posição quando cita estudiosos interacionistas, como Piaget, Paulo Freire, Morin, Vygotsky, Sara Paim, Alicia Fernandez e Madalena Freire. As habilidades organizacionais também são consideradas importantes por ML. Ela acredita que o professor deva ser capaz de proporcionar um ambiente seguro o suficiente para que o aluno não tenha medo de construir o conhecimento.

Diante das informações contidas no extrato 9, pode-se verificar que a professora ML diferencia claramente a concepção pedagógica centrada no ensino da concepção pedagógica centrada no aprendiz. Segundo a teoria piagetiana, o conceito é um esquema abstrato e a imagem, um símbolo concreto, mas todo pensamento é acompanhado de imagens, portanto, se pensar consiste em interligar significações, a imagem será o significante e o conceito um significado. Assim, existe representação quando há, simultaneamente, diferenciação e coordenação entre significantes e significados ou significações (Piaget, 1978, p.87).

Nesta perspectiva, pode-se concluir que a professora ML se apoia em um sistema de conceitos ou esquemas mentais que caracterizam uma representação conceitual construtivista sobre o trabalho com projetos educacionais interdisciplinares. Uma representação conceitual construtivista implica considerar que o conhecimento não nasce com o indivíduo nem é dado pelo meio social, mas é construído pelo sujeito na interação com o meio, tanto físico como social (Becker, 2001, p.71).

CONSIDERAÇÕES FINAIS

Algumas suposições antecipadas pela proposta deste capítulo foram confirmadas. Logo, são apresentadas as que foram consideradas mais relevantes.

Constatou-se que os professores em formação continuada entenderam o OAIP, integrado ao ambiente virtual ROODA como um excelente espaço de construção e reconstrução de conhecimentos. Em relação à estrutura do objeto, pode-se constatar que os professores o consideraram bem estruturado, pois apresentou aspectos teóricos e práticos que se complementam e despertaram o seu interesse.

Os desafios geraram conflitos, desequilíbrios e reequilibrações nos professores em formação continuada, caracterizando uma aprendizagem ativa, em que o processo de reflexão sobre a ação e a construção de conhecimentos aconteceu de forma prazerosa, possibilitando a tomada de consciência sobre a prática educativa. Os conhecimentos práticos e teóricos construídos, a partir do uso do objeto de aprendizagem, logo foram incorporados à prática docente dos sujeitos de pesquisa, o que comprova que esses conhecimentos vêm ao encontro das necessidades desses professores.

O espaço de formação potencializou a interação entre os sujeitos e constituiu grupos de trabalho com objetivos comuns, caracterizados por laços de amizade. Os professores definiram esses grupos de trabalho como "parcerias duradouras", porque, provavelmente, continuarão atuando no contexto escolar e, como consequência, poderão formar um corpo docente mais unido e comprometido com o processo de ensino-aprendizagem, que interage por meio das tecnologias digitais. Assim, foi possível observar o surgimento de uma comunidade virtual de aprendizagem entre os professores.

Neste contexto, é possível considerar que o OATP, integrado ao ambiente virtual de aprendizagem ROODA, pode ser um meio de inclusão social e digital e promover o desenvolvimento profissional.

Em relação às representações conceituais dos professores sobre o trabalho com projetos educacionais interdisciplinares, constatou-se um sistema de conceitos ou esquemas mentais que caracterizam uma representação baseada no paradigma interacionista. A ideia de trabalho com projetos interdisciplinares levantada por dados coletados reportou a uma atividade interativa, cooperativa, flexível, que relaciona diferentes saberes e parte sempre do interesse dos alunos, com um objetivo comum a ser alcançado. O professor é definido como um problematizador, aquele provoca desequilíbrios no sistema de significações dos aprendizes e possibilita a pesquisa, a reflexão e a construção do conhecimento de forma segura e acolhedora.

Nesta experiência, aplicou-se um modelo pedagógico com base no interacionismo piagetiano, constituído pelo OATP, integrado ao ambiente virtual de aprendizagem ROODA. Esse modelo pode ser replicado em outros contextos educacionais, inclusive utilizando um outro ambiente virtual de aprendizagem com outro público-alvo e, ainda outra estratégia de aplicação da AP.

Pode-se concluir que o curso de extensão possibilitou o processo de tomada de consciência sobre o tema projetos educacionais e a prática docente dos professores em formação continuada.

REFERÊNCIAS

ALÔ ESCOLA. *Glossário de termos técnicos*. Disponível em: http://www.tvcultura.com.br/aloescola/literatura/poesias/glossario.htm. Acesso em: 13 out. 2006.

BARROS, V. T. O. *Os projetos no campo da educação*. Anais II In: FÓRUM NACIONAL DA EDUCAÇÃO: HUMANIZAÇÃO TEORIA E PRÁTICA, 2., 2002, Santa Cruz do Sul. [Anais...] Santa Cruz do Sul: EDUNISC, 2002.

BECKER, F. *A epistemologia do professor:* o cotidiano da escola. Petrópolis: Vozes, 1993.

_____ . *Educação e construção do conhecimento*. Porto Alegre: Artmed, 2001.

DELVAL, J. *Introdução à prática do método clínico*: descobrindo o pensamento das crianças. Porto Alegre: Artmed, 2002.

MORAES, R. *Análise de conteúdo*. *Educação*, Porto Alegre, ano 22, n. 37, p. 7-32, mar. 1999.

MORESCO, S. F. S. *Formação continuada:* objeto de aprendizagem trabalho com projetos. Tese (Doutorado) – Programa de Pós-Graduação em Educação, Universidade Federal do Rio Grande do Sul. A ser defendida em 2009,

FAZENDA, I. *Interação e interdisciplinaridade no ensino brasileiro:* efetividade ou ideologia? São Paulo: Loyola, 1979.

HARASIM, L. *Redes de aprendizagem:* um guia para ensino e aprendizagem on-line. São Paulo: Ed. SENAC, 2005.

PALLOFF, R. M. *Construindo comunidades de aprendizagem no ciberespaço*. Porto Alegre: Artmed, 2002.

PIAGET, J. *A equilibração das estruturas cognitivas*: problema central do desenvolvimento humano. Rio de Janeiro: Zahar, 1976.

_____ . *A formação do símbolo na criança*. Rio de Janeiro: Zahar, 1978.

_____ . *Estudos sociológicos*. Rio de Janeiro: Forense, 1973.

_____ . *Sobre pedagogia*. São Paulo: Casa do Psicólogo, 1998.

_____ . *Tomada de consciência*. São Paulo: Melhoramentos, 1977.

PIETROCOLA, M. (Org.). *Ensino de física:* conteúdo, metodologia e epistemologia. Florianópolis: Ed. UFSC, 2001.

POZO, J. I. *A solução de problemas:* aprender e resolver, resolver para aprender. Porto Alegre: Artmed, 1998.

SILVA, M. G. M. *Novas aprendizagens.* São Paulo: Senac, 2004. Disponível em: <http://www.abed.org.br/congresso2004/por/htm/146-TC-D2.htm>. Acesso em: 13 jun. 06.

UNIVERSIDADE FEDERAL DO RIO GRANDE DO SUL. Centro Interdisciplinar de Novas Tecnologias na Educação. Coletânea de Entidades de Suporte ao Uso de Tecnologia na Aprendizagem (CESTA). *Homepage*. Porto Alegre. Disponível em: <http://www.cinted.ufrgs.br/CESTA/cestadescr.html>. Acesso em: 26 set. 2004.

VALENTE, J. A. *Por que o computador na educação?* Disponível em: <http://66.102.1.104/scholar?hl=pt-BR&lr=&q=cache:OHvyCxQiD_UJ:br.geocities.com>. Acesso em: 10 nov. 2007.

ZABALA, A. *A prática educativa*: como ensinar. Porto Alegre: Artmed, 1998.

11

PLANETA ROODA: um ambiente virtual de aprendizagem para educação infantil e ensino fundamental

Patricia Alejandra Behar
Daisy Schneider
Caroline Bohrer do Amaral

INTRODUÇÃO

O ambiente virtual de aprendizagem (AVA) PLANETA ROODA tem como finalidade possibilitar o trabalho coletivo na internet com alunos e professores de Educação Infantil e anos iniciais do Ensino Fundamental. Sua interface baseia-se na temática "espaço sideral", por ser um tema recorrente nas escolas e por despertar interesse nas crianças da faixa etária entre 4 e 10 anos. Este AVA foi desenvolvido a partir de um projeto de pesquisa[1] e está disponível em http://www.nuted.edu.ufrgs.br/planetarooda. O PLANETA ROODA integra funcionalidades que podem potencializar a aprendizagem, uma vez que oportunizam a interação síncrona e assíncrona, o compartilhamento de arquivos e produções, bem como o gerenciamento de turmas. Também pode se adaptar às diferentes práticas pedagógicas, visto que o professor tem a possibilidade de habilitar e desabilitar recursos conforme sua metodologia de trabalho. Tem como um dos principais objetivos incentivar a realização de trabalhos em grupo e intergrupos. Caracteriza-se por ser centrado no usuário, pela personalização da interface gráfica e pela forma como as funcionalidades são disponibilizadas.

    O ambiente foi desenvolvido com base na filosofia de *software* livre, tendo código aberto para permitir adaptações/melhorias de acordo com as necessidades das instituições. O PLANETA ROODA foi construído com GNU/LINUX, linguagem de programação PHP, visando à utilização em diferentes navegadores, como também ao aperfeiçoamento constante. Possui ainda licença GPL. As funcionalidades foram modeladas no padrão UML.[2]

---

[1] Financiado por Fundação de Amparo à Pesquisa do Rio Grande do Sul (FAPERGS) e Conselho Nacional de Desenvolvimento Científico e Tecnológico (CNPq).
[2] UML é a padronização da linguagem de desenvolvimento orientado a objetos, para visualização, especificação, construção e documentação de sistema.

O AVA possibilita uma avaliação processual em função da sua estrutura aberta. Tem como base epistemológica a interacionista, decorrente da epistemologia genética.[3] No entanto, apesar de o PLANETA ROODA ter sido fundamentado na teoria piagetiana, como há a opção de selecionar as funcionalidades que se deseja usar, o trabalho pode variar de acordo com a perspectiva epistemológica do professor. Além disso, jogos e conteúdos dos mais variados podem ser integrados ao ambiente, como, por exemplo, objetos de aprendizagem. Dessa forma, os usuários podem constituir o ambiente de acordo com suas compreensões e perspectivas epistemológicas.

Nesse sentido, pretende-se contribuir com a prática pedagógica por meio desse recurso, potencializando o desenvolvimento de propostas desafiadoras de trabalho; a expressão pela escrita e pelas imagens nas publicações de produções e de registros; as relações cooperativas e o enriquecimento das experiências realizadas no contexto escolar. Acredita-se que, nesse cenário, o professor possa agir como coordenador de grupos, orientando os alunos nas suas pesquisas, bem como intervindo com problematizações e desafios. Assim, busca-se favorecer a possibilidade de aprendizagens significativas e prazerosas mediante processos construídos na internet.

A construção e a validação do ambiente constituíram-se nos passos que são apresentados a seguir. Os dados coletados colaboraram para o planejamento do ambiente, enfocando tanto a proposta da equipe quanto as expectativas e práticas pedagógicas do corpo docente e discente das escolas onde foi desenvolvida parte da pesquisa.

DELINEAMENTO DA PESQUISA

O desenvolvimento do PLANETA ROODA partiu de um estudo qualitativo[4] na modalidade pesquisa participante (PP). Nesta, os participantes são atores e não somente "sujeitos de pesquisa", ou seja, aqueles que fornecem os dados. A PP é vista, dessa forma, como uma possibilidade de aproximar o mundo acadêmico do mundo escolar. Cabe salientar que a pesquisa participante e a pesquisa-ação são consideradas sinônimos neste capítulo, pois, conforme Le Boterf (1984, p.72-73), suas bases seguem os mesmos critérios, ou seja, a pesquisa parte da realidade sem hipóteses prévias, há constante interação

---

[3] Considera-se que, nesse contexto, o sujeito é ativo e aprende por meio das interações com os objetos de conhecimento (Piaget; Inhelder, 1980; Piaget, 1973). Nesse processo dialético entre os sujeitos e sujeitos-objetos, surgem desequilíbrios e possíveis reorganizações de estruturas em novo patamar.
[4] Esse estudo faz parte da dissertação de Mestrado em Educação "PLANETA ROODA": desenvolvendo arquiteturas pedagógicas para Educação Infantil e Anos Iniciais do Ensino Fundamental de Daisy Schneider.

entre a pesquisa e a ação junto aos participantes em situações reais, sendo ainda um processo educativo.

Nesse sentido, tem-se a participação dos atores sociais – crianças e professores – na construção e no aperfeiçoamento do ambiente PLANETA ROODA. Os pesquisadores buscaram dar apoio técnico, incentivo e segurança na utilização pedagógica do AVA e acompanharam as crianças durante esse processo.

A seguir, descreve-se o caminho de pesquisa percorrido:

1. levantamento de *sites* e AVAs voltados ao público infantil, principalmente aqueles visando o contexto escolar, para conhecer o seu funcionamento;
2. definição de uma escola pública e de uma particular dispostas a participar da pesquisa;
3. realização de entrevistas com crianças da faixa etária de 4 a 10 anos (acompanhadas da solicitação da produção de desenhos) e com professores para construção do AVA; o objetivo foi compreender o pensamento das crianças nessa faixa etária e as práticas pedagógicas dos professores, bem como as questões de planejamento, segundo o referencial interacionista;
4. curso de extensão e entrevistas durante esse período para a formação de professores acerca do PLANETA ROODA;
5. monitoria na utilização e no desenvolvimento de atividades no AVA.

Paralelamente, fizeram-se constantes reuniões com a equipe interdisciplinar de educadores, para definição da epistemologia utilizada, da metodologia de pesquisa e do planejamento pedagógico; com programadores, para definição dos aspectos relacionados à infraestrutura computacional; e com *webdesigners*, para construção da interface gráfica.

O método clínico piagetiano, em que as entrevistas foram baseadas na etapa (3), consiste na intervenção frequente do experimentador, e tem como finalidade descobrir os caminhos que segue o pensamento do entrevistado (Delval, 2002, p.54). Com isso, destaca-se a flexibilidade do processo e o ajuste das questões às respostas dos participantes. Essa metodologia esteve presente nas entrevistas semiestruturadas, que partiram das descrições de Delval (2002, p.147) sobre o tema. Como foi citado, além das entrevistas, foi feito um levantamento/pesquisa de *sites* e AVAs disponíveis na internet como sendo os primeiros passos para a construção do PLANETA ROODA.

PESQUISA NA *WEB*

A primeira etapa para o planejamento de um ambiente destinado ao trabalho com crianças e professores exige o levantamento de recursos disponíveis na *web* para esse público, bem como procurar compreender sua concepção epistemológica. Ressalta-se a importância de buscar alternativas de propostas interdisciplinares, que relacionem tecnologia digital e educação. Desse modo, conhecendo o estado da arte nesse campo, é possível delinear o *design* conceitual do ambiente, ou seja, a definição do que o sistema irá realizar e de como se comportará, de acordo com os estudos de Preece e colaboradores (2005). Com base nos estudos desses autores, a equipe enfatizou a relação entre a concepção epistemológica de usuário, a interface gráfica e os recursos disponíveis para o desenvolvimento do AVA, visto que a articulação desses aspectos fundamenta o *design* conceitual do recurso. Na mesma proporção, destacam-se os objetivos pedagógicos elencados pela equipe, nos quais estão imersos a coletividade e a reflexão sobre o uso da internet no contexto escolar por crianças e professores.

    A interface gráfica do AVA é outro ponto em que se procurou dar importante atenção. Ao desenvolver uma interface para sistemas informáticos voltados à educação é necessário observar suas necessidades e seus limites, pois dela dependem as interações entre os usuários e destes com os recursos. Um AVA com inconsistências pode prejudicar o trabalho docente e discente, interferindo na aprendizagem dos envolvidos. Assim, seu planejamento envolve decisões sobre os seguintes pontos: estrutura de informações (determina como o usuário poderá se deslocar no ambiente); uso de metáfora como modelo de orientação; disponibilização de um recurso de ajuda; aparência do fundo, dos botões e dos ícones. Logo, busca-se um equilíbrio entre a apresentação do conteúdo e a aparência estética, potencializando as interações e a aprendizagem (Preece et al., 2005). A partir desses aspectos, efetuou-se a pesquisa na *web*.

    Atualmente, há vários recursos informáticos, via internet, desenvolvidos nos meios acadêmico e comercial, que têm por objetivo dar suporte aos processos de ensino e de aprendizagem. Contudo, um número pequeno visa ao público infantil e está disponível no idioma português. Foi realizado um levantamento em vários *sites*, inclusive de entretenimento e voltados para o público adolescente ou adulto, para se obter um panorama geral. Para fins deste estudo, foi realizada uma seleção de alguns recursos informáticos, disponíveis na internet, voltados à prática pedagógica com crianças nas escolas (Quadro 11.1). A lista dos recursos selecionados encontra-se a seguir.

    A partir do levantamento, especialmente nesses *sites*/portais listados, verificou-se quais ferramentas são oferecidas e como são disponibilizadas aos usuários. Pode-se observar que, além das atividades destinadas às crianças, também são oferecidos recursos a pais e educadores. As ferramentas encontradas focalizam, principalmente, informação, diversão e comunicação, entre outras atividades específicas de que cada *site* dispõe, conforme seus objetivos. Alguns exemplos são fórum, *chat*, biblioteca de arquivos e *links*, jogos, exercícios, animações, projetos, webfólio e administração para os responsáveis. A

Quadro 11.1 Lista de recursos informáticos selecionados

	Recurso	Origem	Endereço
1	Júnior	Tex Edi Net Ltda.	http://www.junior.te.pt
2	Educacional	Positivo	http://www.educacional.com.br
3	Espiguinha	SCETAD/UTAD	http://www.espigueiro.pt/espiguinha
4	SiteCria	LEC/UFRGS	http://oea.psico.ufrgs.br/sitecria
5	Escuninha	CEAMECIM/FURG	http://www.ceamecim.furg.br/escuninha
6	Cooperativa	LEC/UFRGS	http://www.curie.psico.ufrgs.br/coop
7	EduKbr	PUC-RIO e EduWeb	http://www.edukbr.com.br
8	CRIANET*	NUTED/UFRGS	http://rooda.edu.ufrgs.br/crianet
9	Cartola*	LELIC/UFRGS	http://www.civitas.lelic.ufrgs.br/cartola2

*Atualmente não estão mais disponíveis on-line.

maioria dos recursos oferece um espaço de acesso livre, mas com determinados serviços restritos aos usuários cadastrados. Para outros, também é necessário o vínculo a partir de uma escola, o que é pago em alguns casos.

Após esse levantamento, partiu-se para a realização de entrevistas, como será descrito a seguir, a fim de conhecer e compreender os seguintes aspectos: as demandas (gostos, desejos, necessidades) de crianças e professores de escolas; como imaginavam as ferramentas destinadas à comunicação, ao estudo e às brincadeiras; e, por fim, suas expectativas e experiências em relação a recursos computacionais. Além disso, buscou-se compreender as práticas pedagógicas dos professores e suas funcionalidades com o objetivo de contemplá-las com o desenvolvimento do AVA PLANETA ROODA, conforme o referencial teórico.

ENTREVISTAS NAS ESCOLAS

A população deste estudo se constitui de alunos de Educação Infantil e de anos iniciais do Ensino Fundamental do município de Porto Alegre em duas escolas. A coleta de dados foi realizada por meio da amostra delimitada entre as turmas Jardim A (18 crianças – 9 meninos e 9 meninas; 2 professores titulares e 1 estagiária) e Jardim B (10 crianças – 5 meninos e 5 meninas; 2 professoras e 1 estagiária), totalizando 28 alunos e 6 professores de uma escola pública de Educação Infantil de médio porte. Ainda foram entrevistadas uma turma da primeira série (11 crianças – 7 meninos e 4 meninas; 1 professora) e

Modelos pedagógicos em educação a distância **291**

outra da segunda série (16 crianças – 11 meninos e 5 meninas; 1 professora), além dos professores de educação física, educação artística, laboratório de estudos e língua inglesa, bem como 2 funcionários do laboratório de informática, perfazendo, assim, um total de 27 alunos e 6 professores/funcionários de uma escola particular de grande porte. Os nomes das instituições foram omitidos, a fim de preservar os participantes da pesquisa.

Para orientar a investigação nas escolas, a equipe desenvolvedora do PLANETA ROODA planejou um roteiro de entrevista com perguntas de referência. Inicialmente, propôs-se às crianças uma conversa informal sobre um "suposto programa" para computador. Essa terminologia foi usada por ser de domínio da maioria das crianças, mesmo as pequenas, conforme se constatou em conversas informais anteriores às entrevistas e nas experiências das pesquisadoras como professoras, mas se procurou também falar em jogos e *sites*, a fim de que não houvesse dúvidas do que se tratava. Com o intuito de compreender a lógica empregada no decorrer das contribuições, estabeleceram-se perguntas a partir de ideias como, por exemplo, "Como imaginas que seria esse programa?", "Como farias para brincar, estudar, conversar com teus colegas?" e "O que teria nesse programa?". Entretanto, conforme a teoria de base, o método clínico, as perguntas foram sendo complementadas com contra-argumentações, a partir de falas das próprias crianças.

Após responder às questões, solicitou-se que os alunos fizessem um desenho (como exemplo, neste capítulo somente serão apresentadas as Figuras 11.1 e 11.2) ilustrando como imaginavam o programa que haviam descrito,

Figura 11.1
Desenho de criança.

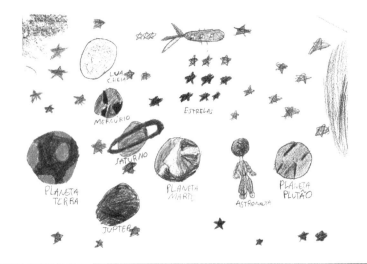

Figura 11.2
Desenho de criança.

procurando que trouxessem elementos não referidos verbalmente, apontando influências de aspectos da linguagem visual. Logo, entende-se que ambos complementam-se.

Em seguida, buscou-se conversar com as crianças acerca de concepções, vivências e, a partir daí, surgiram aspectos sobre os jogos e *sites* que elas utilizavam naquele momento e sobre conteúdos estudados na escola. Assim, foi possível coletar dados, especialmente, para a interface gráfica do ambiente, quais ferramentas seriam disponibilizadas e como ocorreria seu funcionamento.

A partir das entrevistas com as crianças, as perguntas destinadas aos professores foram reelaboradas, enfocando atividades e recursos mencionados pelos alunos. Para isso, propôs-se também uma conversa informal sobre um programa de computador ou *site* que apoiasse a sua prática pedagógica e o uso coletivo com crianças. Nesse momento, apresentaram-se questões, tais como: solicitação de pontos importantes destacados da sua prática pedagógica, ideias de ferramentas a serem agregadas ao programa e a forma como as imaginavam, formas de uso do programa. Foram realizadas contra-argumentações de acordo com o método clínico, em que foram comentadas práticas e/ou ideias de outros colegas.

Da mesma forma, com essas contribuições foi possível pensar as funcionalidades, os ícones, as possibilidades para facilitar a compreensão do ambiente pelas crianças e pelos professores, assim como para colaborar com a prática pedagógica nesse AVA. Com os dados coletados, desenvolveu-se a primeira versão do PLANETA ROODA e, em uma etapa posterior, começou-se a "povoar" o ambiente por meio de um curso realizado com os professores da escola particular. Essa etapa da pesquisa proporcionou novas contribuições dos professores para o ambiente.[5]

A CONSTRUÇÃO DO PLANETA ROODA

Com as entrevistas e os desenhos, foi possível levantar evidências referentes às questões que direcionam a pesquisa. Logo, foram delimitados três indicadores que subsidiaram o desenvolvimento do PLANETA ROODA. São eles:

1. Interface gráfica – Este indicador parte do conceito de interface de Lévy (1993), que é entendida como uma superfície de contato composta por um agenciamento material, funcional e lógico, o que possibilita a tradução entre a programação e o usuário. Assim, refere-se à linguagem de comunicação visual empregada, a fim de facilitar o uso do ambiente e torná-lo mais atrativo, atendendo a critérios de usabilidade (maneira como o usuário se orienta no ambiente) e de *design* (disponibilização e aparência dos elementos na tela). Dessa maneira, procurou-se facilitar o uso do AVA e torná-lo mais atrativo e agradável, pois da interface gráfica dependem as interações dos usuários com os recursos e com outras pessoas. As evidências são ambientes coloridos; naves espaciais (com botões, janelas e luzes); corpos celestes (planetas, estrelas, cometas, meteoros, satélites e asteróides); alienígenas (que falam outras línguas, são verdes, com antenas, vários olhos e bocas, muitas pernas, braços e dedos); astronautas (com capacete para oxigênio, roupa branca e prata); e espaço (com estrelas, coisas ainda não descobertas, ar puro e micróbio transparente).
2. Ferramentas interativas/comunicacionais – Parte-se do conceito de interação de Piaget (1973), entendido como um processo complexo de trocas e significações entre o sujeito com objetos físicos, com ele mesmo e/ou com outros sujeitos, para subsidiar os recursos destinados à comunicação e ao compartilhamento de produções. Esse indicador foi elaborado a partir das respostas sobre os aspectos brincar, estudar e conversar, tendo como evidências jogos (de perguntas e respostas, com regras, adivinhações,

---

[5] Essas contribuições são apresentadas na seção "Resultados e considerações" deste capítulo.

matemáticos, de desafios com diferentes níveis de dificuldade, cruzadinhas e caça-palavras); conversas escritas e/ou com som/vídeo (MSN, *e-mail*, bate-papo, microfones, carta, *webcam* e telefone); livros virtuais e recursos para escrever e desenhar; montagem de imagens (de personagens e de planetas).
3. Práticas pedagógicas – Baseia-se na proposta de Behar e colaboradores (2004), em que o professor é pesquisador da sua aprendizagem e da de seus alunos, influenciando na dinâmica de suas práticas pedagógicas em AVA. Para tanto, parte-se das menções dos professores sobre a importância de utilizar pedagogicamente as ferramentas computacionais, tendo como evidências promover desafios e jogos interativos, de construção, de raciocínio lógico, de letras ou de palavras; aprender ludicamente; criar histórias individuais e coletivas (em especial); relacionar as pesquisas na mídia impressa, como as da internet, possibilitando que os alunos produzam a partir delas (apresentações, textos, etc.); elaborar uma pasta de produções da turma, para a exposição dos trabalhos.

A seguir, são apresentadas as funcionalidades disponíveis no ambiente, desenvolvidas a partir do estudo relatado.

Funcionalidades do PLANETA ROODA

Com o objetivo de disponibilizar recursos que atendam às demandas encontradas no contexto escolar traduzidas nas entrevistas e os pressupostos epistemológicos em que se baseia o estudo relatado neste capítulo, foram desenvolvidas 15 funcionalidades. A sua organização baseou-se em um estudo realizado com o AVA ROODA (Behar et al., 2005), que classificou as funcionalidades desse ambiente de acordo com duas perspectivas: a de vínculo com sistema e a de relação topológica. Então, propôs-se uma classificação semelhante para o PLANETA ROODA (Quadro 11.2). A primeira trata do vínculo com o sistema, classificando as funcionalidades em gerais (disponibilizadas a todos) e específicas (habilitadas pelo professor, de acordo com a necessidade). A segunda classificação, que é relativa à topologia (na barra de menu ou na área de trabalho), divide as funcionalidades pela sua localização no ambiente.

Assim, em um primeiro momento foram selecionadas as funcionalidades a serem implementadas no ambiente a partir do estudo realizado com os *sites,* AVAs e entrevistas (Figuras 11.3 a 11.19). Neste caso, a programação do Planeta Arte e Planeta Pergunta foram finalizadas em 2008/1. Logo, es-

Quadro 11.2 Organização das funcionalidades

	Perspectivas			
	Vínculo com o sistema		**Localização**	
Funcionalidades	**Geral**	**Específica**	**Barra de menu**	**Área de trabalho**
Administração	X			X
Anotações	X		X	
Base estelar	X			X
Bate-papo		X		X
Biblioteca		X		X
Carteira	X		X	
Comunicador	X		X	
Configurações	X		X	
Contatos	X		X	
Diário		X		X
Documentação pedagógica	X			X
Dados da turma (gerência)		X		X
Fórum		X		X
Planeta arte		X		X
Planeta pergunta		X		X
Projetos		X		X

sas funcionalidades não foram utilizadas no curso de extensão descrito mais adiante neste capítulo.

Como o PLANETA ROODA é centrado no usuário, quando este acessa o ambiente visualiza todas as turmas das quais participa e as funcionalidades gerais (Figura 11.3). Ao clicar em uma turma, o usuário tem acesso às funcionalidades habilitadas para ela, que são representadas por planetas (Figura 11.4). O AVA possui essa entrada por turma, visto que os professores mencio-

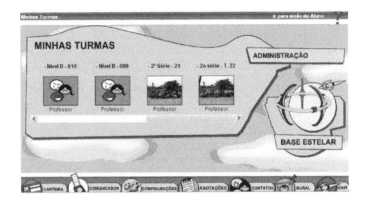

Figura 11.3
Tela inicial (lista das suas turmas).

Figura 11.4
Tela funcionalidades (da turma).

naram a possibilidade de criar turmas para as disciplinas que são ministradas por outros professores, tais como inglês, artes, educação física, bem como para grupos de estudo, por exemplo, os de reforço (laboratório de estudos) oferecido pela escola participante.

As funcionalidades projetadas para o PLANETA ROODA são apresentadas a seguir (Figuras 11.5 e 11.19).

Modelos pedagógicos em educação a distância **297**

Quadro 11.3 Telas e descrição das funcionalidades do PLANETA ROODA

Telas	Descrição
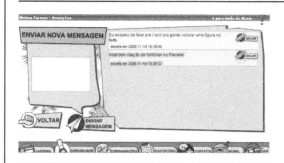\n\n**Figura 11.5**\nTela Administração do PLANETA ROODA.	**Administração** (geral; área de trabalho) – cadastro, edição e exclusão de turmas e de usuários por um administrador. Esse administrador é o usuário com maiores privilégios no ambiente.
\n\n**Figura 11.6**\nTela Anotações do PLANETA ROODA.	**Anotações** (geral; barra de menu) – apontamentos feitos pelo usuário para uso pessoal. Os usuários não têm acesso às anotações uns dos outros.
Figura 11.7\nTela Bate-Papo do PLANETA ROODA.	**Bate-papo** (específica; área de trabalho) – interação sincrona entre os usuários. As salas, destacadas de acordo com a cor escolhida pelo criador, podem ser arquivadas no AVA, mas também existe a possibilidade de salvar no seu computador.\n\n*(Continua)*

Quadro 11.3 (Continuação)

Telas	Descrição
{br}**Figura 11.8**{br}Tela Biblioteca do PLANETA ROODA.	**Biblioteca** (específica; área de trabalho) – publicação e organização de materiais (arquivos) e *links*. Busca os materiais publicados por título, usuário responsável ou palavra-chave.
{br}**Figura 11.9**{br}Tela Carteira do PLANETA ROODA.	**Carteira** (geral; barra de menu) – cadastro e visualização de informações pessoais, tais como nome, data de nascimento, "o que gosta", "o que não gosta". Ainda tem-se a opção de trocar senha.
Figura 11.10{br}Tela Configurações do PLANETA ROODA.	**Configurações** (geral; barra de menu) – personalização da interface gráfica por tipo de fundo e cor.

(Continua)

Modelos pedagógicos em educação a distância **299**

Quadro 11.3 (Continuação)

Telas	Descrição
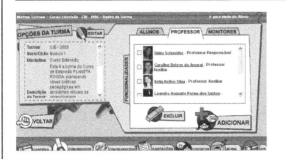 **Figura 11.11** Tela Contatos do PLANETA ROODA.	**Contatos** (geral; barra de menu) – lista dos nomes e dos *e-mails* de usuários para o envio de mensagens nas opções geral, amigos (contatos selecionados/pessoais) e turma.
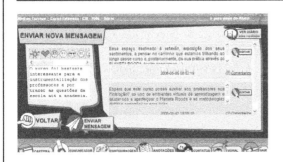 **Figura 11.12** Tela Dados da Turma do PLANETA ROODA.	**Dados da turma** (específica; área de trabalho) – visualização dos dados da turma (funcionalidades habilitadas, descrição, cor, foto/figura da turma, entre outros), com a possibilidade de gerenciar e editar para o professor.
Figura 11.13 Tela Diário do PLANETA ROODA.	**Diário** (específica; área de trabalho) – permite que os usuários façam seus próprios registros e que o professor insira comentários. Ainda há a possibilidade de ver os diários dos colegas (opção habilitada pelo professor nos dados da turma).

(Continua)

Quadro 11.3 (Continuação)

Telas	Descrição
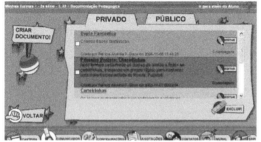 **Figura 11.14** Tela Documentação Pedagógica do PLANETA ROODA.	**Documentação pedagógica** (específica; área de trabalho) – destinada aos professores e voltada à construção de um histórico/memória da turma, pelo registro e publicação de arquivos, possibilitando acompanhar os alunos e refletir sobre as suas práticas pedagógicas. Os alunos terão a opção de visualizar sua avaliação, quando liberada pelo professor.
 **Figura 11.15** Tela Fórum do PLANETA ROODA.	**Fórum** (específica; área de trabalho) – interação assíncrona entre os usuários, com as mensagens organizadas de forma hierárquica.
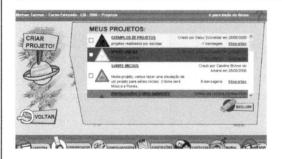 **Figura 11.16** Tela Projetos do PLANETA ROODA.	**Projetos** (específica; área de trabalho) – elaboração de projetos em grupo ou individuais, utilizando texto e publicação de arquivos em forma de *posts*. As mensagens podem ser organizadas em disposição crescente ou decrescente.

(Continua)

Quadro 11.3 (Continuação)

Telas	Descrição
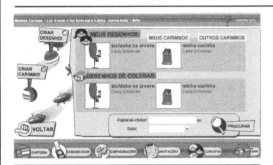 **Figura 11.17** Tela Planeta Arte do PLANETA ROODA.	**Planeta arte** (específica; área de trabalho) – montagem e exposição de imagens, com a possibilidade de inserção de comentários.
 **Figura 11.18** Tela Planeta Pergunta do PLANETA ROODA.	**Planeta pergunta** (específica; área de trabalho) – elaboração de jogos de perguntas e respostas. A ordem de apresentação das questões pode ser linear ou aleatória.
 **Figura 11.19** Tela Comunicador do PLANETA ROODA.	**Comunicador** (geral; barra de menu) – comunicação síncrona entre os usuários que estão conectados. Eles podem ser classificados por turma ou por "todos". O usuário ainda pode selecionar a opção visível, ocupado ou invisível, caso não queira ser incomodado.

CURSO DE EXTENSÃO SOBRE O PLANETA ROODA: PLANEJAMENTO DE NOVAS PRÁTICAS PEDAGÓGICAS EM AMBIENTES VIRTUAIS DE APRENDIZAGEM

Criou-se o curso de extensão para capacitação do uso do PLANETA ROODA em contexto escolar a fim de validar o ambiente e seguir a perspectiva educacional da PP. Esta etapa foi composta pela

1. elaboração/realização do curso de extensão (montagem de conteúdo e páginas HTML, observação/diário de campo, coleta de registros nas funcionalidades);
2. entrevistas com professores;
3. análise e discussão dos dados.

O curso teve uma carga horária total de 30 horas. O material pedagógico do curso foi disponibilizado em páginas HTML na *web* e salvos dentro do PLANETA ROODA, assim como os textos de apoio para desenvolvimento das atividades na funcionalidade Biblioteca. O primeiro grupo a "povoar" o PLANETA ROODA compôs-se de 20 professores, incluindo duas coordenadoras pedagógicas, da Educação Infantil e Ensino Fundamental de uma escola particular do município de Porto Alegre.

O objetivo central da realização deste curso foi discutir e refletir sobre propostas de planejamento pedagógico utilizando o PLANETA ROODA. Logo, foi necessário abordar temas como educação a distância, trabalho com projetos, mapas conceituais, planejamento de aulas e de conteúdos para serem desenvolvidos por meio de um ambiente virtual de aprendizagem, além do uso das diferentes funcionalidades. O trabalho foi desenvolvido apontando para o trabalho coletivo e ativo dos/entre usuários, por meio dos recursos do PLANETA ROODA. A partir disso, procurou-se acompanhar a construção de propostas de planejamento pedagógico no ambiente para Educação Infantil e Ensino Fundamental, com os professores que participaram do curso. A ideia era avaliar também o atendimento das necessidades pedagógicas e de usabilidade dos usuários das escolas e, com o *feedback* de suas contribuições/sugestões, aperfeiçoar o ambiente desenvolvido.

A coleta de dados constituiu-se dos registros no AVA, dos diários de campo acerca das questões mais importantes dos encontros, observadas ou relatadas pelas monitoras e participantes, bem como das entrevistas. As entrevistas semiestruturadas foram realizadas com os professores titulares das duas turmas de cada nível: Maternal 1, Jardim B e de primeira a quarta séries, que se disponibilizaram a contribuir. As questões abordaram a compreensão sobre planejamento pedagógico voltado ao uso do computador e de AVAs, como também formas de aliar esses aspectos na escola. A realização dessas entrevistas seguiu o método clínico, assim como as anteriormente realizadas com as crianças.

Portanto, isso possibilitou a familiarização desses professores com a introdução da tecnologia no espaço escolar, especificamente com o PLANETA ROODA.

POVOAMENTO DO PLANETA ROODA

Para essa etapa, a equipe do NUTED observou e prestou monitoria a duas turmas de 2ª série do Ensino Fundamental, contemplando crianças com 8 anos em média, por dois meses, e de duas turmas de nível B da Educação Infantil, com 6 anos em média, por um mês. Foram realizadas reuniões sistemáticas da equipe com a coordenação e aulas diretamente no laboratório de informática da escola, acompanhadas pelo professor titular. Esse trabalho teve, ainda, o suporte do funcionário do laboratório, que dá auxílio tecnológico a professores e alunos.

A forma de coleta de dados compôs-se dos registros no PLANETA ROODA e de um diário de campo. Assim, o método de trabalho consistiu em

1. reuniões prévias com as coordenadoras e professores de cada etapa, separadamente (Educação Infantil e Ensino Fundamental), em função do modo de trabalho da escola, procurando definir suas prioridades, tempo disponível, objetivos, possíveis atividades a serem desenvolvidas no ambiente e funcionalidades;
2. reuniões de planejamento, edição dos dados da turma e criação de tópicos no Projeto;
3. aulas propriamente ditas com as crianças. O acompanhamento foi constante em todos os encontros em que se utilizou o PLANETA ROODA na escola.

Esse projeto-piloto permitiu a todos os envolvidos experimentar o uso de um AVA com crianças e refletir coletivamente, ao longo do desenvolvimento dos planejamentos, sobre a introdução deste recurso no espaço escolar. O trabalho com o PLANETA ROODA surpreendeu os professores, na medida em que as crianças superaram as expectativas na apropriação/familiaridade do ambiente e nas trocas entre elas, necessitando adiantar o planejamento dos conteúdos das aulas previamente organizado. Além disso, algumas crianças tomaram a iniciativa de acessar o recurso em casa, envolvendo também as famílias. Essa experiência ainda possibilitou que os professores repensassem suas atitudes e as de seus alunos, comparando as formas de aprendizagem com e sem esse tipo de ambiente.

RESULTADOS E CONSIDERAÇÕES FINAIS

A partir do "povoamento" do PLANETA ROODA foi possível analisar e discutir os dados coletados, que permitiram refletir sobre uma série de questões pedagógicas quanto às implicações do uso desse ambiente no contexto escolar. No entanto, foi preciso fazer um recorte no estudo, conforme o foco da pesquisa. Quanto às questões pedagógicas, foram levantados alguns pontos para discussão pela equipe do NUTED e foram repensadas as funcionalidades e a interface.

As contribuições dos professores e das crianças ajudaram a aperfeiçoar o AVA, uma vez que permitiu a correção de erros de programação (*bugs*); a avaliação das funcionalidades, como, por exemplo, a criação de novos ícones e da opção de aprovação dos comentários no Diário, a inserção de paleta de cores na composição de mensagem em Projetos, entre outros; e o acréscimo de novas ferramentas, tais como a Documentação Pedagógica, Planeta Arte e Planeta Pergunta.

Funcionalidades e interface

As contribuições dos professores quanto à plataforma (parte tecnológica do AVA) são descritas a seguir.

Fontes e tela

- Aumento do tamanho das fontes nos espaços para escrever (campos), para facilitar a leitura por parte das crianças.
- Inserção de paleta de cores para fonte em projetos. Essa sugestão resultou do projeto com a "dupla fantástica", em que as crianças deveriam destacar aquela "dupla" de que mais haviam gostado.
- Aumento do tamanho das telas, as quais foram desenhadas na configuração 800 x 600, pensando nas escolas que possuem computadores antigos com monitores de 15 polegadas. No entanto, isso dificultou a leitura em computadores com outra configuração de vídeo.[6]

---

[6] Essas sugestões estão sendo implementadas pela equipe do NUTED para a próxima versão.

Documentação Pedagógica

A Documentação Pedagógica foi ressignificada por alguns professores. Muitos a entenderam como uma funcionalidade para exposição dos pareceres descritivos, embora tenha sido estudada, no curso, como espaço para registro e reflexão cotidiana. Assim, as contribuições para essa ferramenta foram as seguintes:

- Espaço público onde o professor pode expor os materiais da turma, servindo também para o "conselho de classe."
- Espaço restrito para cada aluno (Privado), onde ele e seus pais podem acessar o material disponibilizado pelo professor de forma exclusiva.
- Inserção de comentários na aba Pública da Documentação Pedagógica, o que já haviam sugerido para a funcionalidade Diário.

Diário

A preocupação da equipe durante a construção do PLANETA ROODA foi de preservar um espaço privado (Diário) no AVA para as crianças, já que, pela experiência com adultos, eles não aceitaram a publicação das suas mensagens. Contudo, os professores acharam interessante torná-las públicas. Isso se mostrou bastante importante para os alunos. Desse modo, ocorreram alterações no PLANETA ROODA para dar conta dessa solicitação, a saber:

- Acessar o diário dos colegas.
- Possibilidade de escrever comentários para eles.
- Possibilidade de o aluno arrepender-se de um comentário realizado e excluí-lo, pois algumas crianças podem fazer comentários ofensivos, como ocorreu na escola durante o projeto-piloto.

Nova funcionalidade

Os professores tiveram a tarefa de publicar fotos, materiais, resultados de projetos periodicamente aos pais por meio de CD, *e-mail*, página HTML e também de forma impressa. Por essa razão, perceberam no PLANETA ROODA um recurso que os auxiliaria nesse trabalho. Dessa maneira, houve a sugestão de criar uma funcionalidade para comunicação entre a escola e a família, como um jornal da escola. Essa funcionalidade terá como nome Planeta-Notícia.[7]

---

[7] Em fase de implementação na nova versão do PLANETA ROODA.

Questões pedagógicas

As questões pedagógicas surgiram das reflexões dos professores durante o curso, as entrevistas e o projeto-piloto, sendo discutidas pela equipe para o aprimoramento do ambiente, como também para compreender melhor as demandas das instituições e de seus profissionais. A primeira questão que se pode abordar é a do professor como aprendiz, ou seja, ele pode ocupar tanto a posição de "ensinante" quanto a de "aprendente". Essa perspectiva é enfatizada no uso do AVA na escola, visto que este novo recurso tecnológico exige atividade e interação entre todos. Retoma-se, assim, a perspectiva da colaboração/cooperação, da parceria na aprendizagem e do respeito mútuo. Verifica-se que este novo olhar entra em desequilíbrio, perturba, "briga" com os valores construídos pelo professor na experiência de sala de aula mais tradicional. Por isso, pode existir uma dificuldade de se envolver neste processo, principalmente pelo medo de enfrentar uma "nova tecnologia" ainda bastante desconhecida ou com pouca familiaridade por este tipo de público.

Por outro lado, o AVA pode se tornar uma ferramenta importante para os alunos da Educação Infantil e do Ensino Fundamental, uma vez que exige participação ativa e trocas sociais, contemplando seguidamente situações que exigem coordenação de pontos de vista, estabelecimento de normas/regras do grupo (sentimento de dever) e construção de uma escala comum de valores. Essas experiências podem levar à cooperação, que Piaget (1998) considera como fonte de autonomia intelectual e de regulação, por instaurar a regra autônoma ou reciprocidade, que é fator de pensamento lógico. Desse modo, a prática pedagógica com AVAs é possível de ser implementada nas etapas de ensino mencionadas, visto que, para este autor, "o pensamento, de fato, está sempre atrasado em relação à ação, e a cooperação deve ser praticada muito tempo antes que suas consequências possam ser plenamente manifestadas pela reflexão" (Piaget, 1994, p.60).

Nesta pesquisa, entende-se que as trocas entre os indivíduos podem contribuir para o desenvolvimento da própria lógica e para a descentração, colaborando na superação do pensamento egocêntrico. Isso pode acontecer tanto presencialmente, pela oralidade, quanto via internet, por um AVA. De acordo com Piaget (1998), o trabalho coletivo possibilita uma atitude ativa, tanto em uma perspectiva do conteúdo do próprio trabalho quanto das relações interpessoais, o que potencializa a construção do conhecimento.

Já no que diz respeito à instituição "escola", surge um problema de gestão exigida pela introdução da tecnologia. O uso do computador envolve um tempo maior de dedicação para as pesquisas, exploração de conteúdos dos *softwares* e dos *sites*, interação pela escrita, etc. Logo, a reflexão sobre quais conteúdos, eventos e datas comemorativas são realmente significativos para as crianças e as fazem pensar e construir conhecimentos é tarefa fundamental para seguir adiante. Então, a informática na escola e especialmente o uso de

AVAs, como concluíram os professores entrevistados, passa pela organização administrativa e curricular, além das questões que tangem as experiências docentes e de sua formação, que pode ser tanto na academia quanto em serviço. No entanto, o uso das tecnologias é parte do cotidiano e algo irreversível, podendo apoiar de modo interessante e inovador o trabalho de professores e alunos. Com o entendimento disso, os educadores dispõem-se a tornar possível essa inclusão da tecnologia na rotina escolar, mas com a condição de estarem preparados para tanto – fato apontado nas entrevistas durante o curso. Essa compreensão é fundamental, porque a inclusão da informática na escola não é suficiente para um trabalho de qualidade por meio dela, ou seja, apenas oferecê-la não modifica uma prática tradicional, vertical. O planejamento, apoiado em AVAs, possibilita às crianças a descoberta, a resolução de problemas, a busca por soluções, a discussão com os colegas, etc. Não se pode negar que isso é trabalhoso e necessita de tempo para sua realização, o que implica atenção para o aspecto da organização e da seleção de conteúdos mencionado pelos professores.

Outra evidência, relacionada à anterior, é que os professores veem dificuldades em aprofundar o trabalho com AVAs como um recurso de interação entre as crianças sob a forma de discussão e construção de projetos. Isso abarca dois aspectos: a pouca experiência neste tipo de atividade ou a necessidade de interação primeiramente entre o corpo docente; e o volume de atividades cobrados pela escola e pelos pais.

Ao longo do curso, os professores mobilizavam-se, principalmente, para o intercâmbio de ideias, aprendizagens acerca do AVA, exposição de problemas da escola/sala de aula, bem como conversas sobre amenidades. Muitas destas trocas ocorreram por meio do PLANETA ROODA. Então, pode-se observar a importância de se criar um espaço para os professores discutirem e refletirem sobre a própria construção de conhecimentos, como uma etapa anterior ao uso desse tipo de recurso com os seus alunos. De acordo com os estudos de Piaget, primeiro o sujeito precisa agir para, depois, chegar à tomada de consciência (abstração), sendo uma das razões pelas quais elas indicaram essa dificuldade de aplicação. A novidade do AVA, embora tenha mobilizado o grupo, é parte de um processo, que se estenderá por algum tempo.

A questão da (falta de) comunicação entre os níveis de ensino surgiu em várias falas registradas no ambiente e nas entrevistas, visto que as exigências de trabalhos interdisciplinares e interséries na escola envolvida são frequentes, mas pouco espaço e tempo são disponibilizados para tanto. Essa preocupação da turma foi uma boa surpresa pela importância dessa prática e do enriquecimento que oferece à construção de conhecimentos.

Outro aspecto é a quantidade de tarefas relacionadas ao trabalho docente e a rapidez nas quais devem ser cumpridas dentro e fora da escola. Consequentemente, pouco tempo e vontade se disponibiliza para aprofundar os assuntos ou conhecer e agregar recursos à prática pedagógica. Na verdade, não é culpa dos professores, nem mesmo uma necessidade real dos alunos, mas nossa cultura incentiva essa postura, visto a grande competição, de um modo geral, entre as pessoas, fomentando essa busca incessante pela novidade. Logo, ficam as perguntas acerca de quanto esses conhecimentos são significativos, como também de que maneira são organizados e registrados, permitindo a construção de uma memória do grupo. Além disso, o aluno aprende a criar, a inventar, a produzir, ou apenas a executar tarefas?

O ambiente virtual poderia auxiliar nisso por meio das funcionalidades, especialmente a Documentação Pedagógica do PLANETA ROODA, onde se busca ter esse lugar de registro das atividades, dos pensamentos, das avaliações, entre outros, gerenciado pelo professor. O processo de escrita e de reflexão encontra espaço, permitindo que o aluno o torne público e compartilhável de maneira a estar permanentemente sendo reinventado, reconstruído. Ou seja, os conteúdos, os projetos, as problemáticas podem ser mais explorados. Esta nova opção de prática pedagógica a partir dos ambientes foi bem recebida; entretanto há um confronto com as exigências da escola e com a postura centralizadora do professor, visto a característica do ambiente. O PLANETA ROODA tem recursos que favorecem a descentralização dessa figura. Nesse caso, o docente pode assumir um papel de problematizador, desafiador, organizador. Portanto, o primeiro desafio é da mudança de postura do professor e, com isso, pode-se dizer que a escola precisa assumir esse posicionamento e argumentar sobre sua necessidade diante da cobrança dos pais – tarefa nada fácil. Contudo, em breve o próprio mercado de trabalho, com suas altas taxas de desemprego, que faz parte da preocupação das famílias, vai compreender o que Piaget (1984, p.17) já abordou em sua obra:

> Os métodos do futuro deverão conferir uma parte cada vez maior à atividade e às tentativas dos alunos, assim como à espontaneidade das pesquisas na manipulação de dispositivos destinados a provar ou invalidar as hipóteses, que houverem podido formular por si mesmos para a explicação de tal ou tal fenômeno elementar. [...] Uma experiência que não seja realizada pela própria pessoa, com plena liberdade de iniciativa, deixa de ser, por definição, uma experiência, transformando-se em simples adestramento, destituído de valor formador por falta da compreensão suficiente dos pormenores das etapas sucessivas. Em resumo, o princípio fundamental dos métodos ativos [é o de que] [...] compreender é inventar, ou reconstruir através da reinvenção, e será preciso curvar-se ante tais necessidades se o que se pretende, para o futuro, é moldar indivíduos capazes de produzir ou de criar, e não apenas de repetir.

Assim, a pesquisa relatada neste capítulo contribuiu para aprofundar os conhecimentos acerca de um AVA e de como este pode intervir na construção epistemológica dos sujeitos, tendo em vista a educação escolar. Os dados deste estudo apontam aspectos contraditórios. Por um lado, alguns professores que têm vontade de conhecer, de trabalhar com AVAs, têm a compreensão de seu valor pedagógico, a identificação de seu potencial para as interações, podendo resultar em aprendizagens. Por outro lado, o medo da novidade, a pouca experiência, a capacitação ou a necessidade de mais discussões teóricas, principalmente na área de Informática na Educação, as questões de organização escolar, de volume de trabalho, entre outras, geram uma resistência quanto à prática com os ambientes.

A partir disso, considera-se o computador uma ferramenta dinâmica e facilitadora que pode subsidiar o trabalho docente. Porém, é preciso investir na formação de professores orientadores/desafiadores, a fim de desenvolver um trabalho de qualidade nas escolas e de oportunizar o acesso a esta tecnologia de forma construtiva. Pretende-se que, em torno do PLANETA ROODA, sejam abertas diferentes possibilidades na realização de desafios e pesquisas, potencializando outras práticas pedagógicas por meio dos AVAs. Nisso, engendram-se espaços e propostas que favorecem a cooperação e a interdisciplinaridade, desafiando e envolvendo seus participantes.

PERSPECTIVAS PARA O PLANETA ROODA: UM AMBIENTE VIRTUAL SOCIAL DE APRENDIZAGEM

Atualmente, a primeira versão do PLANETA ROODA está sendo disponibilizada via *web* a instituições públicas e privadas de Educação Infantil e anos iniciais do Ensino Fundamental que estiverem interessadas. Para isso há um pacote disponível para *download* na página do ambiente,[8] permitindo sua instalação em diferentes servidores e sua adequação às necessidades de cada escola. A proposta inclui cursos de capacitação, com os quais se pretende continuar investigando as maneiras como os docentes e discentes exploram e usam as funcionalidades do ambiente, bem como a importância desse processo para o desenvolvimento de propostas pedagógicas para ele. Também serão levantados dados para a avaliação formativa do ambiente nos próximos cursos de formação, a fim de aperfeiçoar aspectos importantes para a constituição da segunda versão do PLANETA ROODA, que já está sendo planejada. Com isso, busca-se favorecer o trabalho coletivo no contexto escolar, possibilitando a construção de conhecimento pela *web*. Assim, procura-se aproximar os estudos realizados no meio acadêmico sobre informática na educação ao trabalho desenvolvido nas escolas de modo a contribuir para o crescimento da área em ambos os espaços.

---

[8] http://www.nuted.edu.ufrgs.br/nuted/projeto_planeta.html

A segunda versão do PLANETA ROODA já faz parte de um projeto de pesquisa em andamento. Atualmente, a equipe está planejando uma nova proposta do ambiente baseada na *web* 2.0[9], principalmente no que se refere à ideia de *software* social. Assim, serão explorados os processos de autoria por meio das funcionalidades e da interface. O ambiente vai suportar um sistema de avatares,[10] com os quais os usuários vão se identificar e se movimentar pelo cenário. O usuário poderá criar o seu próprio personagem, fazer modificações no ambiente, incluir/deletar objetos, entre outros. Desse modo, pretende-se contemplar esta nova cultura virtual, à qual as crianças já estão se integrando e, gradativamente, trazendo os saberes adquiridos para o contexto escolar.

REFERÊNCIAS

BEHAR, P. et al. Em busca de uma metodologia de pesquisa para ambientes virtuais de aprendizagem. *Cadernos de Educação Universidade Federal de Pelotas*, Pelotas., ano 13, n. 23, p. 77-104, jul./dez. 2004.

BEHAR, P. A. et al. ROODA/UFRGS: uma articulação técnica, metodológica e epistemológica. In: BARBOSA, R. (Org.). *Ambientes virtuais de aprendizagem*. Porto Alegre: Artmed, 2005a. p. 51-70.

DELVAL, J. *Introdução à prática do método clínico*: descobrindo o pensamento das crianças. Porto Alegre: Artmed, 2002.

LE BOTERF, G. Pesquisa participante: propostas e reflexões metodológicas. In: BRANDÃO, C. R. (Org.). *Repensando a pesquisa participante*. São Paulo: Brasiliense, 1984. p. 51-81.

LÉVY, P. *As tecnologias da inteligência*. São Paulo: Ed. 34, 1993.

_____. *Estudos sociológicos*. Rio de Janeiro: Forense, 1973.

_____. *O juízo moral na criança*. 2. ed. São Paulo: Summus, 1994.

_____. Observações psicológicas sobre o trabalho em grupo. In: PARRAT, S.; TRYPHON, A. (Org.). *Sobre a pedagogia*: textos inéditos. São Paulo: Casa do Psicólogo, 1998. p.137-151.

---

[9] Web 2.0 é um termo usado para designar uma segunda geração de comunidades e serviços baseados na plataforma web. Embora o termo tenha uma conotação de uma nova versão para a web, ele não se refere à atualização nas suas especificações técnicas, mas a uma mudança na forma como ela é encarada por usuários e desenvolvedores. A regra mais importante é desenvolver aplicativos que aproveitem os efeitos de rede para se tornarem melhores quanto mais são usados pelas pessoas, aproveitando a inteligência coletiva. Entre as ferramentas da web 2.0, baseadas em redes sociais, podem ser citados os sites de compartilhamento de vídeos (YouTube), redes de relacionamento (Orkut), enciclopédia colaborativa (Wikipedia), editores de página web colaborativos (PBwiki) e simuladores de vida real (Second Life).

[10] Avatar: representação gráfica do usuário que participa de um ambiente virtual ou sala de bate-papo. O usuário pode ser representado por um personagem qualquer (animal, monstro, guerreiro, pessoa, etc).

PIAGET, J. *Para onde vai a educação?* 8. ed. Rio de Janeiro: J. Olympio, 1984.

PREECE, J. et al. *Design de interação*: além da interação homem-computador. Porto Alegre: Bookman, 2005.